Analytisches Psychodrama
herausgegeben von H. Petzold
Bd. I

M. BASQUIN · P. DUBUISSON
B. SAMUEL-LAJEUNESSE · G. TESTEMALE-MONOD

Das Psychodrama als Methode in der Psychoanalyse

Reihe

BIBLIOTHECA PSYCHODRAMATICA

Band 1

Herausgegeben von

HILARION PETZOLD

Band 1: Basquin, M. et al., Das Psychodrama als Methode in der Psychoanalyse
Band 2: Anzieu, D., Analytisches Psychodrama mit Kindern und Jugendlichen
Band 3: Petzold, H. (Hrsg.), Theorie und Praxis psychoanalytischer Dramatherapie
Band 4: Moreno, J. L., Soziometrie als experimentelle Wissenschaft
Band 5: Moreno, J. L., Psychodrama I
Band 6: Kopp, S., Rollenschicksal und Freiheit — Psychotherapie als Theater
Band 7: Petzold, H., Mathias, U., Entwicklungspsychologie und Rollentheorie Morenos
Band 8: Spolin, V., Improvisationstechniken für Pädagogik, Therapie und Theater

JUNFERMANN

JUNFERMANN-VERLAG · PADERBORN

1981

Analytisches Psychodrama
herausgegeben von H. Petzold
Bd. I

M. BASQUIN · P. DUBUISSON
B. SAMUEL-LAJEUNESSE · G. TESTEMALE-MONOD

Das Psychodrama als Methode in der Psychoanalyse

JUNFERMANN-VERLAG · PADERBORN

1981

CIP-Kurztitelaufnahme der Deutschen Bibliothek

Das Psychodrama als Methode in der Psychoanalyse
M. Basquin ... —
Paderborn: Junfermann, 1981.
(Analytisches Psychodrama)
(Reihe: Bibliotheca psychodramatica; Bd. 1)
Einheitssacht.: Le psychodrame <dt.>
ISBN 3-87387-177-7
NE: Basquin, Michel [Mitverf.]; 2. GT; EST

Titel der französischen Ausgabe: 'Le Psychodrame: une approche psychanalytique'
Übersetzt aus dem Französischen von Karl Heinz Schmitz und Chantal Schmidt

Umschlagbild: Moreno und Freud

Einband-Gestaltung: S. Diekneite, H. Petzold

Gesamtherstellung: Junfermannsche Verlagsbuchhandlung und Verlagsdruckerei, Paderborn.

ISBN 3-87387-177-7
ISSN 0720-2474

INHALTSVERZEICHNIS

Vorwort

Freud und Moreno und das analytische Psychodrama

Die Geschichte der Psychotherapie ist mit den Namen von *S. Freud* und *J. L. Moreno* unlösbar verknüpft. *Freud* entdeckte die Dynamik des Unbewußten und erarbeitete in der minutiösen Reflexion seiner Fälle und auf der Grundlage des genialen Unterfangens seiner Selbstanalyse das differenzierte Theoriengebäude der Psychoanalyse. *Moreno* entdeckte die heilende Kraft der Gruppe. Er erforscht durch seine Soziometrie ihre dynamischen Strukturen und entwickelte ein reiches Instrumentarium gruppenpsychotherapeutischer Techniken, durch die das Individuum in der Gruppe und die Gruppe als Ganzes behandelt werden konnten. *Freud* kann damit als der Begründer Einzeltherapie und *Moreno* als der Begründer der Gruppentherapie angesehen werden.

Die unterschiedlichen Perspektiven und Ansatzpunkte dieser beiden großen Pioniere führte zur Ausprägung recht verschiedenartiger theoretischer Positionen und einer recht unterschiedlichen, ja oftmals widersprüchlich erscheinenden Behandlungspraxis. *Freud* arbeitete aus der „Abstinenz", der gleichschwebenden Aufmerksamkeit, die feinhörig auf die Diskurse des Unbewußten gerichtet war. Diese galt es wahrzunehmen, zu durchdringen, aufzuhellen, um sie dem klaren Blick des Bewußtseins zugänglich zu machen. Der psychoanalytische Weg war ein Weg der Disziplin, der Klärung, durch alle Verflechtungen und Wirrungen von Übertragungen und Gegenübertragungen, Abwehrformationen und Widerstände hindurch, durch dämmrige Traumlandschaften und archaische Gefühlsregungen — ein Weg, auf dem das Ich immer stärker, entscheidungsfähiger werden konnte, in einem Lernprozess, der das rechte Maß zwischen Bedürfnisbefriedigung und Verzicht ermöglichte. Die Schatten des Unbewußten und der Phantasmen, das Reich der Triebregungen und der Primärprozesse sollte dem Zugriff des individuellen Bewußtseins zugänglich gemacht werden: „Wo Es war soll Ich werden" (*Freud*). —

In ganz anderer Weise hat *Moreno* das Problem der Pathologie angegangen. Für ihn standen nicht die pathologische Entwicklung eines Einzelwesens, Triebdynamik und Triebschicksal im Zentrum seines Interesses, sondern das Individuum in seiner Eingebundenheit in Sozialstrukturen, in seiner Bezogenheit auf das „Du". Der Begegnungsgedanke stand am Anfang seines Werkes, und er entwickelte ihn weiter, indem er Begegnung nicht nur als existentielles, sondern zugleich als soziales Ereignis interpretierte. *Moreno* sah den Menschen immer als Menschen in Gruppen. Das Einzelwesen steht im sozialen Netzwerk, ist durch sein „soziales Atom" — d. h. die Gesamtheit seiner sozialen Beziehungen — gekennzeichnet. Da die Pathogenese immer auf soziale Konfigurationen zurückzuführen ist, auf Defizite, Fehlentwicklung, Störungen im „sozialen Atom", kann eine effektive Behandlung für *Moreno* nur in Gruppen erfolgen, in denen „ein Mensch das therapeutische Agens des anderen wird" (*Moreno*). In den spontanen soziometrischen Wahlen, im spontanen psychodramatischen Spiel wird für den Begründer des Psychodramas verschüttete Kreativität wieder freigesetzt, werden traumatische Ereignisse der Vergangenheit ins Spiel gebracht, ausgedrückt, offenkundig. Die „Katharsis der Emotion" bewirkt die Integration. Aber das Moreno'sche Psychodrama ist bei aller Betonung kathartischer Abreaktion keine bloße „Erlebnistherapie". Wenn *Moreno* das Psychodrama als ein Instrument bezeichnet, in dem „die Wahrheit durch Handeln ergründet wird", wird deutlich, daß es auch um *Verstehen* geht. Die „Integrationskatharsis" (*Moreno*) ist ein ganzheitlicher Vorgang, in dem Einsicht und emotioale Erfahrung zusammenfallen. Für *Moreno* artikuliert sich im Spiel die allem Leben zugrundeliegende Urkraft der *Spontaneität.* Es erhebt sich hier die Frage, ob sich die Diskurse der Spontaneität von den Diskursen des Unbewußten unterscheiden, reihen sich doch die freien improvisierten Aktionen im Spiel aneinander wie freie Assoziationen. Sind nicht vielleicht *Freuds* Begriff des Unbewußten und *Morenos* Konzept der Spontaneität zwei synoyme Benennungen, Chiffren für die gleiche ungreifbare und doch so nahe Wirklichkeit, die sich dem Zugriff der Rationalität und der zergliedernden Sprache so nachhaltig entzieht? Der Freud'sche Ansatz versucht, den Diskurs des Unbewußten unter die Syntax des bewußt gesprochenen Wortes zu zwingen. Die Interpretation ist der Versuch, das Unverfügbare verfügbar zu machen. *Moreno* verzichtet auf Deutungen. Er sieht das Spiel als selbst-explikativ. Die Komplexität vergangener Szenen, so wie sie unsere Erinnerung gespeichert hat, wird wieder in Handlung übersetzt. Es werden die Sprachebenen nicht gewechselt. Das Psychodrama verbleibt in der Sprache der Gesten, im Zwischenbereich der Interaktionen und gruppalen Verflechtungen. Und dieser Bereich ist reicher als der der rational erfaßbaren Realität. Er ist eine „surplus-reality" (*Moreno*).

So ergeben sich Berührungspunkte und Divergenzen zwischen Psychoanalyse und Psychodrama. Die unterschiedlichen Zugehensweisen und Perspektiven schließen sich nicht unbedingt aus, sondern erfassen die Polymorphie menschlicher und zwischenmenschlicher Wirklichkeit in verschiedenen Bereichen. Vielleicht sind die Gemeinsamkeiten größer als bisher angenommen und die Unvereinbarkeiten geringer als es die Vertreter der psychoanalytischen und psychodramatischen Orthodoxie behaupten. Die Versuche, das Psychodrama als „Methode in der Psychoanalyse" zu verwenden oder gar ein „psychoanalytisches Psychodrama" zu entwickeln, wie sie mit unterschiedlichen Akzenten besonders in Frankreich unternommen wurden, weisen nicht nur auf die Möglichkeiten, sondern auch auf die Notwendigkeit einer Integratin der verschiedenen Perspektiven hin. Er erhebt sich dabei allerdings die Frage nach der Vereinbarkeit von Grundpositionen. Wird eine tatsächliche Integration geleistet oder geht ein Ansatz im anderen auf, indem etwa der Entwurf *Morenos* dem Entwurf von *Freud* untergeordnet oder gar geopfert wird? Die Möglichkeiten sind vielfältig. Eins jedoch scheint mir ausgeschlossen, sich allein der psychodramatischen „Technik" anzillarisch im Rahmen der Psychoanalyse zu bedienen. Das spontane, dramatische Spiel ist keine Technik, sondern eine in sich und für sich stehende Realität, die Rückwirkungen auf den psychoanalytischen Ansatz selbst bedingt. So ist analytisches Psychodrama niemals nur Psychoanalyse *plus* Psychodrama. Die analytische Realität wird durch die Einführung der Handlung, der Körperlichkeit, des Blickes — der Analysand auf der Couch wird angeschaut, aber sieht den Therapeuten nicht an — und der Gruppe nachhaltig verändert, ohne dabei ihre psychoanalytische Charakteristik zu verlieren.

Dieser vorliegende erste von drei Bänden zum psychoanalytischen Psychodrama stellt eine Position dar, die aufgrund langjähriger Erfahrungen von den Autoren gemeinsam erarbeitet wurde. Es ist eine Position, die von der sozialpsychologischen Interpretation des Psychodramas abrückt. Das hier dargestellte Konzept versteht sich als dezidiert analytisch. Dies bringt einen Verzicht auf sozialpsychologische Explikation und einen Großteil der psychodramatischen Technik, wie sie *Moreno* verwandt hat, mit sich. Als Erbe *Morenos* bleibt das dramatische Spiel, der Reichtum und die Lebendigkeit seiner Ausdrucksmöglichkeit. Es bekommt nur eine andere Funktion und einen anderen Rahmen. Das Übertragungs-Gegenübertragungsgeschehen, die Deutung der persönlichen und gruppalen Phantasmen rücken ins Zentrum der Therapie mit dem psychoanalytischen Psychodrama. Im Unterschied zur klassischen psychoanalytischen Behandlung erfolgt die Deutung in der Regel im Spiel und durch das Spiel. Die Sprache des Leibes, der Mimik und Gestik wird einbezogen. Besondere Aufmerksamkeit wird dem Gegenübertragungsgeschehen geschenkt, ein Aspekt, den im

Moreno'schen Psychodrama oder in den Ansätzen zu tiefenpsychologisch orientierten Formen des Psychodramas im deutschsprachigen Bereich kaum Beachtung geschenkt wurde — zu unrecht muß man sagen; denn die Einbeziehung der Körperlichkeit, der Handlungsaspekt des Spiels, in dem auch der Therapeut Mitspieler ist, aktiviert in weitaus umfassenderem Maße Gegenübertragungsreaktionen als dies im Behandlungssetting der Couch der Fall ist. Wird dann noch mit einem Therapeutenpaar gearbeitet — und dies ist für den hier vorgestellten Ansatz charakteristisch —, so kann die Blindheit für Gegenübertragungsphänomene zu Einzelpatienten hin, zur Gruppe hin und zwischen dem Therapeutenpaar selbst das therapeutische Geschehen in die Irre führen, so daß das Spiel nicht zur Heilung beiträgt, sondern zu einer Festschreibung, ja Vertiefung der Abwehr und damit der Symptomatik führt, oder gar eine Dekompensation forciert.

Der vorliegende Text bringt eine Fülle von Anregungen, die für jeden, der mit Verfahren dramatischer Therapie — ganz gleich welcher Schule und Ausrichtung — arbeitet, kritische Anfragen an seine Praxis aufkommen läßt. Er trägt dazu bei — und sei es durch Abgrenzung und Widerspruch — die eigene Position klarer zu bestimmen und zu formulieren. Das Buch spricht viel von der Abwehr der Therapeuten, ihrem Begehren und ihrer Angst. Vielleicht hat die allgemeine Leugnung dieser Dimensionen dazu geführt, daß die Autoren zuweilen „überängstlich" geworden sind. Der Verzicht auf zentrale Techniken des Moreno'schen Psychodramas (z. B. Doppeln und Rollentausch), die im Konzept eines analytischen Psychodramas durchaus integrierbar wären, ja es bereichern könnten, legt diese Annahme nahe. Die Reduzierung des Ansatzes *Morenos* auf ein rein kathartisches Therapiekonzept und die Interpretation seiner Rollentheorie als sozialpsychologische Konzeption weist aus, daß sich die Autoren mit *Morenos* Schriften nicht ausreichend auseinandergesetzt haben, insbesondere mit seiner dynamisch orientierten Entwicklungspsychologie und der aus ihr hervorgegangenen Rollentheorie, in der über die Näherung der Begriffe der Spontaneität und des Unbewußten weiterreichendere Verbindungen hätten hergestellt werden können, als dies hier geschehen ist. So wird das Psychodrama, wie es im deutschsprachigen Titel des Buches zum Ausdruck kommt, zur „Methode in der Psychoanalyse", eine Methode allerdings, die nicht nur das behandlungstechnische Instrumentarium der Psychoanalyse in Richtung auf eine analytische Gruppen- und Einzeltherapie mit dramatischen Methoden ausweitet, sondern die auch neue Horizonte für das Verständnis dessen, was Psychoanalyse ist und sein kann, eröffnet.

Hilarion Petzold

Vorwort

Dieses Buch ist das Ergebnis einer Kollektivarbeit. Jeder seiner Teile ist gemeinsam diskutiert und ein- oder mehrmals redigiert worden. Manche Wiederholungen sowie eine gewisse stilistische Heterogenität sind jedoch auch in der endgültigen Fassung nicht zu verkennen: dies ist darauf zurückzuführen, daß jeder von uns ein oder mehrere Kapitel redigiert hat. In dem Maße, wie wir uns über den Inhalt einig wurden, erschien es uns ratsam, für jedes Kapitel die bei der Schlußredaktion von dem jeweiligen Autor gewünschte Form beizubehalten. Auf diese Weise hoffen wir, beim Leser eine größere Aufgeschlossenheit, ein erhöhtes Interesse für unsere Zielsetzung zu erreichen: unsere Absicht ist es, die Überlegungen einer Arbeitsgruppe zu referieren und nicht den Versuch zu unternehmen, rein theoretische Kenntnisse oder deren praktische Anwendungsmöglichkeit zu vermitteln.

Einführung

Niemand, der das psychoanalytische Psychodrama praktiziert, zweifelt daran, daß es etwas bewirkt. Stellt man aber Überlegungen über die Ziele dieses Geschehens an, so stößt man auf ähnliche Probleme wie in jedem anderen psychotherapeutisch orientierten Vorhaben.

Bei dem Versuch, über das Wesen und die Mechanismen des erzeugten Entwicklungsprozesses zu berichten, können auf Grund der Geschichte des Psychodramas zwei Modelle verwendet werden: Manche Forscher arbeiten mit psychologischen oder psychosoziologischen Begriffen, andere berufen sich ausschließlich auf psychoanalytische Begriffe.

Wir haben nicht die Absicht, hier die von einigen Autoren benutzten psychologischen Konzepte darzulegen. Denn unsere Perspektive war von Anfang an therapeutisch orientiert, so daß wir uns über die Anwendung des Psychodramas als Instrument der psychologischen, projektiven Persönlichkeitserforschung nur wenig gekümmert haben.

In dem Kapitel, das der geschichtlichen Entwicklung unseres psychodramatischen Experiments gewidmet ist, werden wir aufzeigen, welch großen Eindruck *Morenos* Vorstellungen anfangs auf uns machten. Auf manche seiner Techniken haben wir in der Folgezeit jedoch bald verzichtet — etwa auf die für die Handlung notwendige Stufenbühne, auf den Spielleiter als einen *Deus ex machina*, der die Handlung vorantreibt und deutet, auf die Anwesenheit der Zuschauer, die zugleich Voyeure waren, auf die „auxiliary egos", die die durch die Patienten eingebrachten Rollen in einer Position spielen, die durch die Gegenwart des Leiters des Spiels determiniert ist, ohne daß dieser Brennpunkt der Gegenübertragung jemals angesprochen würde. So haben wir nur das beibehalten, was uns für unsere Arbeit am wichtigsten erschien: einen Patienten, der seine eigenen Konflikte reproduziert, sowie zwei Psychoanalytiker, die im Spiel und durch das Spiel interpretieren.

Unseres Erachtens stellen die psychosoziologischen Techniken, die von manchen das Psychodrama praktizierenden Therapeuten angewandt werden, primär eine Abwehr der Angst dar, die die Spielleiter im Verlauf der Behandlungen empfinden.

Noch heute vertreten die meisten Spielleiter, zumal im Gruppenpsychodrama — wobei es keine Rolle spielt, ob es pädagogischer oder therapeutischer Natur ist — eine mehr oder weniger an *Morenos* Rollentheorie angelehnte Konzeption. Wir meinen, daß es höchst nachteilig ist, wenn Spielleiter mit psychoanalytischer Ausbildung die im Psychodrama beobachteten Vorgänge psychosoziologisch zu verstehen suchen, bringt dies doch ein rein illusorisches Sicherheitsgefühl mit sich; wir hatten den Eindruck, daß die Spielleiter immer dann auf psychosoziologische Konzepte zurückgegriffen haben, wenn sie sich in die Situation einbezogen fühlten und sie sich nach den Gründen dieser Involvierung fragten. Eine psychosoziologische Erklärung war dann einerseits beruhigend, machte sie doch angsterregende Fragen über sich selbst überflüssig; andererseits war diese Erklärung jedoch ungenügend, bot sie doch nicht die Möglichkeit, das vom Analytiker empfundene Gefühl des Ungenügens zu erklären.

Andere Autoren haben sich bemüht, die psychodramatische Aktivität mit Hilfe der von der Lern- oder Konditionierungstheorie abgeleiteten Konzepte zu verstehen. Auf Grund unserer analytischen Ausgangsposition meinen wir, daß alle diese Vorstellungen, auch wenn sie zur Erklärung der Modalitäten einer bestimmten Aktion vielleicht ausreichen, allein doch nicht genügen, um über den gesamten Entwicklungsgang, in den Spielleiter wie Teilnehmer integriert sind, Klarheit zu verschaffen.

Zwar vermag beispielsweise die Lerntheorie manche im Psychodrama zu beobachtenden Vorgänge hervorzuheben, etwa das Verstehen der Selbstwahrnehmung durch andere, indem sie sie ähnliche Situationen, wie sie der Patient in seiner Kindheit oder in seinem Alltag erlebt hat, reproduzieren läßt. Aber ein theoretisches Modell wie dieses kann nie das Handeln des Spielleiters verstehbar machen, und es bietet auch keine Erklärung dafür, warum die unbewußte Wiederholung der erlebten Situationen einem Patienten helfen kann, dem Automatismus zu entgehen, und dadurch, daß sie bewußt wird, zu einer Änderung führt.

Wir halten es für wichtiger, *Widlöchers* These zu diskutieren, der das Vorhandensein der Übertragungsphänomene im Psychodrama rundweg in Abrede stellt und darin hauptsächlich ein Wirken der Vorstellungen (*images*) sieht. Für *Widlöcher* besteht die spezifische Situation des Psychodramas darin, daß das Spiel möglich gemacht wird — d. h. in der Mobilisierung der Vorstellungen. Auch wenn uns die Wirkung der Vorstellungen als etwas erscheint, das im Psychodrama ständig zu beobachten ist, ist sie dessen ungeachtet in unseren Augen doch nur eines seiner Elemente. Sieht man ausschließlich diesen einen Mechanismus, so bedeutet dies, daß man Prozesse der Übertragung und vor allem die der Gegenübertragung in Abrede stellt.

Deshalb werden wir uns mit Hilfe der Fakten der psychoanalytischen Theorie bemühen, festzustellen, ob sich die dynamische Wirkung des Psychodramas durch die wichtigsten psychoanalytischen Konzepte erklären läßt oder ob wir darüberhinaus andere theoretische Erklärungsmodelle hinzuziehen müssen.

Ein Aspekt dieses Problems sind folgende Fragen: Wenn einzig die psychoanalytische Behandlung die Möglichkeit bietet, das Unbewußte des Patienten zu hören und zu beobachten, welche Auswirkungen hat dann die Deutung dieses Unbewußten? Ist es außerdem nach all den Modifizierungen, die die klassische Psychoanalyse erfahren hat, z. B. im analytischen Psychodrama, überhaupt noch möglich, sich auf die psychoanalytischen Konzepte zu berufen, ohne der Sprache Gewalt anzutun?

Unsere Antworten auf diese Fragen haben sich im Laufe der Zeit gewandelt. Allmählich haben wir jedoch in einem Punkte Sicherheit gewonnen: wenn wir einen Patienten psychodramatisch behandeln, hören wir ihm als Analytiker zu. Und meist kommt auch der Patient zu uns, weil wir Psychoanalytiker sind.

Das, was wir gewahr werden von den Vorgängen, die im Psychodrama zu beobachten sind, verstehen wir mittels psychoanalytischer Konzepte. Das ist auch der Grund dafür, daß die folgenden Kapitelüberschriften durch die psychoanalytische Terminologie geprägt sind. In jedem Kapitel werden wir versuchen, die besondere Problematik, die sich aus der Anwendung der psychodramatischen Technik ergibt, zu diskutieren.

1. Geschichtliche Entwicklung

Im Jahre 1946 wurden in Frankreich erstmals zwei Experimente im Bereich der Psychotherapie durchgeführt: das erste fand in der Abteilung Professor *Heuyers* im Hôpital des Enfants malades statt, das andere im psychopädagogischen Institut der Pariser Akademie (Centre Claude Bernard), dessen medizinische Leitung Dr. *Juliette Boutonier* oblag. Zweierlei war diesen Versuchen gemeinsam: Einerseits wurden sie im Rahmen der Sprechstunden für Kinder durchgeführt; andererseits waren beide in den Bereich der Gruppentherapie anzusiedeln.

Eine erste Bilanz eines Arbeitsjahres wurde 1947 in einer Nummer der Zeitschrift *Sauvegarde* — das Heft war der Kinderpsychotherapie gewidmet — veröffentlicht. Es lohnt, sich auf diese Artikel zu beziehen, wenn man verstehen will, wie das Psychodrama in Frankreich zu einer Methode der analytischen Psychotherapie geworden ist, wogegen es, soweit wir wissen, in angelsächsischen Ländern dieses Schicksal nicht erfahren hat.

Der erste Beitrag stammt von *J. Moreau-Dreyfus* und *S. Lebovici* (1947). Beide berichten, wie sie nach verschiedenen, anfangs empirischen Versuchen zu einer neuen, zum Teil von *Slavsons* Experimenten mit therapeutischen Kindergruppen abgeleiteten Technik gelangten.

Nachdem sie aus praktischen Gründen mehrere Kinder gleichzeitig behandelt hatten (es gab nicht genügend Therapeuten), wurde ihnen der sozialisierende Wert der Gruppe bewußt, so daß sie schließlich mit der Theorie *Slavsons* über die therapeutischen Kindergruppen übereinstimmten.

Andererseits wurde die Technik *Madeleine Ramberts* damals oft angewandt: Der Therapeut förderte die Ausdrucksmöglichkeit des Kindes dadurch, daß er es aufforderte, Geschichten zu erfinden, die dann mit ihm gemeinsam mit Puppen gespielt wurden. Mit diesen Puppen jedoch konnte man in einer Gruppe und mit Kindern über zehn Jahren nur schwer umgehen. Deshalb verzichtete man auf sie zugunsten des unmittelbaren dramatischen Ausdrucks, den *Moreno* unter der Bezeichnung Psychodrama propagiert hatte.

Die Autoren, beide Psychoanalytiker, erkannten im übrigen sehr schnell, daß sie in den von ihnen gemeinsam geleiteten Kindergruppen einen Ersatz für das Elternpaar darstellten und daß die damit eingeleitete Übertragungsbeziehung in der Dynamik der Behandlung zu den wichtigsten Elementen gehörte. Nach diesem ersten Versuch waren *S. Lebovici* und *J. Moreau-Dreyfus* bereit, ihre analytische Beobachtungstechnik in den Dienst der Gruppendynamik und des Psychodramas zu stellen.

Der zweite Beitrag im selben Heft stammte aus der Feder *Mireille Monods* (1947). Es ist ein Bericht über ein Versuchsjahr am Centre Psycho-Pédagogique Claude Bernard. *Mireille Monod* war gerade von einer Studienreise in den Vereinigten Staaten zurückgekehrt; während dieser Reise hatte sie mit *Moreno* Kontakt aufgenommen und sich mit dessen Technik vertraut gemacht. Da sie die Bedeutung dieser Technik ahnte, versuchte sie, sie unter Berücksichtigung der gegebenen Arbeitsbedingungen in das soeben eröffnete Centre Claude Bernard so gut wie möglich zu übernehmen.

Die Kinder wurden in Vierer- oder Fünfergruppen behandelt. Ihnen standen drei Therapeuten gegenüber; einer von ihnen, dem die Funktion des Spielleiters zufiel, nahm am dramatischen Geschehen nicht teil. Die Kinder wurden gebeten, gemeinsam eine Geschichte zu improvisieren, die die Therapeuten anschließend zusammen mit ihnen inszenierten. Der Spielleiter schaltete sich von Fall zu Fall ein, um die Ausarbeitung des Themas zu erleichtern und am Ende der Sitzung das, was geschehen war, zu besprechen.

Damals standen *Mireille Monod* und ihre Mitarbeiter erst am Beginn ihrer analytischen Ausbildung. So mag es kommen, daß sie die Konzepte *Freuds* zunächst unbeachtet ließen und *Morenos* Theorien, insbesondere dessen Katharsis- und Rollentheorie, den Vorrang gaben. Nach einigen mißglückten Versuchen erkannten sie jedoch sehr rasch, daß Therapeuten, wenn sie selbst keine Analyse gemacht hatten, notgedrungen ihre eigenen Konflikte in das Psychodrama hineinprojizieren. Deshalb ging man daran, analytisch ausgebildete Psychotherapeuten zu Psychodramatherapeuten auszubilden. Sehr bald suchten auch diese, wie ihre Kollegen am Hôpital des Enfants Malades, eine analytische Theorie des Psychodramas zu entwickeln.

Die von den beiden Arbeitsgruppen parallel durchgeführten Untersuchungen dauerten achtzehn Monate. Der Vergleich der Ergebnisse überzeugte alle, daß einerseits das spontane dramatische Spiel, andererseits die Gruppendynamik eine für die Kinderspychoanalytiker neue, besonders interessante Methode darstellten.

Eine Technik war geboren. Sie brauchte einen Namen. Die Bezeichnung „Psychodrama" wurde im Centre Claude Bernard, wo man sich ursprünglich bemühte, *Morenos* Technik buchstabengetreu zu übernehmen, beibehalten, auch als sie den Sinn, den *Moreno* ihr gegeben, verloren hatte. *S. Lebovici* seinerseits war noch dogmatischer und suchte nach einem Terminus, der der ursprünglichen Definition näherkam. So schlug er „dramatische Gruppenpsychoanalyse" vor. Allmählich verzichtete man aber auf diesen Ausdruck und verwendete wieder die Bezeichnung „Psychodrama", das durch das Adjektiv „psychoanalytisch" oder auch nur „analytisch" modifiziert wurde. So war die Möglichkeit geschaffen, das „analytische Psychodrama" von *Morenos* „Psychodrama" terminologisch zu unterscheiden.

Gegenwärtig ist die Bezeichnung „analytisches Psychodrama" allgemein üblich. Es handelt sich hierbei um eine psychoanalytische Behandlungsmethode durch das spontane Spiel, so unterschiedlich die Techniken der verschiedenen Gruppentherapeuten im einzelnen auch sein mögen.

In den ersten Jahren unterschieden sich die Psychodramagruppen nicht so sehr durch die einzelnen Therapeuten als vielmehr durch den jeweiligen Ort, an dem sie arbeiteten. Tatsächlich waren einige der ersten Therapeuten, die das Psychodrama praktizierten, sowohl im Hôpital des Enfants Malades als auch im Centre Claude Bernard tätig.

Vermutlich war es auf die Spaltung innerhalb der Société psychanalytique de Paris zurückzuführen, daß die Psychodramatherapeuten jahrelang parallele Wege gingen. Die Spannungen, zu denen es in der Gruppe der Analytiker kam, setzten sich in der Untergruppe der Psychodramatherapeuten fort.

Die meisten Psychodramatherapeuten, die vom Centre Claude Bernard herkamen, entschieden sich für die „Société française de psychanalyse", während die Mitarbeiter *S. Lebovicis* mit ihm in der „Société psychanalytique de Paris" blieben. Man braucht sich heute sicherlich nicht mehr zu fragen, ob dieser Bruch innerhalb der psychoanalytischen Bewegung ein dynamisches Element war. Tatsache ist, daß jede „Schule" ihre spezifische Entwicklung genommen hat und daß sich die Techniken auf beiden Seiten erheblich entwickelt hatten, als der Dialog im Jahre 1958 wieder aufgenommen wurde.

Damals ergriff *S. Lebovici* folgende Initiative: er ließ die Vertreter der verschiedenen Lehrmeinungen zusammenkommen, um einen jährlichen gemeinsamen Arbeitstag zu beschließen. Dies war der Beginn der „Société française de psychothérapie de groupe", die im Jahre 1962 gegründet wurde.

Die Gründungsmitglieder dieser Gesellschaft vertraten damals die verschiedenen Richtungen der Gruppenpsychotherapie und des Psychodramas: *S. Lebovici, R. Diatkine* und *E. Kestemberg* vertraten das „psychoanalytische Psychodrama"; *J. Favez-Bautonier* und *A. Schützenberger* die französische Gruppe der Soziometrie; *S. Biajan-Marcus* die künftige Gruppe *SEPT*; *D. Anzieu* und *G. Testemale* das im Centre Claude Bernard praktizierte Psychodrama. Die Arbeitsgemeinschaften, die unter der Leitung von Professor *Michaux* an der Salpétrière ihren Forschungsarbeiten nachgingen, wurden durch *Widlöcher* vertreten, der übrigens mit den Psychodramatherapeuten aus dem Centre Claude Bernard zusammenarbeitete. Außer ihnen waren *M. Raclot* und *N. Smagghe* anwesend. Einige Vertreter der institutionellen Psychotherapie hatten sich dieser Gesellschaft angeschlossen, gründeten aber bald darauf ihre eigene Gruppierung.

Die „Société française de psychothérapie de groupe" wurde nun zu einer Begegnungsstätte der Analytiker, die das Psychodrama praktizierten und die hier im Erfahrungsaustausch, trotz ihrer divergierenden Techniken, ihre gemeinsame Position präzisieren konnten. Sie ließen *Morenos* sowie die psychosoziologischen Thesen beiseite und kamen überein, daß die psychodramatische Behandlung als eine Variante der psychoanalytischen Behandlung zu verstehen sei.

Wir selbst sehen in dieser Einstufung das Ergebnis einer langen Entwicklung. Wir werden versuchen, die verschiedenen Etappen dieser Entwicklung ins Gedächtnis zurückzurufen, obgleich wir uns des schematischen Charakters eines solchen Unterfangens bewußt sind.

Wir werden hier nicht auf das erste Experiment *Mireille Monods* zurückkommen, das ja explizit im Sinne *Morenos* durchgeführt worden war. In *P. Gravels* Arbeit (1950) wurde die Bilanz einer ersten sowohl technischen als auch theoretischen Etappe gezogen. Der Leiter des Spiels war hier weiterhin zugleich auch der erste Therapeut; im Gegensatz zu *Morenos* Empfehlungen jedoch nahm er wie seine Kotherapeuten am dramatischen Spiel teil. Die Zahl der Kotherapeuten war groß: sie schwankte zwischen drei und fünf, d. h. ein Paar plus ein Therapeut bzw. zwei Paare plus ein Therapeut. Alle waren Analytiker oder standen in einer analytischen Ausbildung. Die große Zahl der Therapeuten entsprach wohl mehr dem Wunsch, Psychodramatherapeuten auszubilden, als realen Erfordernissen der Behandlung. Andererseits kann man sich unter dem Aspekt unserer aktuellen Überlegungen natürlich fragen, ob diese große Zahl an Therapeuten nicht eine Abwehrform unsererseits gegenüber dem Therapeutenpaar und den Implikationen seiner Gegenübertragung darstellte.

Wenn die Kinder auch in kleinen Gruppen zusammengenommen wurden, so wurden sie dennoch individuell behandelt: es handelte sich mehr um eine Psychotherapie in der Gruppe als um eine Gruppenpsychotherapie. Hier wurden einzig und allein die Resonanz- und Interferenzvorgänge als dynamische Elemente berücksichtigt. Die Übertragungsbeziehung wurde zwar erkannt, aber der Hauptakzent wurde auf den therapeutischen Wert des Abreagierens aggressiver, im Spiel ausgedrückter Triebe und die Befreiung von Schuldgefühlen gelegt, die an die permissive Haltung der Therapeuten gebunden ist.

Die folgende Etappe wurde 1956 durch das Buch „Le psychodrame analytique chez l'enfant" von *D. Anzieu** markiert. Die vom Autor berichteten klinischen Beispiele, die im Anhang einen doppelten, sowohl psychoanalytischen als auch psychosoziologischen Kommentar enthielten, zeigten die Absicht, beide Theorien komplementär einzusetzen. 1958 veröffentlichten *Lebovici, Diatkine* und *Kestemberg* ihre Studie *Bilan de dix ans de pratique du psychodrame analytique* (Bilanz nach zehn Jahren Praxis im analytischen Psychodrama).

Bald darauf fand der Rollenbegriff besonderes Interesse. 1961 widmete die „Société de psychothérapie de groupe" ihre jährliche Arbeitstagung der „Rolle im Psychodrama und in der verbalen Gruppenpsychoanalyse". Übereinstimmend meinten die anwesenden Analytiker, daß die Wahl der Rolle auf Grund der Identifizierungsprozesse weniger signifikant sei als das Phantasma, das sie umschließt.

Der Rollenbegriff verlor indessen nicht an Interesse. Das bewiesen *D. Widlöchers* Buch *Le psychodrame chez l'enfant*** sowie die Studie von *C. Simatos: Contribution à l'étude de la notion du rôle en psychodrame d'enfants* (1962, Beitrag zum Studium des Rollenbegriffs im Psychodrama mit Kindern).

Beide Autoren haben mit uns zusammengearbeitet, und ihre Zielsetzungen im Bereich des Psychodramas waren den unseren sehr nahe. So sah *D. Widlöcher* in der Rollenübernahme, im „role taking", ein Element der therapeutischen Wirksamkeit, sofern sie es dem Patienten ermöglichte, sich seiner zwischenmenschlichen Verhaltensweisen bewußt zu werden. *Widlöcher* erkannte die Übertragungsprozesse, aber sie schienen ihm hier insofern weniger bestimmend als in der klassischen Analyse, da die Analytiker zu zweit arbeiteten und ihren Status als Therapeuten und Erwachsene zeitweise aufgaben, um am „Spiel"

---

*) dt. erweiterte und überarbeitete Fassung: Analytisches Psychodrama mit Kindern und Jugendlichen, Junfermann, Paderborn 1981.

**) dt. Übers.: Das Psychodrama bei Jugendlichen, Walter-Verlag, Olten/Freiburg 1974.

teilzunehmen. So kam es, daß *Widlöcher* von einer „verdünnten Übertragung" sprach und sie nur selten deutete.

Erst einige Jahre später erkannten wir in der Übertragung das entscheidende Element jeder psychodramatischen Behandlung, den einzigen Faktor, der die Begriffe „Phantasma" und „Rolle" in ein neues Licht zu rücken vermochte. In diesem Punkt schienen die verschiedenen Arbeitskreise zu ähnlichen Überlegungen gekommen zu sein, denn das Thema der Jahrestagung der „Société de Psychothérapie de groupe" lautete 1969: „Übertragung und Gegenübertragung im analytischen Psychodrama".

Bei dieser Gelegenheit stellte es sich heraus, daß es zwar relativ einfach war, über die Übertragung zu sprechen, daß es hingegen weit schwieriger war, sich über die Gegenübertragung in der Gruppe oder beim Therapeutenpaar zu äußern. Dabei bleibt die Gegenübertragung des Paars das zentrale Problem unserer gegenwärtigen Untersuchungen. In den verschiedenen Kapiteln des vorliegenden Buches werden wir immer wieder darauf zurückkommen.

Die Veränderungen, die unsere Technik erfahren hat, sind folgende: aus der Therapeutengruppe ist ein Paar geworden; wir nehmen nicht mehr mehrere Patienten gleichzeitig, es sei denn in Ausnahmefällen. Diese Veränderungen sind, so meinen wir, durch unsere theoretischen Überlegungen über die in der Praxis entstandenen Schwierigkeiten herbeigeführt worden. Im Psychodrama wie in der klassischen Psychoanalyse ist der Fortschritt eine Frage der theoretischen und klinischen Erarbeitung.

Wenn wir beispielsweise darauf verzichtet haben, mit mehr als zwei Therapeuten zu arbeiten, so deshalb, weil sich manche von uns in einer größeren Therapeutengruppe behindert fühlten; denn hier konnte es zu gegenseitigen Projektionen, zu Elementen der Rivalität und der Gegenübertragung kommen, die zu überwinden schwierig zu sein schienen. Und als wir dann noch auf die Frage der Spaltung der Übertragung stießen, hielten wir es für konsequenter, dem Patienten keine reale Stütze für seine Phantasmen durch die Einführung von zwei Vater- oder Mutterbildern zu bieten.

Wir haben schließlich die Kinder u. a. deswegen individuell behandelt, weil wir die Existenz der Gruppenprozesse erkannt hatten und weil wir die Zwischensituationen von zwei oder drei Patienten, die noch keine Gruppe bilden, vermeiden wollten.

In dem Maße, wie bestimmte Fragen in unserer psychoanalytischen Praxis auftauchten, konnten wir uns zugleich auch auf unsere psychodramatische Praxis berufen. Nicht das äußere Gerüst wurde modifiziert, sondern das begriffliche. Da Begriffe wie die des Abreagierens und der Rolle für uns im Vordergrund standen, mußten wir logischerweise denken, daß zwei oder drei Kinder, die beispielsweise eine Radauszene in der Schule spielten, sich gegenseitig helfen könnten, um zu einer wohltuenden Katharsis zu gelangen. Aber von dem Augenblick an, in dem wir uns über die unbewußte Phantasie, die sich während dieser Szene artikulierte, befragt haben, hielten wir es für technisch wünschenswert, jeweils nur einem einzigen Patienten zuzuhören, der seinem eigenen Phantasma Ausdruck verlieh. Denn schließlich konnte die Radauszene ebensogut den Wunsch verraten, den kastrierenden Lehrer selbst zu kastrieren als auch an dem Fest teilnehmen zu wollen, in dessen Verlauf die zerstörerische *alma mater* selbst zerstört werden sollte.

Selbstverständlich ist unsere Entwicklung, soweit sie das Verständnis des Psychodramas betrifft, von der Entwicklung der psychoanalytischen Bewegung nicht zu trennen und vielleicht auch (wenn auch weniger genau faßbar) vom gesellschaftlichen Klima insgesamt.

Wir haben uns jedenfalls Fragen gestellt über das Begehren des Psychodramatherapeuten und über seine Lust am Spielen, weil heute im Analytiker doch niemand nur noch eine neutrale Fläche sieht, die dem Patienten lediglich dazu dient, sich in ihm zu reflektieren, und weil die Deformationen, die das Bild im Spiegel erfährt, nach unserer Auffassung äußerst wichtig sind, wenn wir die Reflexionen dieses Bildes verstehen wollen.

Bei der Abfassung des vorliegenden Buches sind wir auf das schwierige Problem des Körpers und seiner Aktionsfreiheit im psychodramatischen Spiel gestoßen. So haben wir uns denn gefragt, ob sich uns dieses Problem am Ende nicht in einer noch zugespitzteren Form stellt, im Hinblick nämlich auf die gesamte Richtung des zeitgenössischen Theaters. Denn in der psychodramatischen Sitzung wird die Handlungsfreiheit durch das Gesetz des „so tun als ob" eingeschränkt, das aus der Bewegung ein Zeichen macht, führt doch die Gestik des Analytikers meist zur Deutung. Nun neigt man heutzutage dazu, im Berühren ein wesentliches Element des Spiels zu sehen. Es gab Zeiten, da bedeutete es schon einen Bruch mit dem herrschenden Konformismus, wenn man sich auf eine Couch legte, um zu sprechen: das war schon ein „Skandal". Nicht viel anders erging es nun uns, als wir Erwachsene baten, so zu spielen, als ob sie Kinder wären: der Kontrast zum Alltäglichen war nur zu spürbar. Wenn aber ein amerikanisches Bühnenensemble mit der Bezeichnung „Touch" Zuschauer und Darsteller auffordert, ihre innere Wahrheit durch Berührungen zu finden, die ihnen ihr Körper wiedergibt, wird beim Psychodrama mehr das „Verbot" als die Befreiung der Triebe betont.

Hierin liegt sehr wahrscheinlich der grundlegende Unterschied zwischen jenen Gruppen, die auf die Ausdrucksmittel des Theaters zurückgreifen, und den unseren, die auf die therapeutische Ausbildung durch das Psychodrama zielen.

Im Hinblick auf die Gruppen hat sich unsere Auffassung im Lauf der Jahre technisch wie theoretisch beträchtlich gewandelt. Ursprünglich wollten wir Therapeuten für das Psychodrama ausbilden. Aus diesem Grunde bemühten wir uns, eine pädagogische Beziehung zu den Teilnehmern herzustellen, indem wir unter anderem die Indentifizierungsvorgänge mit den Spielleitern förderten, zum Beispiel dadurch, daß wir die Gruppenmitglieder baten, das Psychodrama an unserer Stelle zu leiten. Unser Verständnis der Vorgänge war im wesentlichen pychosoziologisch ausgerichtet.

Sehr bald wurde uns jedoch bewußt, daß die pädagogische Beziehung letztlich eine Übertragungsbeziehung verdeckte und daß ein psychoanalytisches Verständnis der Gruppendynamik Perspektiven eröffnete, die weit fruchtbarer waren. Von diesem Zeitpunkt an wurde in unseren Gruppen das Psychodrama nicht mehr gelehrt, sondern man wurde durch das Psychodrama selbst ausgebildet. Heute machen wir keinen Unterschied mehr im Leiten von therapeutischen und Ausbildungsgruppen, abgesehen von der Tatsache, daß wir die Ausbildungsgruppen manchmal zeitlich begrenzen.

Tatsächlich wird der Wunsch der Teilnehmer, ganz gleich, ob er als Bitte um eine Therapie oder als Bitte um eine Ausbildung formuliert wird, immer als ein Wunsch verstanden, mehr über die eigene Person zu erfahren. Im vorliegenden Buch haben wir fünfundzwanzig Jahre Erfahrungen im Umgang mit der psychodramatischen Technik zusammengefaßt. Gewiß, wir haben lange gebraucht, bis wir bestimmte Vorgänge bei der Therapie erkannt und verstanden haben. Zum Glück aber wirkte die Behandlung schon, bevor wir uns in der Lage sahen, eine nach unserer Ansicht zufriedenstellende Theorie zu formulieren.

Warum entsteht dieses Buch gerade jetzt? Zweifellos hatten wir nach langjährigen klinischen Erfahrungen und theoretischen Überlegungen das Bedürfnis, eine Art „Bilanz" zu ziehen. Aber es ging uns nicht darum, zu erklären, wie und zu welchem Zweck die Analytiker das Werkzeug Psychodrama gebrauchen können. Wir wollten keineswegs ein Lehrbuch für jene schreiben, die in eine bestimmte Technik eingeführt werden möchten. Unser einziges Ziel ist es vielmehr gewesen, gemeinsam nachzudenken, um weiterkommen zu können.

Die Zahl der Psychodramatherapeuten, die mit uns zusammen angefangen haben, ist heute sehr groß: sie haben als Paare gearbeitet und sind nun ebenfalls aufgefordert, ihre gemeinsame therapeutische Tätigkeit zu überprüfen. Aus diesem Grunde war es notwendig, die vorliegende Untersuchung als Gemeinschaftsarbeit anzugehen.

Wir sind folgendermaßen vorgegangen: nachdem vier von uns die Verantwortung übernommen hatten, diese Arbeit zu einem Abschluß zu bringen, appellierten wir an alle, die seit 25 Jahren mit uns gearbeitet haben. Mit den Kollegen, die auf unseren Aufruf reagiert haben*, haben wir daraufhin themenzentrierte Arbeitsgruppen gebildet. Aus diesen Themen haben sich die nachfolgenden Kapitel ergeben.

Wir möchten bei dieser Gelegenheit allen für ihre kollegialen und wertvollen Beiträge danken. Sie alle haben die Grundsteine geliefert, auf denen wir weiterbauen konnten. Dennoch wünschen wir, daß, nachdem dieses Buch abgeschlossen werden konnte, unser „Gebäude" unfertig und in einem ständigen Wandel begriffen bleiben möge: das psychodramatische Abenteuer geht weiter.

---

*) *D. Anzieu, J.-J. Baranès, M. Barrloso, O. Cotinaud, L. Couty, J. Delattre, A. Didier, J. Geneste. A. Lloyd, G. Meer, M. Monod, J.-J. Moscowitz, P. Refabert, L. Sainsaulieu, C. Simatos.*

2. Die Vorgespräche

Die „Vorgespräche“ sind Interviews, die wir mit den Patienten (Kindern, Jugendlichen oder Erwachsenen) durchführen, bevor wir uns für eine Behandlung entscheiden. Handelt es sich um Kinder, sehen wir zusätzlich ein oder mehrere Gespräche mit den Eltern vor.

2.1. Ziele der Vorgespräche

Die Ziele, die bei den ersten Kontaktaufnahmen verfolgt werden, sind entweder die gleichen wie in jeder anderen analytischen Psychotherapie auch, oder sie sind spezifisch psychodramatisch ausgerichtet. Es geht vor allem darum, daß der Therapeut dem Patienten zuhört, wenn dieser seinen Wunsch formuliert, und daß er versucht, den sich manifestierenden Teil dieses Wunsches festzuhalten. Der an uns Therapeuten gerichtete Wunsch und unser Zuhören stellen den Ausgangspunkt einer Beziehung dar, auf der die Zukunft der Behandlung basiert.

Im Laufe dieser ersten Gespräche jedoch entscheiden wir erst, ob wir überhaupt mit dem Patienten psychodramatisch arbeiten wollen. Wenn ja, müssen wir ihn auf die Besonderheiten dieser Methode vorbereiten, das heißt, wir müssen ihm vorweg sagen, daß es sich bei dieser Technik einerseits um das Spiel handelt und daß sie andererseits die Anwesenheit eines Therapeutenpaars erforderlich macht.

2.2. Die Technik der ersten Gespräche

Nur selten bittet ein Patient uns ohne weiteres und von sich aus um eine Psychotherapie durch ein Einzel- oder Gruppenpsychodrama. Eine solche Bitte wird immer mit der größten Skepsis aufgenommen, denn oft stellt sie eine Form des Widerstandes gegen eine Einzelpsychoanalyse dar. Entweder sieht der Patient in der Gruppe einen Schutz gegen die analytische Zweierbeziehung, oder das psychodramatische Spiel bietet in den Augen des Patienten die Möglichkeit, mit der Analyse zu „spielen", ohne sich voll und ganz zu engagieren. Wenn der Therapeut auf den Wunsch des Patienten eingeht und nachgibt, um mit ihm psychodramatisch zu arbeiten, verstärkt er zweifellos dessen Widerstände: die Behandlung wäre wahrscheinlich zum Scheitern verurteilt. Deshalb scheint es empfehlenswert, daß man den Wunsch dessen, der um eine psychodramatische Behandlung bittet, als einen ersten Schritt in Richtung auf die Analyse deutet und ihn zu einem Analytiker schickt.

In den meisten Fällen kommen die Patienten mit einer Empfehlung ihres behandelnden Arztes zu uns. Oft empfiehlt dieser lediglich eine Psychotherapie, ohne speziell vom Psychodrama zu sprechen, so daß wir die Technik bestimmen können, die uns am ehesten als angemessen erscheint. In einem solchen Fall findet das erste Gespräch allein mit dem Therapeuten statt, an den der Patient überwiesen worden ist. Öfter jedoch indiziert der behandelnde Arzt ganz präzise ein Einzel- oder Gruppenpsychodrama; in solchen Fällen wird der Patient gleich vom Therapeutenpaar empfangen.

Man könnte meinen, daß ein solches erstes Gespräch mit nur einem Therapeuten dem Patienten die Möglichkeit gibt, sich freier auszudrücken. In Wirklichkeit aber hat er ja schon Gelegenheit gehabt, mit dem behandelnden Arzt unter vier Augen zu sprechen, und in der Praxis kommt es selten vor, daß von dem Therapeutenpaar eine hemmende Wirkung ausgeht. Wir haben im Laufe der Behandlung sogar von Patienten gehört, die es bedauerten, daß ihre erste Kontaktaufnahme mit nur einem Therapeuten stattgefunden hatte. Wenn sich indessen ein Patient auf Grund einer persönlichen Problematik gegenüber dem Paar blockiert fühlt, ist es besser, ihm diese zusätzliche Belastung zu ersparen und ihm eine klassische analytische Psychotherapie zu empfehlen.

Die Art, wie das Therapeutenpaar während der ersten Gespräche vorgeht, hängt weitgehend von seiner Struktur ab. Manche Paare differenzieren ihre Rollen nicht, der Patient darf sich an den einen oder anderen wenden, jeder greift beliebig in das Gespräch ein. Andere Therapeutenpaare vereinbaren, daß einer von ihnen das Gespräch leitet, während der andere beobachtet und damit die entstehende Beziehung leichter durchschauen kann. Eine solche Verfahrensweise induziert vielleicht insofern das Phantasma des Patienten, als einer der beiden Therapeuten von vornherein die aktive Rolle übernimmt, während der andere als passiver Beobachter fungiert. Aber in der Privatpraxis ist eine anfängliche Induzierung schon deshalb immer gegeben, weil die Sitzungen bei einem der Psychodramatherapeuten stattfinden, der die materielle Gestaltung der Behandlung in die Hand nimmt.

Im folgenden befassen wir uns mit der Führung des ersten Gesprächs mit erwachsenen Patienten, mit Jugendlichen, Kindern und mit deren Eltern.

2.2.1. *Die Erwachsenen*

Dem Patienten muß vor allem die Möglichkeit gegeben werden, sich auszudrücken. Zugleich gilt unsere besondere Aufmerksamkeit seinen Lebensumständen, auf die möglicherweise während der ganzen Psychotherapie nicht mehr angespielt wird. Wenn es auch stimmt, daß sich die Dynamik der Behandlung nicht in der Realität seines Erlebens entfaltet, so geben wir dem Patienten deswegen noch lange nicht zu verstehen, daß wir nicht an seiner Geschichte interessiert seien.

Die aus der Anamnese gewonnenen Fakten fesseln unsere Aufmerksamkeit jedoch weniger als die Art, wie der Patient sie ausdrückt und welche Auswahl er dabei trifft. In diesem Punkt gehen die Meinungen der Psychodramatherapeuten auseinander. Manche Therapeuten stützen sich auf bestimmte Aussagen des Arztberichts, der ihnen überreicht worden ist oder den sie selbst zusammengestellt haben. Andere nehmen ihn nur zur Kenntnis, um ihn sogleich wieder zu vergessen. Hierzu nur einige Anmerkungen.

Immer dann, wenn wir in einem Therapiezentrum arbeiten, kommen die Patienten zu uns, nachdem sie einen Arzt, manchmal auch eine Sozialarbeiterin und einen Psychologen konsultiert haben. Ihre Anfrage ist in erster Linie an die Institution gerichtet, die von den Mitgliedern einer Arbeitsgruppe vertreten wird. Dabei gehen sie von der berechtigten Vermutung aus, daß jedes Mitglied dieser Arbeitsgruppe weiß, was sie möglicherweise anderen gegenüber von sich berichtet haben. Auch wenn der Therapeut später einen besonderen Platz innerhalb der Behandlung einnimmt, kommt er nicht an der Tatsache vorbei, daß der Patient ursprünglich in ihm nur ein Mitglied der Arbeitsgruppe angesprochen hat. Wenn er den Inhalt des Krankheitsberichts völlig ignoriert, läuft er Gefahr, bedauerliche Fehler zu begehen, die zuweilen nur schwer wieder gutzumachen sind.

Andererseits zeigt die Praxis, daß die Psychotherapeuten, die einen Patienten mehrere Monate behandelt haben, durchaus in der Lage sind, sich der wichtigsten Phasen und der entscheidenden Augenblicke der Behandlung zu erinnern, daß sie aber die meisten der Anamnese entnommenen Fakten und zuweilen sogar die Gründe, die den Patienten bewogen haben, sich psychodramatisch behandeln zu lassen, vergessen haben. Erst wenn sie bei der Durchführung der Behandlung auf Schwierigkeiten stoßen, greifen sie auf den Krankheitsbericht zurück, und zwar in der Hoffnung, daß sie im Vorleben des Patienten das finden, was ihnen im Bereich seiner Phantasmen entgeht. Dabei handelt es sich dann meist nur um eine Art Rückversicherung der Psychodramatherapeuten.

Auch die im Krankheitsbericht enthaltenen Angaben dienen als Stütze für die Phantasmen der Therapeuten und spielen insofern eine wichtige Rolle bei den Faktoren, die ihre Gegenübertragung ausmachen. Tatsache ist, daß sich die Analytiker über die Bedeutung der anamnestischen Fakten zwar nicht einig sind, daß sie aber alle erkennen, daß nicht die Biographie eines Patienten, sondern dessen dringlicher Wunsch nach Behandlung im Mittelpunkt des ersten Gesprächs steht.

Manche Patienten sind nicht in der Lage, von sich aus einen Wunsch nach Therapie vorzubringen. Sie kommen, um ihrem Arzt oder ihren Verwandten einen Gefallen zu tun. So zum Beispiel jene Frau, die nur deshalb zu uns kam, weil ihr Mann sie zu verlassen drohte, wenn sie „nichts unternehmen" würde! Oder auch jener Mann, der eine psychodramatische Behandlung haben wollte, weil seine Frau mit einer Analyse begonnen hatte und weil auch er wissen wollte, wie das so ist mit der Psychotherapie. In beiden Fällen haben wir die Betroffenen gebeten, erst dann wieder zu uns zu kommen, wenn sie noch einmal über den Sinn ihres Anliegens nachgedacht haben. Die Frau ließ uns wissen, daß sie auf die Behandlung nun doch verzichten wolle. Da unter solchen Umständen eine Behandlung nur mit einem Mißerfolg hätte enden können, schien uns diese Lösung verständlich. Anders der Mann: er kam erneut zu uns, und seine Bitte um eine psychodramatische Behandllung stützte sich auf persönliche Probleme, die er beim ersten Mal nicht hatte formulieren können.

Man muß auch zu verstehen suchen, wie der Patient die Tatsache empfunden hat, daß der behandelnde Arzt ihm ein Psychodrama „verschrieben" hat. Denn sein Wunsch nach einer Therapie war zunächst ja an diesen Arzt gerichtet gewesen. Zu ihm ist eine erste Beziehung geknüpft worden, die nicht einfach aufhört, weil plötzlich das Paar der Psychodramatherapeuten auftritt. Außerdem sieht der behandelnde Arzt seinen Patienten ab und zu wieder, zumal dann, wenn er eine Chemotherapie überwachen muß. Die therapeutische, an die Psychodramatherapeuten gerichtete Bitte muß daher im Rahmen der zuvor existierenden Beziehung zum behandelnden Arzt gesehen werden.

Manche Patienten wenden sich nur deshalb an uns, weil sie zu ihrem Arzt Vertrauen haben und seine Ratschläge befolgen. Andere dagegen legen ein passives, infantiles Verhalten an den Tag; sie befürchten, abgelehnt zu werden, wenn sie den Rat ihres Arztes nicht befolgen. So hatte beispielsweise eine Mutter am Ende des Schuljahres einen Kinderarzt konsultiert, weil ihr Sohn seit einigen Wochen unruhig und ängstlich war. Der Arzt hatte ihr eine psychodramatische Therapie empfohlen. Die Ferien waren gut verlaufen, und zu Schulbeginn war alles in bester Ordnung. Trotzdem brachte die Mutter ihren Sohn zu uns. Der Junge begriff überhaupt nicht, warum er zu uns gekommen war, und seine Mutter wußte es eigentlich auch nicht mehr. „Es ist zwar alles in Ordnung", sagte sie, „aber ich lege Wert darauf, daß dieses Psychodrama gemacht wird, sonst könnte Dr. X. sehr ungehalten sein".

Seltener sind die Fälle, in denen sich Patienten abgelehnt fühlen, weil der sie behandelnde Arzt ihnen nicht vorgeschlagen hat, daß er sich selbst um sie kümmern will. Möglicherweise kommt eine derartige Reaktion aber viel häufiger vor, als wir registrieren können, da manche Patienten auf das Psychodrama verzichten, noch ehe sie überhaupt Kontakt mit uns aufgenommen haben.

Es wäre falsch, die Beziehung Arzt-Psychodramatherapeut-Patient ausschließlich aus der Sicht des Patienten zu betrachten. Es empfiehlt sich, die Bedeutung der psychodramatischen Indikation für den behandelnden Arzt und außerdem die Art, wie diese Indikation von den Psychodramatherapeuten aufgenommen wird, ebenfalls zu untersuchen. Neben den völlig eindeutigen Indikationen, die manche zu Rate gezogenen Ärzte geben, wirken andere mehr ambivalent. Viele Analytiker haben Vorbehalte gegenüber dem Psychodrama wie auch gegenüber jeder Technik, die irgendwie von der Grundform der analytischen Therapie abweicht. Trotzdem schicken sie manchmal Patienten zu uns, aber das sind dann oft jene, bei denen man „schon alles versucht" hat, oder auch solche Patienten, die derart offensichtlich paranoide Züge tragen, daß man glaubt, daß kein Therapeut sie in einer Zweierbeziehung ertragen kann.

Die Ambivalenz des behandelnden Arztes wird ebenfalls offensichtlich, wenn er den Patienten während der Behandlung wiedersieht und wenn der Patient sein Gefühl der Frustration zum Ausdruck bringt und behauptet, daß das Psychodrama sinnlos sei, daß die Psychodramatherapeuten nicht mit ihm sprächen usw. Erfahrungsgemäß sind es dieselben Ärzte, die immer die gleichen Klagen zu hören bekommen, so daß wir uns fragen, ob der Patient etwa ahnt, was beim Arzt am besten „ankommt". Wenn der Arzt das Spiel des Patienten nun einfach mitmacht, statt dessen Verhalten zu deuten und ihn an die Psychodramatherapeuten zurückzuverweisen, läuft er Gefahr, mitverantwortlich zu werden an einer Unterbrechung der Behandlung, einer Unterbrechung, die sich auf der Ebene der Arzt-Psychodramatherapeuten-Beziehung fortsetzt.

Die Psychodramatherapeuten ihrerseits aber bewegt die Tatsache, daß gerade dieser Arzt gerade diesen Patienten zu ihnen schickt. Hier tun sich oft Probleme der Gegenübertragung auf. Als Beispiel wollen wir einen Fall anführen, der als solcher zwar bedauerlich ist, in dem dieser Aspekt aber besonders deutlich hervortritt:

Ein Kinderarzt und eine Psychodramatherapeutin sind seit sehr langer Zeit miteinander befreundet. Früher war der Kinderarzt vor der eigenen Analyse zurückgeschreckt und hatte darauf verzichtet, aber er zeigte sich psychologischen Fragen gegenüber aufgeschlossen und ist über die Analysetechniken gut informiert. Während mehrerer Jahre schickt er immer wieder Kinder und Jugendliche zu der befreundeten Psychodramatherapeutin. Die Behandlung bleibt jedesmal erfolglos, entweder weil sie frühzeitig abgebrochen wird, oder weil sich in der Symptomatik keinerlei Besserung zeigt. Schließlich fragen sich die beiden, ob sich diese Mißerfolge nicht aus der Tatsache ihrer Beziehung heraus erklären lassen.

In diesem Augenblick erkennt der Kinderarzt, daß er die „guten Fälle" zu einem Analytiker schickt, die anderen aber zu der befreundeten, psychodramatisch arbeitenden Psychologin. Hier werden seine Vorbehalte und seine Ambivalenz gegenüber Analytikern ohne ärztliche Ausbildung und gegenüber dem Psychodrama überhaupt gleichermaßen offenkundig. Er spürt übrigens, daß er die Mißerfolge nicht ohne eine gewisse ironische, ja aggressive Befriedigung registriert, und er erklärt sein Verhalten damit, daß er sich bei dem Gedanken irritiert fühlt, seiner Freundin „ein Kind zu geben", damit sie es psychodramatisch behandle: sie nimmt das Kind gemeinsam mit einem anderen, ihrem Kotherapeuten, an, während er, der Arzt, von dieser Beziehung ausgeschlossen bleibt.

Die Psychodramatherapeutin ihrerseits war zunächst hochbeglückt über das Vertrauen, das ihr Freund in sie setzte, indem er Patienten an sie überwies; nicht zuletzt deshalb nahm sie dann auch Patienten an (und ließ von ihren Mitarbeitern Fälle übernehmen), derer sie sich sonst nicht angenommen hätte. Darüberhinaus hatte sie den Wunsch, den Kinderarzt von der Wirksamkeit des Psychodramas und von ihrer eigenen Leistungsfähigkeit zu überzeugen, so daß sie den Patienten letztlich in den Dienst ihrer Sache stellte, und dies in einer angstvollen Sorge, die jede Entwicklungsmöglichkeit blockierte.

Es ist, wie man sieht, also wichtig, daß der behandelnde Arzt wie auch der Psychodramatherapeut in der Lage sind, ihre Beziehungen zueinander jeder für sich — wenn nicht miteinander — analysieren zu können. Für den Patienten ist es wichtig, unabhängig davon, wie er sich zwischen behandelndem Arzt und Therapeuten fühlt, daß er dieses Gefühl ausdrücken kann und daß die Therapeuten ihm zuhören.

Falls wir zu dem Entschluß kommen, mit dem Patienten psychodramatisch zu arbeiten, nachdem wir ihn gehört haben, erklären wir ihm im zweiten Teil des Gesprächs, worum es geht. Dabei ist es nicht nötig, ihm bereits Hinweise zu geben — dies soll während der ersten Sitzung geschehen —, aber wir erklären ihm im voraus, wie sich die Behandlung gestaltet, und wir vereinbaren mit ihm die praktischen Modalitäten. Wir sagen ihm, daß er nicht mehr so sprechen wird, wie er gerade noch gesprochen hat, und daß wir ihn bitten werden, sich durch ein von ihm selbst gewähltes Thema auszudrücken, das wir mit ihm gemeinsam durchspielen werden. Wenn das Gespräch mit nur einem einzigen Therapeuten geführt wird, erklären wir dem Patienten, daß künftig die Sitzungen in Gegenwart eines Paars, das das Psychodrama leitet, stattfinden werden und daß wir unsere Mitarbeiter über dieses Gespräch informieren. Wir fügen noch hinzu, daß die Sitzungen wöchentlich stattfinden, daß ihre Dauer nicht vorher festgelegt ist, daß sie aber in keinem Fall länger als eine halbe Stunde dauern. Schließlich vereinbaren wir Zeitpunkt, Honorar und die Art, wie dies zu entrichten ist.

Die Tatsache, daß wir die ersten Gespräche umsonst führen und für versäumte Sitzungen beim Psychodrama kein Honorar verlangen, ist theoretisch nicht begründbar. Möglicherweise hängt dies mit unseren ursprünglichen Bedenken zusammen, Erwachsenen eine psychodramatische Behandlung zu empfehlen. Wie das Spiel als ein dem Kind völlig angemessenes Ausdrucksmittel erschien, so befürchteten wir, daß ein Erwachsener in ihm nur eine spöttische Provokation sehen könnte. Auch brachte uns die kurze Dauer der Sitzungen, die in der Natur dieser Technik selbst liegen, irgendwie in Verlegenheit. Allein, die Erfahrung hat uns bewiesen, wie wenig begründet unsere Befürchtungen waren und in welchem Maße das Unbehagen bei den Analytikern, nicht aber bei den Patienten zu suchen war. Wir waren erstaunt, als wir feststellten, mit welcher Leichtigkeit Erwachsene, selbst rigide und besonders abhängige, das Psychodrama akzeptierten und die kurzen Sitzungen ertrugen. Wenn sich ein Patient gegenüber der psychodramatischen Behandlung stark zurückhaltend verhält, haben wir es meist mit Widerständen gegen die Psychotherapie als solche zu tun, ihre Form spielt dabei keine Rolle.

Es kommt selten vor, daß die Patienten zu den Sitzungen nicht erscheinen. Falls sich ihre Abwesenheit auf die Dynamik der Behandlung auswirkt, deuten wir ihr Fernbleiben, ohne es sonstwie zu sanktionieren.

Im übrigen kann man feststellen, daß die Versäumnisse meist in den Ausbildungsgruppen vorkommen (es handelt sich dabei um eine spezifische Widerstandsform). Da bei diesen Gruppen jedoch ohnedies vierteljährlich abgerechnet wird, sind die versäumten Stunden in jedem Fall genau so zu bezahlen wie die übrigen Stunden auch.

2.2.2. Die Jugendlichen

Das, was über die Erwachsenen gesagt worden ist, ist im wesentlichen auch für die Jugendlichen gültig. Sie sind keine Kinder mehr, und dennoch können wir sie nicht uneingeschränkt als Erwachsene betrachten, und zwar deshalb, weil sie noch nicht selbständig und meist auch noch finanziell von ihren Eltern abhängig sind. Zwei Arten der Kontaktaufnahme bestehen: der Wunsch nach einer therapeutischen Behandlung wird vom Betroffenen selber ausgesprochen, oder seine Eltern ergreifen die Initiative.

Kommt der Jugendliche allein zu uns, möchte er in den meisten Fällen nicht, daß seine Eltern davon informiert werden. Er ist fest entschlossen, aus seiner Behandlung eine persönliche Angelegenheit zu machen und außerhalb des Unterrichts zu arbeiten, um sie zu finanzieren. Dies scheint durchaus legitim zu sein; dennoch ist es nicht möglich, das Psychodrama in einem Klima zu beginnen, in dem die Psychotherapeuten als „gute Eltern und Komplizen" auftreten. Deshalb analysieren wir lieber gemeinsam mit dem Betroffenen die Gründe, die ihn veranlassen, aus seinem Psychodrama eine Heimlichkeit zu machen, und führen so viele Gespräche wie nötig, bis der Jugendliche in der Lage ist, selbst mit seinen Eltern darüber zu sprechen. Wir haben noch nie erleben müssen, daß ein solches Vorgehen, wenn es gut vorbereitet ist, zu einem Verbot durch die Eltern führt. Einige verlangen Informationen über das Psychodrama und die Psychodramatherapeuten. Nur selten äußern sie die Bitte, uns zu sehen. Einen solchen Wunsch können wir übrigens nur mit Einwilligung des Betroffenen und in seiner Anwesenheit erfüllen.

Im übrigen sind es meist die Eltern, die einen Termin für einen jungen Mann oder ein junges Mädchen mit uns vereinbaren. Wir fragen sie, ob sie zunächst einmal ein Gespräch mit uns wünschen. Manche Eltern denken, daß sie nichts mehr zu sagen haben, nachdem sie bereits den behandelnden Arzt konsultiert haben, der uns auf dem Laufenden halten soll. Andere Eltern dagegen legen Wert darauf, uns persönlich kennenzulernen. In diesem Fall sehen wir sie, wenn möglich in Begleitung des Jugendlichen, ein erstes Mal. Im Verlauf des Gesprächs weisen wir sie darauf hin, daß, falls wir eine Behandlung mit dem Jugendlichen vereinbaren, diese sich zwischen ihm und uns abspielen wird; das heißt, wir werden sie, seine Eltern, nie in seiner Anwesenheit sprechen, und wir werden ihn über alle eventuellen Mitteilungen seiner Eltern, soweit sie ihn betreffen, während der Behandlung informieren.

In der Tat ist es wichtig, wenn wir klarstellen, daß unsere Position als Therapeut frei ist von irgendwelcher Komplizenschaft mit dem Jugendlichen und von irgendwelcher Doppelzüngigkeit gegenüber den Eltern. Nachdem wir die Eltern informiert und zuweilen auch etwas beruhigt haben, können wir uns mit dem Jugendlichen unterhalten und hören, wie er sein eigenes Anliegen formuliert. Wie bei den Erwachsenen müssen wir jetzt versuchen, ihn zu verstehen und ihm die psychodramatische Methode erklären.

Die Aussicht auf das dramatische Spiel ist für die meisten Jugendlichen verlockend. Wir sehen darin gleichermaßen eine Erleichterung und eine Gefahr. In der Tat bringt das Psychodrama den Jugendlichen um eine bevorzugte Abwehrmöglichkeit, die Rationalisierung, auf die er in der klassischen Psychotherapie reichlich zurückgreift. Eine Beschränkung dieser seiner bevorzugten Abwehrform hat zweifellos eine dynamische Umformung zur Folge, verstärkt zugleich aber oft seine Abwehrmechanismen gegenüber der Behandlung. Im übrigen sind es die Jugendlichen, die nach den ersten Sitzungen mit der größten Überzeugung Kritik am Psychodrama üben. Doch diese Schwierigkeit kann überwunden werden, wenn die Therapeuten zuvor mit dem Patienten eine positive Beziehung hergestellt haben und in der Lage sind, die Abwehrhaltungen umgehend zu deuten, indem sie ihnen im Zusammenhang mit den bisher gespielten Themen einen Sinn geben.

2.2.3. Die Kinder

Kinder kommen immer erst dann zu uns, wenn eine Konsultation mit ihren Eltern, auf deren Wunsch hin diese Begegnung zustandekam, vorausgegangen ist. Aus diesem Grund fällt dem ersten Gespräch mit den Eltern eine große Bedeutung zu. Wenn wir im Centre Psycho-Pédagogique arbeiten, stehen uns die Unterlagen des Kindes zur Verfügung, und Eltern und Kinder sind bereits mindestens einmal mit dem behandelnden Arzt zusammengetroffen. In einem solchen Fall führen wir das Vorgespräch am liebsten mit den Eltern und dem Kind gemeinsam, denn diese „Konfrontation" ist außerordentlich aufschlußreich. Selbstverständlich lassen wir es nicht zu, daß die Eltern ihr Kind bitten, den Raum zu verlassen, damit sie in aller Offenheit mit uns sprechen können.

In unserer Privatpraxis schicken die behandelnden Ärzte oft ein Kind zu uns, ohne mit uns zuvor gesprochen zu haben. In diesen Fällen neigen wir dazu, mit den Eltern allein das erste Gespräch zu führen. Damit ersparen wir dem Kind einen unangenehmen, angsterregenden Aufenthalt im Wartezimmer. Es ist stets wünschenswert, beide Eltern kennenzulernen. Wenn wir auf Wunsch mit nur einem Elternteil sprechen, besteht die Gefahr, daß wir als Komplizen dieses einen Elternteils erscheinen, wodurch sich der andere notgedrungen ausgeschlossen fühlen muß. Dies kann für die kommende Behandlung eine schwere Belastung darstellen. Wenn ein Elternteil sich weder beim behandelnden Arzt noch bei uns hat blicken lassen, beginnen wir mit der Behandlung nicht, bevor er zu uns gekommen ist. Im allgemeinen genügt ein persönliches Schreiben, um alsbald eine Antwort zu erhalten. Wenn aber beide Eltern schon beim Arzt gewesen waren, genügt es, wenn wir nur einen der beiden kennenlernen.

Durch das Gespräch mit den Eltern soll eine genügend positive Beziehung hergestellt werden, so daß sie bereit sind, uns ihr Kind anzuvertrauen. Für sie ist dieser Schritt nicht immer leicht und mit den unterschiedlichsten Empfindungen verbunden, angefangen von aggressivem Mißtrauen („Führt Ihre Behandlung auch manchmal zu irgendeinem Ergebnis?") bis hin zur schuldbewußten Passivität („Ich habe Fehler gemacht, sagen Sie mir, wie ich mich künftig verhalten soll"). Wir lassen sie frei sprechen und greifen nur selten ein. Wir versuchen zu erkennen, was von ihrer Beziehung zum Kind sichtbar wird und was sie sich vom Ausgang der Psychotherapie erwarten.

Außerdem ist es für uns interessant, daß sie uns genau erzählen, wie sie ihr Vorgehen beim behandelnden Arzt dem Kind gegenüber möglicherweise geschildert haben. Manchen ist es dabei so unbehaglich, daß sie nicht fähig gewesen sind, darüber zu sprechen, andere wollten den therapeutischen Aspekt lieber hinter der Vorstellung eines Schauspielkurses verdecken. Selbstverständlich ist unter solchen Bedingungen jede Psychotherapie zum Scheitern verurteilt. Deshalb versuchen wir, den Eltern zu helfen, indem wir dem Kind in ihrer Gegenwart die Gründe und das Ziel der psychodramatischen Behandlung erklären.

Eines sei hier angemerkt: Ebenso wie die Eltern aus Bequemlichkeit von Schauspielunterricht sprechen, damit das Kind das Psychodrama akzeptiert, spricht der behandelnde Arzt aus Bequemlichkeit vom Psychodrama, um nicht von einer Psychoanalyse sprechen zu müssen. Zu uns werden manchmal Kinder geschickt, denen eine psychodramatische Behandlung lediglich deshalb empfohlen wird, weil den Eltern die notwendige Reife fehlt, eine andere Form der analytischen Psychotherapie zu akzeptieren. Diese Unklarheit muß schon im Verlauf des ersten Gesprächs behoben werden, will man vermeiden, daß Psychodrama als eine „leichte Psychotherapie" mißverstanden wird, die weniger gefährlich erscheint als die Psychoanalyse und den Patienten weniger fordert.

Wenn es nötig ist, daß zu Beginn alle Unklarheiten zwischen Eltern, Kind und Therapeuten geklärt werden, so sollten die Therapeuten ihrerseits das Psychodrama wenigstens in seinen Grundzügen zu erklären versuchen. Wir können die Eltern darüber informieren, daß es sich hierbei um ein spontanes dramatisches Spiel handelt, in dem dem Kind die Möglichkeit gegeben wird, Konflikte auszudrücken, die ihm vielleicht nicht bewußt sind und die es in seiner Entwicklung hemmen. Wir lassen sie im voraus wissen, daß die Sitzungen nicht immer gleich lang dauern, und wenn die Eltern über die Dauer der Behandlung Fragen stellen, antworten wir, daß sie mindestens ein Schuljahr dauern wird. Wir legen den Eltern nahe, es dem Kind zu überlassen, ob es von seiner Behandlung sprechen will oder nicht, und nicht mit Fragen in es zu dringen.

Wir geben den Eltern nachdrücklich zu verstehen, daß wir grundsätzlich bereit sind, mit ihnen während der Psychotherapie zusammenzutreffen, falls sie den Wunsch haben sollten, über das Psychodrama, über das Kind oder über sich selbst mit uns zu sprechen, daß wir es aber für besser halten, wenn sie mit dem behandelnden Arzt darüber sprechen. Einerseits muß man vermeiden, daß sich die Eltern von den Therapeuten systematisch ausgeschlossen fühlen; andererseits muß man vermeiden, daß sie sich in die therapeutische Beziehung einmischen, was nicht ohne Rückwirkungen auf die Gegenübertragung sein würde. Aus dem gleichen Grund verzichten wir auch darauf, in jene Entscheidungen einzugreifen, die das Leben des Kindes betreffen (Schule, Ferien usw.). Wenn die Eltern Rat suchen, können sie sich an den Arzt des Centre Psycho-Pédagogique wenden. Die unausweichlichen Frustrationen, denen die Eltern ausgesetzt sind, deren Kind eine Psychotherapie macht, sind erträglicher, wenn einige davon zu Beginn als Bestandteil der „Regel" genannt werden konnten.

Wenn wir wieder mit dem Kind allein sind, fragen wir es, warum es zu uns gekommen ist: „Wir haben die Gründe deiner Eltern gehört, doch jetzt möchten wir ganz gern deine kennenlernen; vielleicht sind es die gleichen, vielleicht aber auch nicht." Oft spricht das Kind nun spontan von seinen Schulschwierigkeiten (oft stehen diese Schwierigkeiten im Centre Psycho-Pédagogique an erster Stelle), von seiner „Nervosität" oder seinem Bettnässen. Aber es kommt auch vor, daß das Kind nur den Wunsch seiner Eltern ausdrückt: „Papa und Mama wollten, daß ich hierher komme", oder auch: „Der Doktor hat's gesagt". Aber es weiß nicht, warum. Wir bringen ihm nun das, was über es gesagt worden ist, ins Gedächtnis und fragen es, was es dazu meint.

Stimmt es damit überein? Wünscht es, daß sich etwas ändert? Man muß dem Kind klar zu verstehen geben, daß es nur dann im Psychodrama etwas finden wird, wenn es gekommen ist, um etwas zu suchen.

Zögert das Kind mit seiner Einwilligung etwas, schlagen wir ihm entweder vor, daß es über alles, was wir gesagt haben, noch einmal nachdenkt und daß es in der darauffolgenden Woche zu uns kommt, um uns seine Antwort mitzuteilen, oder wir schlagen ihm vor, an ein paar Sitzungen teilzunehmen, damit wir dann gemeinsam eine Entscheidung treffen können. Es ist wichtig, warten zu können: man sollte ein Kind nicht zu einer Handlung zwingen, für die es noch nicht reif ist. Wenn daher ein junger Patient das Psychodrama ablehnt, beschränken wir uns darauf, ihm einige Monate später zu schreiben und ihn nach seinem Befinden zu fragen, wobei er erfährt, daß es sein gutes Recht ist, die psychodramatische Behandlung abzulehnen, daß wir aber nach wie vor an ihm interessiert sind. Auf diese Weise haben wir von einem zwölfjährigen Jungen folgenden Brief erhalten:

> Liebe Frau X.,
>
> Ich glaube, ich brauche kein Psychodrama zu machen, aber ich will Ihnen trotzdem schreiben, wie es mir geht:
> — In der Schule: ich bin undiszipliniert; ich habe Freunde, die auch undiszipliniert sind. Ich bin zum Klassensprecher gewählt worden.
> — Daheim: ich verstehe mich gut mit meiner Schwester (das hängt davon ab, wann). Mit Eric und Bruno geht es so einigermaßen, obwohl mir Bruno manchmal echt auf den Wecker fällt.
> — Meine Leistungen in der Schule sind mittelmäßig. Im Mündlichen bin ich besser als im Schriftlichen. Ich male auch, das macht mir mehr oder weniger Spaß. Eigentlich eher mehr als weniger.
>
> Viele Grüße, Gilles.

Ein Jahr später kam er von sich aus wieder zu uns, fest entschlossen, eine Behandlung anzufangen. Diese verlief unter völlig anderen Bedingungen, als wenn wir am Anfang Druck auf den Jungen ausgeübt hätten. Das Psychodrama ist dann als engagiert zu bezeichnen, wenn das Kind bzw. der Jugendliche begreift, daß wir es nicht dahin führen wollen, wo seine Eltern es wünschen, sondern daß wir ihm die Möglichkeit geben wollen, seinen eigenen Wunsch zu entdecken.

2.3. Schlußfolgerungen

Die Notwendigkeit der Vorgespräche und ihr Einfluß auf den weiteren Verlauf der Behandlung durch das analytische Psychodrama sind nicht zu unterschätzen.
— Wie in jeder Psychotherapie schaffen sie die Möglichkeit, eine Indikation zu bestätigen oder zu entkräften;

— sie liefern das Rüstzeug für die Bestimmung der praktischen Modalitäten der Behandlung;
— vor allem jedoch werden sie geprägt durch die spezifischen Dimensionen des Psychodramas: der Patient muß sich gegenüber einem Therapeutenpaar ausdrücken und sieht sich unvermutet mit der Vorstellung konfrontiert, daß er zu spielen hat.

In der Tat wird das Spiel, noch ehe es begonnen hat, während dieser Gespräche affektiv besetzt. Das Spiel, um das es hier geht, rückt unabhängig von den Vorstellungen und von der Formulierung des Patienten die Widerstände in den Brennpunkt, oder es erscheint von vornherein als ein Kunstgriff, der die therapeutische Arbeit erleichtert. Durch die Möglichkeit, zu spielen und die Therapeuten spielen zu lassen, schimmert eine mögliche Verbindung zwischen einem unausdrückbaren Wunsch — dem Grund für die vom Patienten angestrebte Behandlung — und einer künftigen Ausdrucksmodalität dieses Wunsches hindurch. Die Erkenntnis dieser Möglichkeit ist notgedrungen begleitet von der mehr oder weniger angsterregenden und entwertenden Vorstellung, daß es zwischen dem Wunsch und der Erfüllung dieses Wunsches eine Kluft gibt. Uns scheint, daß durch das Inaussichtstellen einer Möglichkeit, unbewußt Wünsche auszudrücken, bereits mit den Vorgesprächen etwas in Bewegung gesetzt wird: ein ganzes Netz von Vorstellungen entsteht oder zerfällt, Identifizierungen bilden sich und Versagungen zeichnen sich ab, die wichtigsten Momente der Behandlung also. Dieses bevorstehende Spiel, das nie so sein wird, wie es der Patient sich bewußt wünscht, bietet ohne Zweifel Gelegenheit, jene Mechanismen zu beleuchten, die den Patienten schon in den ersten Sitzungen, d. h. gleich zu Beginn des Spiels, zu einer schnellen libidinösen Umstrukturierung führen.

Dennoch beginnt das Spiel noch nicht während der Vorgespräche, und der gesamte dynamische Prozeß bleibt sozusagen noch in der Schwebe. Durch das Spiel wird gewissermaßen etwas herauskristallisiert, was noch nicht ist, aber gewünscht wird, indem der Eindruck hervorgerufen wird, daß zusammen mit den Therapeuten etwas geschehen kann. Diese nicht formulierbare Hoffnung, die diesseits der rationalen Faktoren liegt, die den therapeutischen Vertrag ausmachen, ist zweifellos projektiver Natur und stellt den Entwurf der künftigen Übertragung dar. Schon in den Vorgesprächen bildet sich die Übertragung gemäß spezifischen Modalitäten. Denn die Vorstellung des Paars prägt die Situation, und zwar ungeachtet dessen, ob die Gespräche mit einem oder mit beiden Therapeuten stattfinden.

Vor dem Paar, das wie ein Abbild des Elternpaares wirkt, wird der Patient gleich in ein ihm von jeher vertrautes Beziehungssystem einbezogen und dazu angeregt, das zu wiederholen, was er in der eigenen Familie unermüdlich spielt. Aber hier wird das Paar, das Paar der Therapeuten, durch Bande ganz anderer Art zusammengehalten, und es wird, welches auch immer der Bewußtseinsgrad des Patienten sein mag, nur kraft seiner Projektionen stellvertretend für die Eltern stehen. Infolge der Distanz zwischen dem realen Wesen des Therapeutenpaars und dem niemals erfüllten Wunsch des Patienten, der in ihm ein ihm bekanntes Bild wiedererkennen möchte, werden seine Phantasmen rasch verstärkt, und während der ganzen Behandlung wird die Diskrepanz, als Ursprung der Versagung, aufrechterhalten, so daß der Patient nicht die gleichen Situationen wiederholen kann, wie dies in seinem Alltag ständig geschieht.

3. Die Sitzung

In diesem Kapitel soll versucht werden zu beschreiben, wie von einem technischen Gesichtspunkt aus eine prychodramatische Sitzung abläuft. Bei jedem einzelnen Aspekt werden wir uns zunächst auf die Sitzungen beim Einzelpsychodrama beziehen und dann von Fall zu Fall die Modifikationen untersuchen, die sich beim Gruppenpsychodrama ergeben.

3.1. Praktische Modalitäten

3.1.1. Der Ort

Es erschien uns nie erforderlich, wie *Moreno* ein Spielpodest zu verwenden. Natürlich muß der Raum genügend groß sein, so daß man sich frei darin bewegen kann. Wir stellen auf der einen Seite des Zimmers Stühle auf, damit sich der Patient und die Therapeuten setzen können, wenn das Thema formuliert wird und eventuell auch nach Beendigung des Spiels, falls dieses kommentiert werden muß. Es empfiehlt sich, einige zusätzliche Stühle bereitzustellen, die die einzigen Requisiten während des Spiels sind.

Je neutraler der äußere Rahmen ist, desto größer ist das Spektrum projektiver Möglichkeiten. Wenn wir in einem großen, kahlen Raum arbeiteten, wurden allerdings wesentlich mehr Geschichten von Entdeckungsreisen und von in der Wüste verirrten Helden geboten. Ebenso stieg die Zahl der schulbezogenen Themen an, als wir in den Unterrichtsräumen des Centre Claude Bernard arbeiteten.

Wenn wir mit einer Gruppe psychodramatisch arbeiten, nehmen wir eine Zweiteilung des Raumes vor: ein Teil ist für das Spiel reserviert, im anderen Teil stellen wir kreisförmig Stühle für die Psychodramaleiter und Teilnehmer auf. Nachdem das Thema gemeinsam erarbeitet worden ist, erheben sich diejenigen, die sich für eine Rolle entschieden haben. Sie sollen in dem Teil des Raumes spielen, der diesem Zweck vorbehalten ist. Auch hier sind nur einige Stühle und eventuell ein Tisch erforderlich.

3.1.2. Die Häufigkeit

Grundsätzlich finden die Sitzungen sowohl des Einzel- als auch des Gruppenpsychodramas wöchentlich statt. Vor einigen Jahren hatten wir versucht, für eine Kindergruppe zwei Sitzungen wöchentlich anzusetzen. Doch abgesehen von den praktischen Schwierigkeiten, bedingt durch die Erfordernisse des Stundenplans in der Schule, schien uns dieser Versuch insofern negativ, als die Behandlung dadurch nicht wesentlich verkürzt wurde. Dennoch ist es aus heutiger Sicht durchaus möglich, daß wir auf diesen Plan zurückkommen werden.

3.1.3. Die Dauer der Sitzung

Es ist unmöglich, die Dauer einer Sitzung im voraus zu bestimmen, da der Verlauf der einzelnen Phasen extrem variabel ist. In der Tat kann der Formulierung des Themas ein langes Schweigen vorausgehen, oder es wird sofort in Angriff genommen. Ebenso beschränken sich manche Themen auf die Schilderung einer Situation, die mit einigen Sätzen charakterisiert ist. Der Inhalt anderer Themen wiederum sind lange Geschichten mit zahlreichen überraschenden Wendepunkten.

Die eigentliche Spielphase dauert nicht länger als etwa zehn Minuten, manchmal ist sie sogar noch viel kürzer. Eine Verlängerung könnte den einschneidenden Charakter der intensiven emotionalen Entladung, die dabei stattfindet, vermindern. Hier geht es nicht darum, in einigen Assoziationen einen Sinn zu entdecken, sondern in dem Augenblick aufzuhören, in dem das, was gesagt werden sollte, tatsächlich ausgedrückt werden konnte.

In Ausnahmefällen kann die Sitzung länger dauern, z. B. wenn wir ein ähnliches oder sogar ein zweites Thema durchspielen oder wenn wir meinen, daß sich der Patient im Anschluß an das Spiel noch einmal setzen sollte, damit wir mit ihm das Geschehen besprechen können.

Die kurze Dauer der Sitzungen wird von den Patienten — Erwachsenen wie Kindern — selten in Betracht gezogen. Selbstverständlich kann sie in ihnen ein Gefühl der Versagung wachrufen, das fester Bestandteil jeder therapeutischen Situation ist. Insofern besteht hier eine Analogie zum Schweigen des Therapeuten in der klassischen Psychotherapie. Es sind in erster Linie die Eltern, die an der Kürze der Sitzung Anstoß nehmen — nicht viel anders übrigens als zuweilen auch die Psychodramatherapeuten, da sie sich zu Beginn ihrer beruflichen Erfahrung leicht mit den Eltern identifizieren.

Die Sitzungen eines Gruppenpsychodramas dauern nicht länger als eine Stunde. Auch hier drücken die Teilnehmer ihr Frustrationsgefühl dadurch aus, daß sie Sitzungen von eineinhalb oder zwei Stunden Dauer verlangen. Doch die Erfahrung lehrt, daß das *warming-up* um so länger dauert, je mehr sich die Sitzung in die Länge zieht. Letztlich bleibt der „fruchtbare Augenblick" konstant.

3.1.4. Die Dauer der Behandlung

Natürlich ist es zu Beginn unmöglich, die Dauer einer Behandlung im voraus zu bestimmen. Allerdings beschränkt sich die Therapie bei Kindern auf ein oder zwei Schuljahre. Bei den Erwachsenen kann die Behandlung wesentlich länger dauern.

Die Dauer einer Ausbildungsgruppe ist grundsätzlich auf ein Jahr begrenzt. Darin besteht der wesentliche Unterschied zu den therapeutischen Gruppen. Das heißt jedoch nicht, daß wir eines Tages unsere Meinung in diesem Punkt nicht revidieren.

3.2. Technische Modalitäten

3.2.1. Die Regel

Im Einzelpsychodrama geben wir im Laufe der ersten Sitzung folgende Anweisung: „Schlagen Sie uns ein Thema oder eine Geschichte vor. Sie können auf Ihre Erinnerungen zurückgreifen oder eine Geschichte wählen, die Sie gesehen, gelesen oder geträumt haben. Sie können sie auch ganz erfinden. Ihr erster Einfall ist der interessanteste. Sagen Sie uns dann, welche Rolle Sie in dieser Geschichte spielen möchten, teilen Sie auch uns jeweils eine Rolle zu, wir spielen die Geschichte dann zusammen".

Hat der Patient bei der Suche nach einem ersten Thema Schwierigkeiten, dann helfen wir ihm, indem wir uns genauere Angaben über den Rahmen der Geschichte und über die darin agierenden Personen geben lassen: „Wo befinden wir uns? Was wird geschehen? Wer werden wir sein?" Die Fragen bleiben sehr allgemein gehalten, damit der Patient möglichst wenig beeinflußt wird.

Zu Beginn der Behandlung spielen wir manchmal mit äußerst dürftigen Angaben. Hauptsache ist, daß überhaupt etwas gespielt wird, denn wenn der Patient die ganze Zeit kein Thema finden könnte, würde er dies als Mißerfolg erleben, durch den er nur noch mehr blockiert würde.

Deshalb bleibt uns manchmal nichts anderes übrig, als selbst ein Thema vorzuschlagen. Dabei versuchen wir, uns möglichst wenig vom Erleben des Patienten in seiner jetzigen Situation zu entfernen: wir bleiben bei seiner Angst oder bei der Ablehnung seiner Bitte durch die Psychodramatherapeuten. Einer der beiden übernimmt die Rolle des Bittenden, der andere spielt gemeinsam mit dem Patienten die Rolle dessen, an den die Bitte gerichtet ist. So schlagen wir beispielsweise eine Szene in einem Laden vor: Ein Kunde verlangt eine Ware, die der Verkäufer nicht vorrätig hat oder nicht hergeben will. Wenn es den Therapeuten auf diese Weise gelingt, im Spiel einen Kontakt mit dem Patienten herzustellen, wird dieser in der nächsten Sitzung höchstwahrscheinlich selbst ein Thema anbieten können.

Der ersten Geschichte eines Patienten gebührt besondere Aufmerksamkeit, da sie uns oft verrät, wie er den Beginn der Behandlung erlebt.

Ein kleines Mädchen, das gegen seinen Willen zu uns gebracht wurde, schlägt uns beispielsweise folgendes Thema vor: Ein Kind ist bei Freunden seiner Eltern zum Mittagessen eingeladen. Das Essen schmeckt nicht, aber die Eltern zwingen es trotzdem, alles aufzuessen.

Oder nehmen wir das Beispiel eines Jugendlichen, der sich vom Psychodrama sehr viel verspricht: „Wir sind am Strand. Ich bin ein Mann, der zu ertrinken droht. Eine Dame, Frau X., sieht mich und holt den Bademeister zu Hilfe. Dr. Z. stürzt sich ins Wasser, um mich zu retten, und holt mich durch künstliche Beatmung wieder ins Leben zurück."

Beim Gruppenpsychodrama bitten wir die Teilnehmer, die Themen vorzuschlagen, die ihnen einfallen. Werden mehrere Themen angeboten, wählt die Gruppe das Thema aus, das ihr am meisten zusagt. Wir weisen ausdrücklich darauf hin, daß der Teilnehmer, der ein Thema vorschlägt, nicht gezwungen ist, dieses Thema auch zu spielen. Jeder kann seine Rolle frei wählen, es gibt keinen Zwang. Ebenso kann sich jeder während des Spiels spontan einbringen. Die Leiter des Psychodramas können ebenfalls eine Rolle übernehmen, wenn die Gruppe sie darum bittet.

Diesen Hinweisen fügen wir noch die „Restitutionsregel" hinzu, das heißt, wir sagen den Gruppenmitgliedern, daß sie außerhalb der Sitzungen wahrscheinlich Gelegenheit haben werden, sich zu zweit oder zu mehreren über das Leben der Gruppe zu unterhalten. Wir bitten sie, das, was sie dabei sagen, in der darauffolgenden Sitzung wiederzugeben. Obgleich diese Regel oft übertreten wird, schien es uns wichtig, sie zu formulieren.

3.2.2. *Die Leitung der Sitzung*

Welche Funktionen hat das Therapeutenpaar innerhalb einer Sitzung? Wer von beiden übernimmt die Leitung, d. h. wer hilft dem Patienten, sein Thema auszuarbeiten und die Rollen festzulegen? Wer entscheidet, wann das Spiel beginnt und wann es zu Ende ist, wer kommentiert oder deutet möglicherweise das Geschehen?

Früher glaubten wir, daß wir das Bild des „normalisierten" Paars in unserem sozio-kulturellen Kontext widerspiegeln sollten: die aktive Rolle sollte dem männlichen Therapeuten zugewiesen werden. Doch wir erkannten, daß diese Zuordnung sehr formal war, und so sind wir zu der Überzeugung gelangt, daß, wenn von dem Paar eine strukturierende Wirkung auf den Patienten ausgeht, sie auf einer anderen Ebene zu suchen ist.

Wir sind flexibler geworden. Das hat den Vorteil, die Projektionen des Patienten zu erleichtern. Selbstverständlich kann jeder Therapeut in das Geschehen eingreifen, wenn er möchte. Dennoch kann es passieren, daß ein Patient während der Behandlung eine bessere Beziehung zu einem der beiden Therapeuten entwickelt, sich lieber an ihn wendet oder zeitweise unfähig ist, mit dem anderen zu sprechen. In diesem Fall übernimmt derjenige, der den besseren Kontakt hat, die Leitung der Sitzung. Es ist dies die bequemste Lösung, da hier einzig und allein die Deutung therapeutischen Wert hat.

Es kann auch vorkommen, daß ein Therapeut in Schwierigkeiten gerät, wenn er eine negative oder übertrieben positive Haltung unter Kontrolle halten soll: in einem solchen Fall empfiehlt es sich, daß er für eine Weile in den Hintergrund tritt und seine Gereiztheit oder seinen Verführungswunsch verbirgt. Hier zeigt sich einer der Vorteile des Therapeutenpaars.

Als Beispiel möchten wir den Fall eines achtjährigen Jungen anführen, der das Aussehen eines Fünfjährigen hatte und den die Therapeutin so rührend fand, daß sie nicht umhin konnte, ihn zu bemuttern und wie zu einem Kleinkind mit ihm zu sprechen. Dieses Kind, das sich nicht entwickeln konnte, machte erst von dem Augenblick an rasche Fortschritte, als der männliche Therapeut die Leitung der Behandlung übernahm.

Da dem Therapeutenpaar ein ganzes Kapitel dieses Buches gewidmet ist, sollen an dieser Stelle die Modalitäten seines Funktionierens nicht länger erörtert werden. Diese Modalitäten stehen in Zusammenhang mit der Beziehung zwischen den Therapeuten, mit ihrer persönlichen Problematik sowie mit der Art ihrer Gegenübertragung.

3.3. Die eigentliche Sitzung

Eine Psychodramasitzung umschließt zwei Intervalle: das erste ist der Erarbeitung des Themas gewidmet, das zweite der dramatischen Improvisation, die sich auf das vorgeschlagene Szenario stützt.

3.3.1. Das Thema

Wenn der Patient den Psychodramaraum betritt, wird er aufgefordert, Platz zu nehmen. Ein Therapeut fragt ihn, welches Thema er spielen möchte. Manche Patienten schlagen sofort eine Handlung vor. Andere, besonders jugendliche und erwachsene Patienten, erzählen zunächst von sich selbst und von dem, was sie im Laufe der Woche erlebt haben. Wir hören ihnen eine Weile zu, dann unterbrechen wir sie und bitten sie erneut um einen Themenvorschlag. Denn eine dem Psychodrama eigene Widerstandsform ist es,zu sprechen, um nicht spielen zu müssen. Indessen möchten wir ihm nicht den Eindruck vermitteln, daß wir uns nicht für sein Alltagsleben interessieren, indem wir uns etwa weigern, ihm zuzuhören. Doch indem wir ihn auffordern, nun zu spielen, geben wir ihm zu verstehen, daß sich die Therapie nicht auf der Ebene seiner Wirklichkeit abspielt.

Während der Darlegung des Themas greifen die Therapeuten nur ein, um einige Punkte präzisieren zu lassen, die ihnen als wichtig erscheinen. Vor allem fragen wir den Patienten, falls er dies nicht erklärt hat, wie die Geschichte enden soll: denn durch den guten oder schlechten Ausgang eines Themas wird dessen Bedeutung erst klar (so ändert sich beispielsweise die Bedeutung der Situation, wenn es sich um eine Zu- oder Absage bei einem Einstellungsgespräch an einem Arbeitsplatz handelt).

Doch wir hüten uns davor, das Thema zu interpretieren, bevor es gespielt ist, denn sonst liefe das Spiel Gefahr, steril zu werden. Das Spiel sollte tragendes Element sowohl des Diskurses des Patienten als auch der Antwort der Therapeuten sein. Dennoch kann es geschehen, daß wir das Thema mit einem Satz deuten, um es in die innere Logik der Behandlung einzuordnen.

An dieser Stelle sei ein Beispiel angeführt, das zwei aufeinanderfolgenden Sitzungen in einer Ausbildungsgruppe entnommen ist:

Während der ersten dieser beiden Sitzungen stellten alle Themenvorschläge den Versuch einer Frau dar, einen Mann zu verführen. Hier griffen wir ein, um zu betonen, daß die Frauen der Gruppe möglicherweise den Wunsch hatten, den Therapeuten zu verführen. In der darauffolgenden Sitzung schlug eine Teilnehmerin nach längerem Schweigen eine allem Anschein nach dürftige Situation vor, die in der Gruppe kein Interesse wecken konnte: Zwei Frauen machen einen Schaufensterbummel. Die eine will alles haben, die andere dagegen nichts. Ohne Deutungsabsicht fragte einer der Therapeuten: „Wer übernimmt die Rolle der Frau, die Wünsche hat, und wer möchte die spielen, die keine Wünsche hat?" Sofort stellte die Gruppe die Verbindung mit der vorausgegangenen Sitzung her, und die gespielte Szene gelangte zu ihrer vollen Bedeutung.

Themenwechsel: Beim Gruppenpsychodrama müssen wir während einer einzigen Sitzung oft zwei oder drei Themen spielen. Nachdem eine erste Situation dargestellt und kommentiert worden ist, fordern wir die Teilnehmer auf, sie in anderer Form zu spielen oder eine andere Geschichte dazu vorzuschlagen. Der gemeinsame Nenner der Themen macht es oft möglich, deren Sinn herauszuarbeiten. Dagegen verlangen wir beim Einzelpsychodrama selten ein zweites Thema vom Patienten. Die Erfahrung lehrt, daß das, was gesagt werden muß, bereits im ersten Spiel ausgedrückt wird und daß das zweite Spiel, verglichen mit dem ersten, oft an Prägnanz verliert. Es könnte sogar die Gefühlsintensität der gesamten Sitzung verringern.

In der Praxis greifen wir nur dann auf ein zweites Thema zurück, wenn das erste einen Widerstand ausdrückte und wenn es durch das Spiel nicht möglich wurde, den unterschwelligen Impuls freizusetzen. In einem solchen Fall lehnen wir dann zuweilen das erste Thema ab und deuten den Widerstand sofort. Daraufhin sagen wir dem Patienten, daß es, da wir den Sinn seines Themas jetzt verstanden haben, vielleicht interessanter wäre, ein anderes Thema zu spielen.

3.3.2. Die Rolle

Nachdem der Patient sein Thema dargelegt hat, bitten wir ihn, eine Rolle für sich selbst zu wählen und jedem Therapeuten eine Rolle zuzuweisen. Manchmal verlangen wir genauere Angaben über den Charakter und das Verhalten der Personen, die wir darstellen sollen. Wenn beispielsweise einer von uns einen Lehrer spielen soll, fragt er, ob er ein strenger, autoritärer oder aber ein netter, toleranter Lehrer sein soll. Aber wir stellen keine Fragen nach der Person, die der Patient selbst verkörpern will, damit seine Rolle nicht fixiert wird und er während der Szene seine volle Bewegungsfreiheit behält. So kann der Patient, der ursprünglich ein verständnisvoller Vater sein wollte, plötzlich unnachgiebig werden, wenn er dies wünscht. Unsere Patienten sind übrigens nicht selten erstaunt, wenn sie die Diskrepanz bemerken, die zwischen der Figur, die sie darstellen wollten, und der Rolle, die sie tatsächlich gepielt haben, besteht.

Von den für *Moreno* charakteristischen Techniken des „Doppelgängers" und des Rollenwechsels haben wir die erste nie und die zweite nur selten angewandt. Beim Rollenwechsel wird eine Szene ein zweites Mal gespielt, wobei die Rollen vertauscht werden. Wir möchten dem Patienten nicht eine Rolle aufzwingen, und so machen wir höchstes den Vorschlag, er möge die Szene noch einmal spielen, und, wenn wir glauben, daß er beim ersten Male nicht gewagt hat, die Rolle seiner Wahl zu übernehmen, diesmal eine andere Figur zu verkörpern. So zum Beispiel in einer Szene, in der ein Vater seinem Sohn Vorwürfe macht. Falls der Patient hier den Sohn spielt und dann bedauert, daß der Vater sich nicht so streng gezeigt hat, wie er es eigentlich erwartet hat, können wir ihm vorschlagen, die Szene nochmals zu spielen, diesmal jedoch in der Rolle des Vaters. Oft haben wir dabei allerdings den Eindruck, daß die Patienten den Rollenwechsel zuweilen als eine Demonstration des Therapeuten verstehen, der ihnen zeigen möchte, wie sie sich in der ersten Szene hätten verhalten sollen. So gesehen erzeugt die Wiederholung nur Schuldgefühle und entbehrt jedes therapeutischen Werts.

Bei der Technik des Doppelgängers fungiert einer der Therapeuten als Double des Patienten in dessen Rolle, indem er hinter ihm steht und an seiner Statt spricht. Wenn wir diese Technik anwandten, hatten wir zuweilen den Eindruck, daß sie beim Patienten Angst auslöste und darüberhinaus eine gewisse Verwirrung in den szenischen Ablauf brachte. Aus diesem Grunde ist es uns lieber, wenn einer der Psychodramatherapeuten dem Patienten, falls dieser durch seine Abwehrmechanismen zu sehr gehemmt ist, durch die ihm zugewiesene Rolle hilft, seinen Impuls zu verbalisieren.

3.3.3. Das Spiel

Nachdem der erste Teil der Sitzung beendet ist, in dem das Thema erarbeitet und die Rollen verteilt worden sind, wird der Patient aufgefordert, sich — gleich den Therapeuten — von seinem Stuhl zu erheben. Der zweite Teil der Sitzung, d. h. das eigentliche Spiel kann beginnen: die vorgeschlagene Geschichte soll nun szenisch dargestellt werden.

An dieser Stelle soll nicht weiter auf die Spiel- und Rollentheorie eingegangen werden, sondern ausschließlich der technische Aspekt erörtert werden.

Von dem Augenblick an, in dem der Psychodramatherapeut eine Rolle annimmt und spielt, befindet er sich in doppelter Hinsicht in einer zwiespältigen Situation: einerseits erlebt der Patient die Szene höchst intensiv, ohne jedoch jemals zu vergessen, daß es sich hier um ein Spiel handelt; andererseits soll der Therapeut in das Phantasma des Patienten vordringen, ohne darüber dessen Gefangener zu werden.

Jeder Therapeut hat seinen eigenen Stil. Manche bleiben neutral und halten sich zurück, andere dagegen gehen völlig auf in dem Geschehen. Es gibt hier keine feste Regel. Entscheidend ist, daß die Botschaft des Patienten „ankommt".

Im Verlauf der ersten Sitzungen forcieren wir gelegentlich den Ton, damit der Patient den permissiven Charakter des Psychodramas bemerkt. Natürlich soll ihm in keinem Fall „ein Schauspiel geboten" werden, denn dadurch würden nur seine Widerstände verstärkt werden.

Wieweit soll die Gestik gehen? Diese Frage bringt Psychodramatherapeuten am Anfang oft in Verlegenheit. Wenn sie beispielsweise die Rolle eines Arztes spielen, wissen sie nicht, ob sie den Puls des Kranken tatsächlich fühlen oder nur so tun sollen, „als ob" sie dies täten.

Tatsächlich stützt sich unsere Technik kaum auf den Körperausdruck, und der Dialog bleibt unser wesentliches Kommunikationsmittel. Wir vermeiden Körperkontakte mit Patienten: die Berührungen könnten über ihre ursprüngliche Bedeutung hinausgehen und andersartige Phantasmen wecken. Wenn der Therapeut beispielsweise das Handgelenk einer jugendlichen Patientin anfaßt, um ihren Puls zu fühlen, erlebt sie diesen Kontakt möglicherweise als eine beginnende Verwirklichung erotischer Phantasmen, die zu verkraften sie nicht in der Lage ist und die für sie zufiefst angsterzeugend sind.

Nachdem alle Peripetien des Themas gespielt worden sind, gibt einer der Psychodramatherapeuten das Schlußzeichen für die szenische Darstellung. Es hat keinen Sinn, die Szene über den vom Patienten vorgeschlagenen Zeitraum hinaus zu verlängern.

Die Sitzung endet mit dem Spiel — es sei denn, daß wir den Patienten auffordern, noch einmal Platz zu nehmen, damit wir mit ihm die gespielte Szene besprechen können.

Dies führt uns zur Erörterung der Eingriffsmöglichkeiten der Psychodramatherapeuten.

3.4. Probleme therapeutischen Eingreifens

3.4.1. Eingriffe auf thematischer Ebene

Wir haben bereits gesehen, wie wir zu Beginn der Behandlung eingreifen, um den Patienten bei der Suche nach einem Thema zu helfen. Es versteht sich von selbst, daß ein derart aktives Verhalten nur ganz am Anfang der jeweiligen Sitzungsphase angebracht ist. Denn wenn wir schon zu Beginn den Patienten in Schweigen verharren lassen, wird es für ihn — aufgrund eines Gesetzes, das wir die „automatische Wiederholung des Nichts" nennen könnten — immer schwieriger sein, innerhalb der Behandlung sein Schweigen zu brechen. Dagegen soll innerhalb der Behandlung das Fehlen eines Themas respektiert werden: es stellt eine Botschaft an die Therapeuten dar und soll entsprechend gedeutet werden.

Dessenungeachtet können wir dem Patienten jedoch helfen, indem wir ihn bitten, sich des Themas der vorausgegangenen Sitzung zu erinnern. Steht dieses Thema mit dem aktuellen Schweigen in Verbindung, dann genügt es oft, den Patienten darauf aufmerksam zu machen, um sein Blockiertsein aufzuheben. So beispielsweise bei einem Patienten, der sich während einer Sitzung einem Therapeuten gegenüber aggressiv verhalten hat und der sich nun in der darauffolgenden Sitzung durch Schuldgefühle gehemmt fühlt.

Manche greifen jede Woche auf dasselbe Thema zurück oder erfinden verschiedene Geschichten, die aber allesamt Ausdruck ein und desselben Phantasmas sind. Wir erinnern uns zum Beispiel an einen Jugendlichen, der während der ganzen Behandlung ein Phantasma der Allmacht vorschlug, um seine Kastrationsangst zu negieren: einmal war er ein Schüler, der eine Maschine erfunden hatte, die es ihm ermöglichte, immer der Erste zu sein; dann wieder war er ein Wissenschaftler, der im Besitz eines Geheimnisses war, das ihn in die Lage versetzte, die ganze Welt zu beherrschen; oder aber er war ein steinreicher Industrieller und richtete die Konkurrenz zugrunde. Unsere Deutungen führten zu keiner Veränderung. Um so überraschter waren wir, als wir nach etwa einem Jahr Behandlung erfuhren, daß dieser Junge sich sehr zu seinem Vorteil verändert hatte und daß sich seine sozialen Beziehungen, seine Leistungen in der Schule und sein Verhalten im Familienkreis wesentlich gebessert hatten.

Bei allem guten Willen, sich zu „erneuern", scheint der Patient jedoch oft gezwungen, trotz seiner Gereiztheit und seines Überdrusses dasselbe Thema zu wiederholen. In solchen Fällen gewinnen die Therapeuten den Eindruck, daß die Behandlung auf der Stelle tritt und daß es ihnen nicht gelingt, dem Patienten zu helfen, etwas zu überwinden — wobei dieses „etwas" möglicherweise auf der Ebene dessen liegt, was sie in der Übertragungsbeziehung nicht wahrgenommen haben.

Andere Themen, die immer wiederkehren, drücken den Widerstand oder die Abwehrformen des Patienten gegen Ängste vor Demütigungen aus, etwa bei den mehr akademischen Diskussionen, die oft von Jugendlichen vorgeschlagen werden: einer der Spieler vertritt eine These, ein anderer die Antithese, während dem dritten die Aufgabe der

Synthese zufällt. Das Spiel beschränkt sich auf einen Wortstreit ohne jeden emotionalen Inhalt. Hier muß man den Patienten darauf aufmerksam machen, daß er, wenn er derart wenig differenzierte Menschen agieren läßt, die lediglich mit Gedanken jonglieren, den Versuch unternimmt, aus der Realität der jetzigen Situation zu entfliehen, der Realität, mit einem Mann und einer Frau konfrontiert zu sein, und zwar mit allen Implikationen hinsichtlich der sich daraus ergebenden Beziehung.

Kinder bringen oft eine Geschichte aus der Illustrierten, in der sie zuvor im Wartezimmer gelesen haben. Diese Geschichten behalten ihre volle Bedeutung, da sie ja vom Patienten ausgesucht worden sind. Außerdem haben die Details, die hinzugefügt, verändert oder fortgelassen worden sind, ebenfalls ihren Sinn. Wenn die gelesene Geschichte nur ein Mittel ist, um nicht persönlich miteinbezogen zu werden, deuten wir es auch in diesem Sinne.

Eine andere Form des Widerstands manifestiert sich in einem Thema, das dem realen Leben des Patienten entnommen ist und das diese Wirklichkeit getreu wiedergeben soll. Jede Variante wird als angsterzeugend empfunden, so daß der Patient das Spiel manchmal unterbricht, um dem Therapeuten zu erklären, daß die ganze Sache eigentlich ganz anders gewesen ist. In solchen Fällen benutzt der Patient sein Erleben, um den Zugang zu seinen Phantasmen wie auch zu den Worten des Therapeuten zu versperren.

Eine ähnliche Form des Widerstands besteht darin, im Psychodrama ein „Verhaltenstraining" zu sehen. Der Patient schlägt nicht eine Szene vor, die er bereits erlebt hat, sondern eine, die er bald erleben wird. Wenn er beispielsweise demnächst vorhat, sich um eine Stelle zu bewerben, wird er die Einstellungsszene spielen, die er gewissermaßen als Probe betrachtet.

Unsere ersten Versuche mit dem Psychodrama haben wir mit Kindern gemacht. Wir dachten, daß das Spiel für sie eine natürliche und bevorzugte Ausdrucksform darstellt. Erst als wir es gewagt hatten, mit Erwachsenen psychodramatisch zu arbeiten, konnten wir zu unserer Überraschung feststellen, mit welcher Selbstverständlichkeit auch sie diese Ausdrucksform akzeptierten.

3.4.2. Eingriffe auf Spielebene

Falls die Erwachsenen oder die Kinder zu Beginn gehemmt sind, „in die Haut" einer Person zu schlüpfen, genügt es, daß die Psychodramatherapeuten selbst mitspielen, um sie dadurch allmählich in den Dialog einzubeziehen.

Acting out: Davon sprechen wir dann, wenn der Patient nicht mehr so tut, „als ob" er etwas täte, sondern wirklich einen Gegenstand zerstört oder einen Therapeuten angreift. Dies kommt allerdings sehr selten vor: im Laufe der letzten zehn Jahre haben wir derartige Vorfälle nur zweimal erlebt. In beiden Fällen handelte es sich um hysterische Erwachsene.

Die Vorgänge beim *acting out* scheinen in unmittelbarem Zusammenhang mit der Gegenübertragung der Therapeuten zu stehen. Zu Beginn unserer Praxis traten sie häufiger in Erscheinung, da wir damals selbst noch ängstlicher waren.

Wenn der Patient aufhört, so zu tun, „als ob" er spiele, unterbrechen wir die Szene und sagen ihm, daß im Psychodrama alles erlaubt ist, allerdings nur unter der Bedingung, daß man es zum Schein tut. Dann wird die Szene weitergespielt.

Zuhilfenahme von Requisiten: Manche Kinder bringen Gegenstände in die Sitzung mit, Spielzeugautos, Revolver oder Puppen, Sachen, die sie beim Spielen benutzen wollen. Manche Erwachsene holen tatsächlich ihre Brieftasche hervor oder lesen wirklich während des Spiels. In diesem Fall, ganz gleich, ob wir mit Kindern oder Erwachsenen arbeiten, spielen wir, ohne die Realität des mitgebrachten Gegenstands zu berücksichtigen. Wenn uns zum Beispiel eine richtige Zigarette angeboten wird, tun wir so, als ob wir sie nehmen, anstecken und rauchen würden.

Aussteigen aus dem Spiel: Dies ist ein Phänomen, das zu Beginn der Behandlung oft zu beobachten ist. Der Patient steigt plötzlich aus der Rolle der Person aus, die er spielen soll, und beginnt, in seinem eigenen Namen zu sprechen. In solchen Fällen spielen wir weiter und beziehen die beiseite gesprochenen Worte des Patienten in den Dialog ein, so daß er meist von sich aus wieder zu seiner Rolle zurückkehrt.

Das Auseinanderhalten von realer und gespielter Person wird übrigens erleichtert, wenn beide möglichst wenig Ähnlichkeit miteinander haben. Deshalb erfinden wir für die Darsteller andere Vor- und Familiennamen. Wenn wir beispielsweise die Rolle eines Zeugen spielen und eine steckbriefliche Beschreibung von uns verlangt wird, charakterisieren wir die Person ganz anders, als sie in Wirklichkeit ist.

3.5. Die Deutungen

Das Problem der Deutung unter seinen verschiedenen Aspekten, insbesondere im Zusammenhang mit der Gegenübertragung und dem psychodramatischen Spiel, soll an anderer Stelle untersucht werden.

Deshalb wollen wir uns hier lediglich auf einige Anmerkungen technischer Art beschränken.

Wie wir schon sagten, vermeiden wir eine Deutung des Themas vor Beginn des Spiels. Dennoch sind die Bemerkungen, die wir möglicherweise machen, wenn der Patient blockiert ist oder sich in seinen Themenvorschlägen wiederholt, Deutungen seines Widerstands.

Gleichwohl bleibt das Spiel im Psychodrama das wichtigste Ausdrucksmittel für den Analytiker. In der ihm vom Patienten zugewiesenen Rolle, innerhalb einer von diesem vorgeschlagenen Szene und dank des sich bildenden Dialogs bringt der Analytiker zum Ausdruck, was zu deuten er für wichtig hält. Entsprechend dem Zeitpunkt der Behandlung und entsprechend dem, was er vom Aspekt der Übertragung des jeweiligen Themas verstanden hat, macht er sich zum Sprecher entweder des Triebs bzw. des Wunsches oder aber der Abwehr und des Über-Ichs.

Die Erfahrung hat gezeigt, daß die Interpretation, die im Spiel selbst angeboten wird, besser ankommt als die Deutungen, die am Ende der Sitzung vom Therapeuten in seiner Eigenschaft als Analytiker formuliert werden. Deshalb interpretieren wir außerhalb des Spiels nur dann, wenn innerhalb der Szene keine Deutung möglich war. Das kommt gelegentlich vor, wie das folgende Beispiel zeigt.

Jean ist ein Jugendlicher. Seine Mutter hat ihn zu uns gebracht, weil er unter neurotisch bedingten Zuckungen (Ticks) leidet. Er ist bereits erfolglos im Krankenhaus behandelt worden. Wir bieten Jean an, einen Versuch mit mehreren Sitzungen zu machen, weil er gegen eine erneute Behandlung bzw. dem Psychodrama gegenüber Zurückhaltung zeigte. Der Junge geht auf unseren Vorschlag ein und bringt folgendes Thema: Eine Mutter und ein Lehrer beratschlagen in Gegenwart eines Jungen dessen künftige Berufsausbildung. Die Mutter möchte, daß er Diplomingenieur wird, während sein Lehrer einen Rechtsanwalt aus ihm machen will. Jean spielt den Jungen und die Therapeuten die Mutter und den Lehrer. Während des Spiels hört Jean den anderen zu. Er selbst schweigt. Die Psychodramatherapeuten diskutieren ihre eigenen Wünsche hinsichtlich des Jungen, ohne das, was dessen eigener Wunsch sein könnte, auch nur im geringsten zu berücksichtigen. Erst nach Beendigung des Spiels kommen wir mit Jean auf die Bedeutung seines Themas zurück, indem wir eine Analogie mit seiner gegenwärtigen Lage feststellen: die Ärzte und die Mutter vermitteln Jean den Eindruck, daß sie die Behandlung beschlossen haben, ohne ihn nach seiner Meinung zu fragen. Erst jetzt gelingt es Jean, seine persönliche therapeutische Bitte zu formulieren, die weit über die Heilung seiner Ticks hinausgeht.

4. Das Therapeutenpaar

Das Therapeutenpaar besteht aus einem männlichen und einem weiblichen Therapeuten, die die Behandlung eines Patienten oder einer Patientengruppe gemeinsam leiten. Unsere Erfahrung hat uns allmählich dazu geführt, daß wir fast nur noch die analytische Methode anwenden. Insofern nimmt in unseren Augen die Untersuchung der Übertragung auf das Paar und der Gegenübertragung des Paars eine immer grundlegendere Bedeutung ein. Im folgenden Kapitel sollen die Art des Therapeutenpaares, sein Funktionieren und seine Bedeutung in der Dynamik der Behandlung erörtert werden.

Die Schwierigkeiten eines solchen Unterfangens müssen gleich zu Beginn hervorgehoben werden. Am besten werden sie wohl durch die Tatsache illustriert, daß unter den Arbeitsgruppen, die wir mit verschiedenen Kollegen und Psychoanalytikern gebildet hatten, um Erfahrungen auszutauschen, einzig und allein die Gruppe, die sich der Frage des Therapeutenpaars widmen sollte, ohne Echo blieb. Ganz offensichtlich haben die Partner von Therapeutenpaaren Schwierigkeiten, ihre Beziehung aufzuzeigen. Natürlich kann man sich fragen, ob diese Arbeitsgruppe die Art der Wünsche, die sie zur Zusammenarbeit veranlassen, sowie die Natur der in gemeinsamem Bemühen empfundenen Freuden nicht stark in Frage gestellt hätte. Therapeuten sprechen ungern darüber. Ihr Widerstreben läßt sich mit dem Gefühl vergleichen, ein stillschweigend vereinbartes Gesetz zu übertreten, indem sie anderen Menschen etwas über die Intimität ihrer Zweisamkeit offenbaren. Hinter ihrem gemeinsamen Wunsch, Psychoanalytiker zu sein und psychodramatisch zu arbeiten, verbergen sich Phantasmen, deren Aufdeckung sich als gefährlich erweisen könnte.

Das Widerstreben, vom Paar zu sprechen, wird noch offensichtlicher, wenn ein Therapeut gebeten wird, in Abwesenheit seines Partners von seiner Arbeit zu sprechen, so als sollte er eine Art Vergnügen verraten und als ob er, wenn er mit einem Dritten über seinen Partner spräche, in die Lage eines exponierten Opfers geriete und Gefahr liefe, bei sich eine Art exhibitionistischer Lust zu entdecken. In der Tat stellt dieser Sinn für Exhibitionismus ein Vergnügen dar für denjenigen, der gern vor anderen spielt, eine Versuchung, seiner Spielfreude vor seiner Funktion als Analytiker den Vorrang zu geben. Außerdem teilt die Psychodramagruppe die aktiven Rollen manchmal den Psychoanalytikern zu, um sich selbst die Rolle des Voyeurs vorzubehalten, und stellt ihnen damit eine Falle.

Diese exhibitionistische Lust der Therapeuten beim Psychodrama ist aber nur ein Aspekt dessen, worauf sich ihre Aktivitäten gründen. Unseren Erfahrungen mit der Einzel- und Gruppenanalyse zufolge sind wir überzeugt, daß es wichtig ist, die Phantasmen der Analytiker auszumachen, und zwar in ihren Diskussionen, in ihren Träumen oder in ihren bedeutsamen Erinnerungen im Hinblick auf die Behandlung.

Diese Behandlungsform, in der zwei Analytiker verschiedenen Geschlechts in Gegenwart eines Patienten (eines Erwachsenen oder eines Kindes) zusammenwirken, strukturiert sich als Funktion dieses Paars. Natürlich genügt die bloße Anwesenheit eines Patienten nicht, um aus den beiden Therapeuten ein Paar zu machen. Doch scheint die aktuelle oder bevorstehende Gegenwart des Patienten die Grundlage dafür zu sein, daß sich dieses Paar überhaupt findet, dessen erstes Ziel es ist, einem Dritten auf der Suche nach seiner Wahrheit zu helfen.

Wenn beide Analytiker einander fremd blieben und die Entwicklung ihrer Beziehung zueinander verkennten, würde der spezifische Charakter der therapeutischen Situation dadurch negiert werden. Für den Patienten würde die Behandlung so verlaufen, als wäre sie eine Einzeltherapie, zu der sich ein Dritter gesellt hat. Jeder Therapeut stünde dem anderen nur im Wege, und zwar ganz gleich, ob er davon überzeugt ist, als einziger die Problematik des Patienten in ihrem ganzen Ausmaß zu durchblicken, oder ob er sich durch das vermutete Wissen des Partners gehemmt fühlt.

Bei der Wahl des jeweiligen Partners scheinen zwei Faktoren eine Rolle zu spielen:

— Ein institutioneller Faktor: Selbstverständlich basiert das gegenseitige Sich-Kennenlernen auf den äußeren Möglichkeiten einer Zusammenkunft. In den Institutionen, in denen junge Therapeuten psychodramatisch ausgebildet werden, kann die Erfahrung des einen eine gewisse Anziehungskraft auf den anderen ausüben.

— Ein affektiver Faktor: Das mögliche Einverständnis beruht vorweg auf der Sympathie, die zwei Therapeuten vielleicht vom ersten Augenblick an füreinander empfinden.

Möglicherweise überdeckt der Wunsch, gemeinsam psychodramatisch zu arbeiten bei einem der Therapeuten — oder bei beiden — den Wunsch, eine engere Beziehung herzustellen. Die Erfahrung zeigt, daß solche Paare — für welche der Patient nur eine Alibifunktion hat —

von sich aus bald auf eine therapeutische Tätigkeit verzichten. In manchen Fällen sind die Wege des Unbewußten noch gewundener, und der Anlaß der Paarbildung wird erst nach einem Scheitern und nach einer gewissen Zeit gemeinsamer therapeutischer Aktivität deutlich.

So hatten beispielsweise zwei Therapeuten mehrere Jahre in einer Institution zusammengearbeitet und dabei eine stark erotisierte Form von Vater-Tochter-Beziehung entwickelt. Diese Beziehung wurde zwischen den beiden jedoch nie angesprochen. Die beiden beschlossen, gemeinsam eine Gruppe zu leiten. Im Anschluß an jede Sitzung analysierten sie gemeinsam die Geschichte ihres Verhältnisses und die persönlichen Bezüge, die eine solche Analyse impliziert. Während der ersten Phase ihrer Entwicklung gestaltete sich die Gruppe in einer Art, die man wohl als psychotisch bezeichnen darf: infolge von Angstzuständen prägenitaler Natur blieb sie wie gelähmt, es war, als ob sie in der Wunschvorstellung des Therapeutenpaars keinen Platz fände. Die Therapeuten waren mit der Klärung ihrer eigenen ödipalen Beziehung voll und ganz beschäftigt und folglich unfähig, den Diskurs der Gruppe auf der prägenitalen, phantasmatischen Ebene wahrzunehmen, ja sie verstärkten sogar die Ängste der Patienten mit ihren ödipal ausgerichteten Deutungen. Hier schien die Paarbildung ein reines *acting out* zu sein, das Interesse des Paars an sich selbst hinderte es daran, die Patienten anzuhören und zu verstehen.

Die Art des Zusammenspiels der Paare variiert beträchtlich. Es steht in enger Verbindung mit der Art der Beziehung zwischen den Therapeuten. Diejenigen, die schon mit verschiedenen Partnern gearbeitet haben, kennen die Unterschiede im Arbeitsstil und die persönliche Anpassung, die bei jedem Partnerwechsel notwendig ist.

Das Therapeutenpaar, für das es besonders wichtig ist, daß sich jeder in Gegenwart des anderen wohlfühlt, wird verschieden erlebt, und zwar je nach den Phantasmen der Patienten. Je nach den Themen wird dem männlichen Therapeuten gelegentlich die Rolle eines autoritären Chefs zuteil, der über seine Partnerin „verfügt", der die Rolle der Sekretärin zugewiesen ist, oder die Rolle eines von einer phallischen Frau verhöhnten und kastrierten Mannes oder die Rolle eines Vaters gegenüber seiner Tochter oder auch die Rolle des Sohnes gegenüber seiner Mutter.

Der Altersunterschied der Therapeuten hat auf die Projektionen der Patienten keinen Einfluß. Indessen kann die Gegenübertragung der Psychodramatherapeuten diese Projektionen stören. Welche imaginären Wirkungen auch von ihm in den Augen der Patienten ausgehen mögen, das Paar muß sich fragen, welches sein eigentlicher Wunsch ist. Dabei muß es die realen Tatsachen berücksichtigen, die einer dem

Paar eigenen Phantasmabildung zugrunde liegen kann. So besteht beispielsweise oft ein Status-Unterschied zwischen den Kotherapeuten, insbesondere in einer Institution: eine Psychologin arbeitet mit einem Chefarzt oder eine junge Analytikerin arbeitet gemeinsam mit einem erfahrenen Analytiker. Dieser Unterschied kann noch durch die verschieden hohen Honorare der beiden unterstrichen werden.

Das Problem nimmt eine besondere Form an, wenn die Macht — oder das vermutete Wissen — sich auf der Seite der Therapeutin befindet. Hier rückt dann die phallische Problematik oft in den Mittelpunkt der Paarproblematik. Falls die Therapeuten nicht fähig sind, sie für sich und unter sich zu analysieren, wird ihr analytisches Vorgehen unwirksam, und manchmal fällt dann sogar den Patienten die Aufgabe zu, sie ihnen klarzumachen. Wir denken hier beispielsweise an einen Jugendlichen, der mit einem Paar zu tun hatte, in dem der Mann noch am Beginn seiner beruflichen Praxis stand. Der Patient brachte folgendes Thema: „Es geht um einen Raubüberfall. Frau X leitet die Operation. Ich selbst breche den Geldschrank auf, Dr. Y hilft mir dabei, er ist nicht besonders intelligent, er muß mir lediglich das Werkzeug reichen ..."

Das Leben eines Therapeutenpaars darf nicht zum Selbstzweck werden. Sein forschendes Bemühen sollte sich nicht in einer narzißtischen Befriedigung erschöpfen. Es wurzelt in der geteilten Freude, gemeinsam etwas zu verstehen. Es findet seine Bestätigung in einer Lust im erkenntnistheoretischen Ausloten und im Teilen gemeinsamer Gefühle. Dennoch ist in diesem Leben notgedrungen eine leere Stelle, und diese leere Stelle, an der die Übertragung und die Gegenübertragung stattfinden, ist der Ort, an dem der Patient seinen Platz einnimmt. Dieser Mangel macht das imaginäre Wesen des Paares aus, er bietet dem Patienten Gelegenheit zur Projektion.

Jede Störung in der Kommunikation zwischen den Therapeuten belastet die Entwicklung der Behandlung. Der Patient scheint keine andere Wahl zu haben, als sich in den Mittelpunkt der gestörten Beziehung zu stellen, damit sie besonders hervorgehoben und reflektiert wird. Wir möchten hierzu zwei Beispiele anführen:

— Ein Psychotherapeutenpaar, das mit Kindern arbeitet, muß feststellen, daß die Patienten seit mehreren Sitzungen in erhöhtem Maße Kastrationsthemen vorschlagen. Die Konvergenz der Themen und ihre Wiederholung läßt bei ihnen die Frage aufkommen, ob diese Phantasmen nicht durch etwas zustande kommen, was in ihrem eigenen Bereich als Paar zu suchen ist. In diesem Augenblick erkennt der männliche Therapeut, daß das Kastrationsproblem zum gegenwärtigen Zeitpunkt seine Analyse beherrscht, und zwar besonders unter dem

Aspekt der kastrierenden Funktion der Mutter. Er wird sich bewußt, daß er einen Teil seiner Ängste auf die Kotherapeutin abgewälzt hat und in der Paarsituation ein gewisses Unbehagen erlebt wird.

— Eine Psychodramagruppe wird von zwei erfahrenen Analytikern geleitet, die bisher noch nie zusammengearbeitet haben. Einige Jahre zuvor hatte der männliche Therapeut an einer Ausbildungsgruppe teilgenommen, die von seiner jetzigen Kotherapeutin zusammen mit einem anderen Analytiker geleitet worden war. Sehr bald sieht sich die Gruppe in ihrer Entwicklung blockiert. Die Frauen beklagen, daß die Männer in ihren Augen „nichts darstellen", keine rechte Autorität besitzen, und die Männer stellen fest, daß sie ihren Platz in der Gruppe nicht finden können. In der Zusammensetzung der Gruppe konnte die Ursache dieser Problematik nicht liegen. Die Situation klärte sich, als die Therapeuten untereinander erkennen konnten, daß ihre Beziehung in hohem Maße geprägt war durch die frühere Übertragung des männlichen Therapeuten auf seine jetzige Partnerin, eine Übertragung, die nie ganz überwunden worden war.

Der Patient — oder die Patientengruppe — spielt also das, was unbewußt als Spannung oder als Rivalität zwischen den Therapeuten wahrgenommen wird. Entsprechend seiner eigenen Problematik gibt er seiner Lust Ausdruck, die Beziehung auseinanderzubringen, oder seiner Angst, zerstückelt zu werden, oder seiner Voyeurhaltung einer Beziehung gegenüber, von der er sich ausgeschlossen fühlt. Unter solchen Bedingungen können die Analytiker, indem sie ihre Gegenübertragung orten und sich nach dem Sinn des Spiels des Patienten und ihres eigenen fragen, begreifen, was in der Behandlung vor sich geht. Dieses Erkennen wird erleichtert durch die Situation des Paares, das sich ständig in der Position des „kontrollierten Kontrolleurs" befindet. Sie erlaubt es dem Psychotherapeuten gewissermaßen, den Dialog zu eröffnen, den er mit seinem eigenen Analytiker nicht hatte führen können.

Das Gesagte unterstreicht die Bedeutung der Zwischensitzungen, in denen die Bezugnahmen auf die ursprüngliche analytische Situation eines jeden Therapeuten im Gedankenaustausch reaktiviert werden, wodurch die Untersuchung der Gegenübertragung und der wechselseitigen Beziehung des Paares möglich wird.

Diese Beziehung erweist sich als vielschichtig, und zwar um so mehr, als sie nicht nur eine Funktion der Struktur des Therapeuten und insbesondere seines Verhaltens gegenüber dem anderen Geschlecht ist, sondern weil sie auch durch die Persönlichkeit des Kotherapeuten und durch die aus der Problematik des Patienten entstandene Lage geprägt wird. Jeder Partner eines Therapeutenpaares befindet sich also an einem privilegierten Ort, einer variablen Begegnungsstätte, die durch sein Verhältnis zum Diskurs des Patienten (oder genauer zum Spiel-Diskurs des Patienten), durch sein Verhältnis zum Diskurs seines Partners und somit hinsichtlich des Analytikers des letzteren bestimmt ist. Wir haben es hier also mit einer mehrdimensionalen Analyse zu tun, gleichsam einem Ballett, in dem fünf erste Tänzer auftreten: Der Patient, die beiden Therapeuten und ihre jeweiligen Analytiker.

Eine Analogie drängt sich auf zu dem, was sich zwischen den beiden Analytikern abspielt, die als Paar zusammenarbeiten, und dem, was in der Kontrollsituation vor sich geht. Wenngleich die Beziehungen zwischen Kontrollierendem und Kontrolliertem einerseits und zwischen den Partnern eines therapeutischen Paares andererseits unterschiedlich sind, haben sie doch eines gemeinsam: die Notwendigkeit, in Bezug auf die gleichen Hinweispunkte analysiert zu werden. Deshalb halten wir das Psychodrama für eine besonders interessante Ausbildungsform der Psychotherapie.

Da wir an späterer Stelle die Frage der Übertragung und der Gegenübertragung gesondert behandeln wollen, soll hier nur auf die Auswirkungen eingegangen werden, die die Paarbildung auf die Modalitäten der Übertragung und der Gegenübertragung hat.

Wenn es nicht damit getan ist, daß sich zwei zusammentun, um die Existenz eines Therapeutenpaares zu gewährleisten, so genügt es noch weniger, einen Patienten — gleich welchen Alters — mit zwei Psychodramaleitern zusammenzuführen, um eine Dreieckssituation zu schaffen. Während der verschiedenen psychodramatischen Behandlungen tauchen zahlreiche Themen prägenitaler Natur auf — die Entdeckung des Mutterleibs und die Angst, zerstückelt oder verschlungen zu werden — , wobei das Geschlecht der Therapeuten keinerlei Rolle spielt. Ja, das Paar kann als solches negiert werden, wie zum Beispiel bei diesem heranwachsenden Mädchen, das der Analytikerin vorschlug, als seine Doppelgängerin zu agieren und als solche ihre Rivalität zu einem Bruder und ihren Penisneid auszudrücken, der unter der Maske eines scheinbar braven Wesens und der Pseudodebilität völlig verdeckt war.

In die gleiche Richtung führen die Themen eines achtjährigen, präpsychotischen Jungen. Seine Vorliebe, sich als Frau zu verkleiden, mochte eine Identifizierung mit dem mütterlichen Wunschbild darstellen. Er verwechselte ständig das Geschlecht der Therapeuten: der Mann sollte die Rolle verführerischer und verliebter Frauen spielen und die Frau die Rolle der Männer oder diejenige phallischer Frauen. In diesem Fall schien das unbewußte Phantasma an die Überwindung eines allmächtigen Mutterbildes gebunden zu sein, während das Vaterbild zwischen Mutter und Kind noch keinen Platz gefunden hatte. Die ödipale Problematik konnte erst nach der Herstellung der Übertragung und im Verlauf langwieriger Veränderungen und der Durcharbeitung der Phantasmen aufgedeckt werden.

Das Sichtbarwerden prägenitalen Materials stellt das Therapeutenpaar vor besondere Aufgaben. Denn die Tatsache, daß man als Paar in Erscheinung tritt, bedeutet gegenüber dem Patienten zunächst einmal, daß man eine Dreieckssituation konstituieren will. Deshalb bereitet der Ausdruck ödipaler Phantasmen des Patienten den Therapeuten eine Lust, auf die sie nur schwer verzichten können. Wenn sich der Patient des Paares als Stütze für seine prägenitalen Phantasmen bedient, negiert er dadurch die geschlechtliche Dimension des Paares. Dieses Nichtwahrhabenwollen kann Angst erzeugen, und eine ödipale Haltung „um jeden Preis" kann die Therapeuten in eine Widerstandshaltung gegenüber den prägenitalen Phantasmen manövrieren.

Die Erörterung dieser Probleme führen zu der Frage, warum das Paar als Hintergrund der Phantasmabildung des Patienten bei uns unbedingt verschiedengeschlechtlich sein muß. Zu der Zeit, da wir der Rolle noch eine größere Wichtigkeit beigemessen haben, schien uns die Gegenwart zweier Therapeuten verschiedenen Geschlechts als wünschenswert, und zwar aus praktischen Erwägungen. Denn manche Spiele, insbesondere die Verführungsszenen, die von den Protagonisten gleichen Geschlechts gespielt werden, lassen bei den Patienten Hemmungen entstehen, die sich ihrer Spontaneität in den Weg stellen, und dafür um so mehr die Rollenzusammensetzung berücksichtigen. Dies führt zu einer Störung im Spielablauf, die zuweilen als Angst erlebt wird, die durch Lachen oder „Aussteigen aus dem Spiel" abgewehrt wird. Übrigens erzeugen Frauen, denen eine Männerrolle übertragen worden ist, weniger Angst als Männer in Frauenrollen. Das läßt sich nebenbeibemerkt auch durch das Theater belegen: hier übernehmen oft Heranwachsende die Rollen von Frauen, während die Männer, die einen weiblichen Part übernehmen, sehr oft burlesk wirken.

Bei manchen Techniken, die von der unseren abweichen, arbeiten zwei Therapeuten gleichen Geschlechts zusammen. Beim Psychodrama sind es, soweit wir wissen, stets zwei Analytikerinnen, die mit Psychotikern arbeiten.

So sehr die Tatsache, zu zweit zu arbeiten, die Angst des einzelnen Therapeuten mindert, so sehr wächst auch jene Lust am psychodramatischen Zusammenwirken. Diese Lust am Zusammensein hat ihren Ursprung in verschiedenen Trieben und Abwehrsystemen: in der Lust des Voyeurismus, des Exhibitionismus und in der perversen Lust des „so tun als ob". Uns scheint, daß diese Dimension der Lust, die allen Psychodramatherapeuten gemeinsam ist, für den guten Verlauf einer Behandlung unerläßlich ist. Manche sehen darin sogar die Grundvoraussetzung für den Entwicklungsprozeß. Einer unserer Kollegen schrieb diesbezüglich an eine ehemalige Kotherapeutin: „Ich gehe soweit zu behaupten, daß es die Lust war, die die Veränderungen bei den Kindern, vor denen wir schauspielerten, in Gang brachte. Es war nur dann erfolgreich, wenn wir nicht spielten, sondern ‚echt' waren". Und ein anderer Kollege schrieb seinerseits: „Ich frage mich, ob für das Kind die Wirkung unserer psychodramatischen Aktivität nicht zu einem großen Teil darin begründet war, daß es sah, wie zwei Erwachsene vergnügt ‚mitmachten' in einer Art Komplizenschaft, hergestellt durch die Illusion, die das Kind mit den Kotherapeuten teilte."

Die Anwesenheit eines Partners gibt dem Therapeuten also eine gewisse Sicherheit, und sie bereitet ihm Freude. So überrascht es nicht, daß sie auch die Gegenübertragung eines jeden beeinflußt. Dieser Einfluß läßt sich durch zwei Tatbestände belegen.

Erstens stoßen alle Therapeuten im Verlauf von Einzeltherapien auf Schwierigkeiten, wenn die Behandlung nicht vom Fleck zu kommen scheint oder wenn die Patienten sehr beunruhigend wirken. Diese Schwierigkeiten wirken sich eindeutig auf die Gegenübertragung aus, wenn sie nicht deren direkte Umsetzung sind. Wenn sie die Möglichkeit haben, geben manche Analytiker der Versuchung nach und behandeln solche Patienten psychodramatisch. Ohne daß wir hier den Wert eines solchen Unterfangens diskutieren wollen, muß festgestellt werden, daß es sich in vielen Fällen als eine gute Lösung erweist. Vielleicht liegt es an der Tatsache, daß eine mehr auf Handlung ausgerichtete Technik dem Patienten besser bekommt oder daß die Angst zu einem gewissen Zeitpunkt in einer Situation „von Angesicht zu Angesicht" allzu massiv erlebt worden ist. Im übrigen scheint die Anwesenheit des zweiten Therapeuten die Klärung der Gegenübertragung zu erleichtern.

Folgende Beispiele mögen dies illustrieren:

Ein Therapeut fühlt sich durch die Liebe, die ihm eine heranwachsende, mehr oder weniger erotomane Patientin entgegenbringt, geradezu erdrückt. Er bleibt nur dadurch Herr der Situation, daß er sie unter dem Aspekt der Übertragung versteht. Dadurch, daß er nun die Technik des Psychodramas anwendet, wobei er auf das Mitwirken einer Analytikerin rechnen kann, wird es ihm möglich, die beiden Ebenen der Bitte nach Liebe besser einzuordnen: zum einen ist es eine Bitte an eine allmächtige, als ablehnend und zerstörend erlebte Mutter, zum anderen ein mehr ödipaler Wunsch an den Vater. Die homosexuelle Fixierung wird ebenfalls erkennbar. Zwar wird alles dies der Patientin nicht interpretiert, aber durch die Dechiffrierung dieser verschiedenen

Faktoren vermag sich der Therapeut aus der destruktiven Liebesbeziehung zu lösen.

Ein heranwachsender Patient ist in einer Psychotherapie bei einer Frau. Als Kind war er stets überfüttert worden und hatte sich oft übergeben müssen. So kommt es, daß er in jeder Frau jemanden sieht, der ihm dieses schreckliche Übermaß an Nahrung bringt. Seine Übertragung ist negativ auf der ganzen Linie: er lehnt die Einzelbehandlung, um die er doch gebeten hatte, voller Abscheu ab. Im Psychodrama gelingt es ihm, eine Beziehung zur Frau herzustellen, da ein Dritter hinzukommt. Es wird ihm darüberhinaus möglich, eine andere als ausschließlich duale Beziehung ins Auge zu fassen. Das Intervenieren des Dritten bewirkt, daß die Gegenübertragung des Therapeuten weniger hemmend ist.

Zweitens: Wenn ein Therapeut aus Gründen, die von den Erfordernissen der Therapie unabhängig sind, einen Patienten unter Hinzuziehung eines anderen Therapeuten behandelt, wird die Gegenübertragung modifiziert. Die bereits bestehende Beziehung zu dem Patienten wird durch die Haltung dieses zweiten Therapeuten, durch sein Interesse für den Kranken oder durch die Angst, die er empfindet, beeinflußt.

Diese nicht einfach zu analysierende Arbeit als Paar ist nicht frei von Gefahren. Wenn beispielsweise beide Therapeuten für den Patienten die gleichen Gefühle hegen, stellt die Konvergenz ihrer Ansichten eine Wahrheit dar, durch die die Therapeuten zuweilen in Versuchung kommen, auf eine Analyse ihrer Gefühle zu verzichten. Dies ist häufig der Fall bei einem Patienten, den die Analytiker „langweilig" finden. Oft neigen sie dann dazu, diesen Eindruck der Langeweile zu rationalisieren, indem sie dieses Gelangweiltwerden auf das intellektuelle Niveau oder auf die starre Struktur des Patienten zurückführen. Auf diese Weise vermeiden sie, sich mit der Enttäuschung auseinanderzusetzen, die ihnen der Patient auferlegt, einer Enttäuschung hinsichtlich der Freuden, die sie sich auf der Ebene des Zusammenwirkens als Paar versprochen hatten.

Eine andere Klippe befindet sich auf der Ebene des Wunsches nach Wiedergutmachung. Wenn die Therapeuten beispielsweise mit sehr abweisenden und pathogen wirkenden Eltern zusammengetroffen sind, fühlen sie sich versucht, den Kindern, die sie als Therapeuten betreuen, als „ein sehr gutes Elternpaar" zu erscheinen. Dabei laufen sie Gefahr, daß das Kind im Ausdruck seiner sadistischen Phantasmen gehemmt wird und daß ihm der Weg zu einer Dreieckssituation verbaut wird.

Im übrigen muß man der von manchen Patienten mehr oder weniger klar formulierten Bitte widerstehen können: für sie als eine andere

Form eines guten Paares da zu sein, mit dem sie sich in magischer Weise identifizieren können. Diese Identifizierung würde ihnen erlauben, ihren Konflikten auszuweichen, indem sie das Kastrationsproblem negieren und eine gleichsam symbiotische Welt erschaffen. Nicht durch die Erfüllung der Bitte können bestimmte Probleme überwunden werden, sondern dadurch, daß man im Spiel den Wunsch, der sich hinter einer solchen Bitte verbirgt, deutet.

Diese Versuchung, als der zu erscheinen, der „wiedergutmacht", ist im übrigen bei jedem Therapeuten gegeben, ob er nun einzeln oder zusammen mit einem Partner arbeitet. Deshalb muß man sich letztlich auch über die Rolle klar sein, die ein von einem „bösen" Objekt gespielter Wiedergutmachungswunsch spielt, einem Objekt, das einst dem Sadismus des Kind-Therapeuten zum Opfer gefallen ist. Dies kann bei dem Wunsch und der Entscheidung, Psychoanalytiker zu werden, motivierend gewirkt haben, und man kann sich fragen, was sich auf dieser Ebene zwischen den Formen des Unbewußten abspielt.

Der Wunsch, das Bild eines „guten" Objekts zu liefern, wächst noch mehr, wenn die Therapeuten als Paar zusammenarbeiten, denn dieses Bild wird dann nicht nur dem Patienten, sondern auch dem Kotherapeuten vermittelt.

Abschließend sei noch darauf hingewiesen, daß die Paarsituation die Phantasmen des Patienten mit einer Schnelligkeit mobilisiert, daß man sich fragen kann, ob sie für die Therapeuten nicht eine Falle darstellt. Bedenkt man die offensichtlich langsame Entwicklung zu Beginn der analytischen Behandlung, vermittelt das Psychodrama tatsächlich zuweilen den Eindruck einer extremen dynamischen Mobilität. Die unbewußten Phantasmen werden energetisch in Situationen umgesetzt: der Umstand, daß der Patient vom ersten Augenblick an in eine Dreieckssituation versetzt ist, stellt eine induktive Situation dar, durch die das Emporsteigen von Phantasmen aus dem Bereich der Urszene in die ödipale Problematik oder, auf prägenitaler Ebene, die Objektspaltung begünstigt werden.

Deshalb sollten sich die Therapeuten nicht allzu voreilig über diese Beschleunigung, diesen raketenartigen Start der Behandlung freuen. Vielleicht ist es wirklich eine Falle: der Patient geht auf ihren Wunsch ein und beraubt sie damit der Möglichkeit, eine deutende Position einzunehmen. Die Therapeuten werden gewissermaßen von ihrem gemeinsamen Wunsch gefangen, so als ob das Paar nicht in einer analytischen Situation wirken sollte, sondern unter den Bedingungen des realen Lebens. Eben deshalb aber, weil das Paar auf dem analytischen Feld verharren und sein Erleben auf den imaginären Bereich beschränken soll, hat es die Regel der Abstinenz zu befolgen. Diese Abstinenz gilt nicht nur gegenüber den Patienten, sondern auch innerhalb ihrer Beziehung als Paar. Es ist dies ein implizites Gesetz, eine Art Verbot, dessen Übertretung für das Paar das therapeutische Scheitern nach sich zieht.

Diese Regel macht den Wesensunterschied deutlich zwischen den Kotherapeutenpaaren und anderen beruflich bedingten Paaren wie beispielsweise Chef und Sekretärin oder Arzt und Sprechstundenhilfe. Solche Paare mögen aus moralischen oder auch wirtschaftlichen Gründen auf das *acting out* verzichten; doch handelt es sich bei ihnen um ein ganz anders geartetes Gesetz als das der Kotherapeuten. Ihr Verbot ist spezifischer Natur. Sie haben sich zusammengetan, um für den Patienten ein Paar darzustellen, und so sind sie von ihrem Ansatz her dazu verurteilt, „zu tun als ob".

Nicht zuletzt aus diesen Gründen begegnen wir Paaren, die real zusammengehören und die gemeinsam psychodramatisch arbeiten wollen, mit einer gewissen Skepsis. Interessanterweise haben solche Paare, jedenfalls jene, die bereit waren, sich mit uns über ihre diesbezüglichen Erfahrungen zu unterhalten, sicher nicht ohne Erfolg gearbeitet, aber sie haben sich — vielleicht gerade aus diesem Grund — später in der Wirklichkeit oft schwergetan.

Ein seltsames Paar, in der Tat, dieses Therapeutenpaar! Es findet seine Befriedigung im Mangel, dem Patienten aber ermöglicht es durch seine Beziehung zueinander den Eintritt in die Welt der Bedeutung, in der das trügerische Spiel, an das zu glauben wir ihn ermutigen, zum Wort wird, wenngleich wir ihm versichern, daß es etwas ganz anderes besagt, als er glaubt.

5. Die Übertragung

5.1. Einleitung

Ehe wir die Charakteristika der Übertragung im Psychodrama untersuchen, scheint es uns nützlich, noch einmal die verschiedenen Bedeutungen des Begriffs zu präzisieren, der durch einen allzu häufigen Gebrauch leicht in seiner Bedeutung verfälscht werden kann.

1.) Die Übertragung im engeren Sinne umfaßt die Gesamtheit der Äußerungen (Haltung, Verhalten, Gesten, Worte, Fehlleistungen, Schweigen usw.), die sich in der psychoanalytischen Behandlung direkt an den Analytiker wenden und ihn in Frage stellen. Kurz, es handelt sich um alles das, was der Beziehung des Patienten zu seinem Analytiker eine besondere Färbung verleiht. Diese spezifische Beziehung entspricht einer aktualisierten Wiederholung infantiler Vorbilder. In ihrer Organisationsform hat sie einen für jede Behandlung gemeinsamen Aspekt und eine persönliche Färbung. Ihr Beginn, ihre Modalitäten, ihr Umschwung, die Interpretationen, die sie hervorruft, und ihre Auflösung stellen die Materialien der Analyse dar: „Die Übertragung wird klassisch als das Feld angesehen, auf dem sich die Problematik einer psychoanalytischen Behandlung abspielt..." (Zitiert nach *Laplanche/Pontalis:* Das Vokabular der Psychoanalyse).

Die Vorstellung der Übertragung ist jedoch insofern eingeschränkt, als sie die Ausdrucksformen in Bezug auf den Ausdruck selbst privilegiert. Die Aktualisierung der unbewußten Wünsche angesichts der Person des Analytikers verwirklicht sich im Verlauf des Diskurses, der sie verändert, verwandelt, verschiebt. Der Diskurs erscheint wie eine Verkleidung der unbewußten Wünsche, die durch den Analytiker entweder bewußt oder durch unbewußte Wahrnehmung und Antwort dechiffriert und gedeutet werden muß. Eine solche Verarbeitung ist, sofern sie sich angesichts einer besonderen Person vollzieht, Teil der Übertragung.

2.) In einem weiteren Sinn neigt man dazu, jede besondere Beziehung, die von vornherein in einer therapeutischen Situation hergestellt ist durch die Frage des Patienten an einen Therapeuten, von dem er glaubt, daß er sie beantworten kann, als Übertragung zu bezeichnen. Offenbar liegt darin keine spezifische psychoanalytische Besonderheit, da auch der Arzt, der Sozialarbeiter, der Lehrer oder ein Vorgesetzter oder Freund angesprochen werden können. Indessen kann man dabei die Übertragungskomponente nicht völlig außer acht lassen, da sich erneut eine Abhängigkeit Patient/Kind — Eltern/Therapeut bildet. Durch die Bitte wird ersterer in eine regressive Haltung versetzt, die die Projektion auf denjenigen ermöglicht, von dem man eine Antwort erwartet. Aber hier treffen wir nicht auf die Übertragung der psychoanalytischen Behandlung, die eine künstliche Neurose bewirkt, die die neurotische Struktur des Patienten erhellt und bearbeitbar macht. Zur Lokalisierung der Bitte des Patienten scheint uns die von *Glover* vorgeschlagene Bezeichnung „flottierende Übertragung" brauchbar.

In der Auseinandersetzung mit den Veränderungen der Dimension der Übertragung haben wir uns auf das Modell der orthodoxen psychoanalytischen Behandlung berufen. Wir möchten uns auch dann auf sie beziehen, wenn wir untersuchen, worin die Übertragung im Psychodrama besteht. Hier stellen sich die gleichen Fragen wie bei der psychoanalytischen Behandlung, insbesondere bei den Modalitäten der Entstehung der Übertragung, ihrer Entwicklung und Lösung, aber auch bezüglich ihrer Beziehungen zur Realität der durch den Patienten gemachten Erfahrungen und der Natur dessen, was übertragen wird.

Die mehr spezifischen Fragen werfen jedoch die dem Psychodrama eigenen Charakteristika auf. Die Regel, nach der die therapeutische Beziehung hergestellt wird, ist ihrer Natur nach verwandt mit der, die zu Beginn einer klassischen Analyse formuliert wird, weicht aber in den Modalitäten ihrer Anwendung wesentlich von dieser ab. Die Übertragung wendet sich in unserer Theorie und in unserer Praxis nicht an einen einzelnen Analytiker, sondern an ein Therapeutenpaar. Die Formulierung des Themas ist ein besonderer Ausdrucksmodus der unbewußten Wünsche und infantilen Konflikte. Die Rollenwahl verlangt vom Patienten ein Erkennen und ein gewisses Akzeptieren seiner Position gegenüber den Psychodramatherapeuten. Diese Position wird im Spiel, einer anderen Ausdrucksweise, aktualisiert und gedeutet. Die Mechanismen der Projektion, der Regression und der Identifikation werden nicht in gleicher Weise wie in der psychoanalytischen Behandlung gehandhabt.

5.2. Die Regel als Faktor der Strukturierung bei der Übertragung

Die Regel zu Beginn des Psychodramas erfüllt zwei Funktionen.

Zunächst ist sie organisatorischer Art, insofern sie die Modalitäten des Verlaufs der Sitzung und ihrer verschiedenen Phasen definiert: Darlegung des Themas, Verteilung der Rollen und Spiel. Damit legt sie einen Rahmen fest, der dem Psychodrama den ihm gemeinhin noch anhaftenden Hauch des „Geheimnisvollen" zu einem Teil nimmt — im Gegensatz zur psychoanalytischen Behandlung, deren Regel einem größeren Kreis vertraut ist; damit wird zugleich das Zustandekommen falscher Bilder, die man sich vom Psychodrama macht (z. B. „Theater spielen"), vermieden.

Außerdem wird durch die Regel die projektive Vielfalt des Diskurses des Patienten gefördert, d. h. die Vielfalt des Inhalts der Sitzungen. Wenn die Regel das, was die Therapeuten unter „Thema" oder „Geschichte"verstehen, präzisiert, dann geschieht dies in der Absicht, einen absolut freien Ausdruck zu ermöglichen: alles ist möglich, alles ist verwendbar. Die Spontaneität des Patienten wird dadurch gefördert, daß man darauf besteht, daß der erste Einfall gut ist und nicht Gegenstand irgendeiner Diskriminierung oder Restriktion werden darf.

Trotzdem könnte der Eindruck entstehen, daß zwischen einem solchen Vorsatz und der Grundregel, alles zu sagen, ein großes Stück Weges liegt. Indessen implizieren die Begriffe „Thema" oder „Geschichte" — bei aller terminologischen Unschärfe — ein Minimum innerer Logik. Diese ist nicht unbedingt von vornherein eindeutig zu erkennen. Doch aus einem mehr oder weniger formlosen Magma, das sich anfangs bietet, ergibt sich in dem Maße, wie die Perspektive des Spiels deutlicher wird, eine gewisse Strukturierung, sei es durch den Patienten allein, sei es durch das Eingreifen der Therapeuten.

Der Begriff „Thema" droht die Möglichkeit zu freien Assoziationen also zum Teil zu begrenzen und das Äußern von Beziehungssituationen oder doch einer zusammenhängenden Folge von Ereignissen zu fördern. Eine bestimmte Auswahl wird also a priori akzeptiert, wenn nicht gar gefördert.

Die Regel legt außerdem fest, daß das Thema Gegenstand einer Verteilung wird — wie auf der Bühne. Der Patient hat mit seinem Körper in der von ihm vorgeschlagenen Art Platz zu nehmen und muß nun festsetzen, welche Position jeder Therapeut jeweils einzunehmen hat. Dies kann, zumindest auf bewußter Ebene, dem Ausdruck des Themas abträglich sein und zu Auslassungen führen, Indizien des Widerstands oder der Abwehr also, die im Diskurs gleich Negativen eingraviert sind. Das Nicht-Gesagte existiert hier ebenso wie in der analytischen Behandlung, möglicherweise etwas verborgener noch: aufgrund der Strukturierung des Themas ist es hier leichter, bestimmte Dinge wegzulassen. Zuweilen werden solche Auslassungen unmittelbar sichtbar, wenn der Patient brüsk das Thema wechselt oder die erste von ihm vorgenommene Rollenverteilung modifiziert. Bestimmte Patienten können sich dessen direkt bewußt werden: „Die Vorstellung, Ihnen eine Rolle zuzuteilen und zu spielen, hindert mich daran, mein Thema zu finden", sagte uns einer von ihnen. Sehr oft aber können die Widerstände nur in den Sitzungen und in deren Zusammenhang wahrgenommen werden, wie das folgende Beispiel zeigt.

Seit mehreren Monaten schlägt P., ein vierzehnjähriger Junge, stereotype Themen vor: Ein junger Mann opponiert gegen einen älteren Mann und versucht, ihm die Macht zu entreißen. Eines Tages taucht ein neues Thema auf. P. knüpft an den Roman *Of mice and men* an und insistiert in seiner Erzählung auf den beiden Themenkreisen, die die Freundschaft zwischen den beiden Helden einerseits und die Anwesenheit der begehrenswerten Frau darstellen. Er beschließt, den ersten Teil zu spielen und den zweiten auf die nächste Sitzung zu verschieben. In der Woche darauf erklärt P., daß ihm nichts einfalle. Er kann kein Thema ausarbeiten, erinnert sich nicht, was er zuvor gespielt hat. Die homosexuelle Abwehr reicht nicht mehr aus, um gegen den heterosexuellen Trieb der Libido anzukämpfen, und er kann seinen Wunsch nicht zulassen.

Das Problem der Rolle führt auf die Ebene der dramatischen Aktion. Was der Patient erzählt, soll er nun spielen und von den Therapeuten spielen lassen. Die Regel impliziert die Ankündigung, daß das Thema szenisch dargestellt wird, und enthält zugleich die Verpflichtung, daß der Patient sich bereitfindet, auf den vermeintlichen Komfort der ausschließlichen Verbalisierung, sei es die seine oder die der Analytiker, zu verzichten. Für manche kann hier ein neues Hindernis für ihren spontanen Ausdruck liegen.

Eine solche Vorwegnahme des Spiels durch den Patienten im Augenblick der Themennennung könnte zunächst einmal durch persönliche Probleme erklärt werden, sich körperlich einzubringen oder auszudrücken. Es scheint uns jedoch mehr auf eine Abwehrhaltung gegenüber dem Hervorbrechen seiner Phantasmen zurückzuführen sein. Das Problem ist das gleiche bei Patienten, die (bei rein phantasmatischer Projektion) befürchten, daß im Spiel das offensichtliche Nicht-Handeln der Therapeuten nicht eingehalten wird, so daß sie mit der Enthüllung der Phantasmen des anderen konfrontiert werden.

Umgekehrt können andere Patienten, deren Verbalisierung als unzureichend oder als emotional arm empfunden wird, durch die Aussicht auf das Spiel an Sicherheit gewinnen. So kommt beispielsweise eine Frau auf Anraten ihres Psychotherapeuten zu uns, um sich psychodramatisch behandeln zu lassen, weil sie sich in einem ausschließlich verbalen Kontakt, den sie als unvollkommen und unvollständig erlebt, stark gehemmt fühlt. Die Ausarbeitung ihrer Themen scheint erstaunlich leicht, ganz so, als ob das Spiel für sie das wäre, was ihrem Diskurs seine Fülle gibt. Aber es gibt andere Beispiele, bei denen das Spiel ein Weg zu sein scheint, das Risiko der Erscheinung des Phantasmas auszutreiben.

Doch diese Einwände haben weniger Konsequenzen, als es scheint. Wenn auch das Bewußtsein, spielen zu sollen, am Beginn der Behandlung zu bestimmten Auslassungen führt, wird das Unbewußte seinerseits am Ende auf andere Weise hervorgehoben. Allein die Tatsache, daß es sich um eine „Geschichte" handelt, mildert den Eindruck, persönlich impliziert zu werden. Die Wahl einer Rolle und das Spiel versetzen das, was geschieht, in einen fiktiven Bereich, der von der Problematik des Unbewußten weiter entfernt zu sein scheint. Das „Tun als ob" ist ein erleichternder Schutz und zugleich eine Ausweitung des Bereiches dessen, was möglich oder erlaubt ist.

Das Spiel mit Therapeuten verrät eine Bedeutung, die zu erkennen allein sie in der Lage sind, da es Bestandteil einer Regel ist. Durch ihre Modalitäten schließt diese Regel das Risiko einer formalen Deutung aus, die die Bedeutung für das Bewußtsein enthüllen würde. Letztlich schützt die Regel des Psychodramas den Patienten dadurch, daß sie das Spiel ankündigt, an dem sowohl er als auch die Therapeuten teilnehmen, vor dem Phantasma derselben: es handelt sich nur um ein Spiel.

Durch die Regel wird also die Gesamtheit der Beziehung, die die Übertragung ausmacht, sehr eng strukturiert. Sie eliminiert die Dimension des Bittens nicht, die in der Übertragung enthalten ist. Sie gibt ihr nur einen spezifischen Aspekt: indem der sie bildende Bezug durch die Sprache charakterisiert wird, und zwar durch die Einführung des Scheins. Die Regel des Psychodramas ist die gleiche wie die der psychoanalytischen Therapie, und die Übertragung, die sie bewirkt, ist nicht anders. Gemäß ihrer Natur und Form aber spielt sie mit ihren Modalitäten, ihrem „setting" oder auch mit ihrem Selbstverständnis. Das folgende Beispiel illustriert dies sehr eindrucksvoll.

Ein kleiner asthmatischer Junge ist in enger Gemeinschaft mit seiner Mutter aufgezogen worden. Das erste Thema, das er liefert, ist dieses: „Da ist ein kleiner Vogel, der sich auf einen Baum flüchtet, weil Spaziergänger vorbeikommen." Mehrere Wochen lang fällt ihm nichts weiter ein. Seine Darstellung aber ist sthenisch. Er begnügt sich damit, geräuschvoll zu atmen, und er versucht, mit dem Blick einen Kontakt zu den Therapeuten herzustellen. Alle Bemühungen, ihm bei der Suche nach einem Thema zu helfen oder die Deutungen, die die in seinen Worten enthaltene Gefahr der Trennung unterstreichen, bleiben vergeblich. Die Therapeuten, die das Gefühl haben, daß es sich bei dem Jungen um einen Säugling handelt, der ganz in der Nähe seiner Mutter ist und sich damit begnügt, einfach da zu sein, ohne zu spielen, sind also zum Schweigen verurteilt. Eines Tages taucht eine fremde Praktikantin auf, und man bittet den Jungen, daß sie während der Sitzung dableiben darf, da sie wissen möchte, was das Psychodrama sei. In dieser Sitzung mit neuem „setting" taucht ohne Umschweife ein neues Thema auf: eine Erkundung im Wald.

Der Patient ist der Bitte der Therapeuten also nachgekommen: er schließt sich ihrem Unterfangen an und zeigt, was das Psychodrama ist. Zugleich erlaubt ihm die Gegenwart einer dritten Person, sich nicht an die Therapeuten zu klammern und einer Situation zu entkommen, die er als ein Aufgehen im anderen empfindet. Die Praktikantin wird gleichzeitig als ein anderes Kind erlebt, wodurch seine Angst verringert wird, da es nun der ausschließlichen Aufmerksamkeit der Therapeuten entgehen kann. In der Folge wird ein anderes Kind in die Behandlung aufgenommen werden, was dem ersten Patienten den Zugang zum symbolischen Ausdruck durch die Verbalisierung und durch das Spiel ermöglichen wird.

5.3. Die Übertragung bei einem Paar

Im Psychodrama, wie wir es praktizieren, sieht sich der Patient einem Kotherapeutenpaar unterschiedlichen Geschlechts gegenübergestellt. Notwenigerweise hat dieses — verglichen mit dem, was man bei klassischen psychoanalytischen Behandlung beobachten kann — besondere Übertragungsmodalitäten zur Folge.

Auf den ersten Blick hin könnte man meinen, daß es sich hier um eine echte Herausforderung handelt. Tatsächlich sind von Anfang an die Elemente der Dreieckssituation gegeben, die zu einer ödipalen Projektion und zur Mobilisierung der damit verbundenen Abwehr nötig sind. So werden zum Beispiel zahlreichen Themen — und dies meist in zuerst gebrachten — die Therapeuten in eine namentlich bezeichnete oder symbolisch dargestellte Elternpaar-Situation versetzt. In anderen Fällen wird das Paar indessen geleugnet. Der Therapeut gleichen Geschlechts ist während einer verschieden langen Zeit der Bruder oder die Schwester oder irgendeine Person, die in Wirklichkeit nur ein Doppelgänger des Patienten ist. Lieber eine passive Position als eine aktive Rolle einzunehmen, ist eine Art, sich gegen ein Triebverhalten zu schützen. Es ist aber auch ein Suchen nach der unmöglichen Verwirklichung des phantasmatischen Wunsches, sich selbst zu sehen statt einem anderen zu vertrauen, sein Stellvertreter zu sein.

Außerdem ruft die zufällige oder absichtliche Abwesenheit eines der beiden Therapeuten eine oft heftige Angst hervor, die offensichtlich auf einen Todeswunsch oder auf eine Inzestangst, um nur zwei Beispiele zu nennen, zurückgeht. Das daraufhin vorgeschlagene Thema kann sehr klar die unbewußten Wünsche des Patienten deutlich machen. So können Themen wie Schuld, Wiedergutmachung, Erleichterung, Aggression oder Rache, Verlassenheit usw. ausgedrückt werden, wenn das Aufsehen, das diese Abwesenheit erregt, nicht eine völlige Blockierung zur Folge hat.

In der gleichen Weise kann ein Wechsel eines der beiden Therapeuten das Thema direkt beeinflussen. So zum Beispiel im Falle von François, der, nachdem er schon lange in psychodramatischer Behandlung ist, sich erstmals einem neuen, männlichen Therapeuten gegenübersieht und nun das folgende Thema liefert: Ein Autor soll *life* im Fernsehen über ein Buch sprechen, dessen Verfasser er ist. Doch das langweilt ihn, und so schickt er einen seiner Freunde. Der hat jedoch keine Ahnung davon, und man ist gezwungen, die Sendung abzubrechen! Es erübrigt sich, daß die Rolle des gefälligen, aber inkompetenten Freundes dem neuen Therapeuten zugedacht war!

Wenn man von einer Dreieckssituation spricht, ist dabei, genau genommen, von einer Beziehung die Rede, die durch die Dispositionen, die der Behandlung eigen sind, aktualisiert wird. Der Patient wendet sich an zwei Therapeuten als Personen, die — schon durch ihre bloße Anwesenheit und durch das Spiel, an dem sie teilnehmen — für ihn subjektiv erfahrbar sind. Er hört, wie sie einander beim Namen nennen (und seine häufigen Versprecher verraten nur zu gut, welche Vorstellung er sich von der Struktur des Paares macht, wenn er die Eigennamen verwechselt!). Der Diskurs des Patienten erreicht sie unmittelbar als Subjekt. Die Tatsache, daß die Therapeuten spielen wollen, führt dazu, daß diese Dimension noch verstärkt wird. In der psychotherapeutischen Behandlung richtet der Analysand seinen Diskurs weniger unmittelbar an den Analytiker, der scheinbar mehr in einer eher neutralen Situation verharrt. Beim Psychodrama ist die Projektionswand eine andere. Hier ist die Identifizierung mit den Therapeuten erleichtert, die dadurch einen Teil ihrer relativen Neutralität verlieren.

Nach alldem kann man sich fragen, ob die Übertragung beim Psychodrama tatsächlich ihren Aspekt des Widerstands wahrt, der gemäß einem eigenen Aufbau organisiert ist und durch die Mobilisierung der Abwehrmechanismen mannigfache Umwandlungen erfährt. Diese Frage läßt es dringend erforderlich erscheinen, sich noch einmal die besonderen Eigenschaften der Übertragung vor Augen zu führen, die darin bestehen, daß man sich, indem man eine Beziehung zu der Historizität des Patienten herstellt, in einen aktualen Diskurs einbringt. Diese Geschichtlichkeit ist unbewußt, sie ist verdrängt worden und kann nur umgestaltet und verarbeitet dargestellt werden. Der Diskurs, der die Ursprünge des Patienten wieder gegenwärtig macht, setzt, um verstanden zu werden, den aktualen Diskurs des anderen voraus, der verbal oder auch szenisch sein kann. Hier muß man auch auf die Geschichtlichkeit des Analytikers selbst hinweisen, d. h. auf seine Gegenübertragung.

Die Tatsache, daß das Therapeutenpaar verschiedenen Geschlechts ist, vermag den Ausdruck der Phantasmen aus dem Bereich der Urszene unmittelbar zu stimulieren. Bestimmte Patienten können nur spät, ja sogar nie zu diesem Punkt gelangen. Ein solcher Widerstand kann im Verlauf der Behandlung auf verschiedene Weise Gestalt annehmen. In bestimmten Fällen wird das Therapeutenpaar nie als solches anerkannt. Sowohl beim Thema als auch bei der Rollenwahl wird jede Anspielung auf eine eventuelle Beziehung zwischen den Kotherapeuten geflissentlich vermieden. Eine andere Form der Abwehr ist, daß einer der beiden Psychodramatherapeuten auf eine einzige Rollenart festgelegt wird. So wird er zum Darsteller fixierter Wünsche.

Seltener ist die völlige Entfernung eines der beiden Therapeuten, nämlich dann, wenn die vorgeschlagenen Themen nur zwei Personen für das Spiel vorsehen. Eine derartige Strategie vonseiten des Patienten erzeugt offenbar zu große Schuldgefühle, als daß sie über längere Zeit hinweg durchgehalten werden könnte. Dagegen ist es einfacher, einen der beiden Analytiker in die Position eines ewigen Double zu verbannen. Andererseits kann es ebenfalls Ausdruck einer Abwehr sein, wenn man das Paar von Anfang an in die Situation eines Elternpaares drängt. Genau genommen bedeutet dies, den Weg des bei den Therapeuten vermuteten Wunsches einzuschlagen, was einer Verneinung des eigenen Wunsches gleichkommt. Diese Form der Übertragung muß gedeutet und mobilisiert werden.

Das Paar wird tatsächlich in den meisten Fällen sehr bald in den Diskurs des Patienten eingebaut, und zwar nicht so sehr als Paar, sondern als Ort der Projektion für seine unbewußten Wünsche, das heißt als die Stätte der Phantasmatisation. Die Dualität der Therapeuten erweist sich also als wichtiger Faktor. Sie erleichtert und beschleunigt eindeutig die Spaltung der Übertragung. Jeder der beiden Therapeuten kann zum „guten" oder zum „bösen" Objekt werden, sei es in sich immer wiederholender Weise — wodurch die phantasierte Stärke des Paares als beruhigend erlebt wird —, sei es in alternierender Weise. Es ist selten, daß in ein und derselben Sitzung ein Psychodramatherapeut nacheinander das eine und das andere ist. Immer wird derjenige der beiden Therapeuten respektiert, der einen Schutz gewährt: durch ihn gedeckt, d. h. mit seiner Zustimmung und mit seiner Unterstützung, kann der andere angegriffen werden. Die vermeintliche Wiederherstellung des Paares am Ende der Sitzung verringert die dadurch entstandene Angst, da der Patient die Gewißheit hat, daß sein Wunsch nicht allmächtig ist. Die Abwesenheit eines der beiden Therapeuten wird, so betrachtet, gewöhnlich als Realisierung aggressiver Phantasmen erlebt. Das daraufhin vorgeschlagene Thema spiegelt Schuldgefühl und Angst wider.

Das folgende Beispiel demonstriert gut, wie die Spaltung der Übertragung erleichtert und beschleunigt wird.

Frédérique schlägt ein Thema vor, in dem sie einen Rückhalt in einem Vaterbild sucht. Indem sie die Rolle des Vaters spielt, wird sie sich darüber klar, daß er selbst dann, wenn er negative Gefühle gegenüber seiner Tochter ausdrückt und sich kalt und hart zeigt und die erbetene Hilfe verweigert, dennoch ein starkes Gefühl ihr gegenüber empfindet. Diese Entdeckung gegenödipaler Gefühle beim Vater läßt sie die bis zu diesem Augenblick verneinte eigene ödipale Problematik und ihre Angst erkennen. In der darauffolgenden Sitzung wendet sie sich direkt an den männlichen Therapeuten, um ihm zu bedeuten, daß er ihr nichts bedeutet, daß sie aber trotzdem von ihm geträumt hat! Danach schlägt sie ein Thema vor, in dem es darum geht, sich vor einem mythologischen, reißenden Tier zu schützen; diese Rolle wird der Analytikerin zugeschoben. Die Abwehr der ödipalen Empfindungen hat prä-ödipale Phantasmen auftauchen lassen. Der Vater wird nun nicht mehr als Geschlechtswesen begehrt, sondern als derjenige, der sein Kind gegen die verschlingende Begierde der Mutter in Schutz nimmt.

Da ein Paar dazu anregt, Urphantasien auszudrücken, kann man sich aus dem gleichen Grunde fragen, welche Konsequenzen ein *acting out* der Therapeuten hat, die tatsächlich ein gemeinsames Geschlechtsleben haben. Dies ist die Verwirklichung eines Phantasmas und müßte, so meinen wir, die Entstehung der Phantasmen des Patienten und infolgedessen seine Erhebung zum Subjekt unterbrechen. Tatsächlich ist es ihm nur insoweit möglich, den ihn begründenden Diskurs zu führen, wie der Wunsch der Therapeuten unbefriedigt bleibt. Das *acting out*, das diese Kluft auffüllt, stellt eine Verneinung des Patienten dar, die ihn von der therapeutischen Szene ausschließt oder ihn in die Position des bloßen Zuschauers versetzt oder aber in eine tiefe Regression zwingt, die unter dem Schutz des Scheins nicht mehr zum Stillstand zu bringen ist und die verheerende Folgen hätte. Unter solchen Umständen ist eine Behandlung nicht mehr möglich.

Dies alles läß auf die Existenz, die Natur und die Realisierung des Wunsches des Psychodrama-Paars und auf die besonderen Eigenschaften seiner Lust schließen.

Es scheint, daß in den Psychodramagruppen das Paar unterschiedlich wahrgenommen wird. Wahrscheinlich liegt das daran, daß die eigentliche Struktur der therapeutischen Situation durch das überlagert wird, was die Eigentümlichkeit der Gruppen und ihre Position gegenüber dem Analytiker ausmacht.

5.4. Das Thema als besondere Ausdrucksform der Übertragung

Wie wir bereits gesehen haben, stieß die Übertragung im Thema auf besondere Eigentümlichkeiten. Sie waren einerseits durch die besonderen Modalitäten der Regel gegeben, die verlangte, daß der Nennung des Themas normalerweise eine Rollenverteilung und eine emotionale Besetzung vorausgeht, als auch dadurch, daß der Diskurs sich an ein Paar wandte.

Eine erste Bemerkung drängt sich auf, wenn man darüber nachdenkt, welche Bedeutung die Übertragung im Thema hat: bei der Nennung oder beim offensichtlichen Inhalt des Themas ist der Diskurs des Patienten uneingeschränkt, da der Ort, den er dafür gewählt hat, und die Art, in der er daran teilnehmen möchte, bereits darin enthalten sind. Das Thema in seiner Ganzheit (wie es von seinem Urheber konzipiert und durch die Psychotherapeuten erweitert worden ist) ist einer jener Orte, an denen sich die Übertragung ausdrückt. Diese ist nur eine Ausdrucksform unter vielen.

In einer zweiten Phase wird das Spiel als Aktualisierung des Themas eine Wiederholung desselben sein. Das Thema steht also am Beginn eines Prozesses: des Prozesses nämlich, der während der Sitzung stattfindet. Aber es ist auch das Ergebnis einer Geschichte, der Geschichte des Patienten, auf dessen Vergangenheit sich das Thema bezieht. Es stellt irgend etwas dar, was — zu gleicher Zeit real, symbolisch und imaginär — erlebt worden ist.

Das Thema erscheint also als das Glied einer Kette im Diskurs, das Zentrum einer doppelten Bewegung, die von etwas Erlebtem ihren Ausgang nimmt und in eine Aktualisierung mündet. Als Verbalisierung einer „agierten" Geschichte wird sie ja in dem Augenblick, da sie zustandegekommen ist, durch das Spiel „agiert". Dies ist, so scheint uns, ein spezifisches Kennzeichen des Psychodramas. Und tatsächlich trifft man in keiner anderen psychotherapeutischen Technik auf eine solche doppelte Dynamik.

Die Phasen des Diskurses des Patienten lassen sich, vielleicht etwas vereinfacht, in folgendes Schema gliedern:

1. Erlebte Geschichte und ihre phantasmatischen Bezüge;
2. Sichtbarer und latenter Inhalt des Themas mit der angedeuteten Darstellung des Spiels;
3. Sichtbare und latente Aktualisierung der Vergangenheit des Patienten im Spiel.

Der Terminus „Thema" selbst wird vorzugsweise dem erwachsenen Patienten angeboten. Mit dem Wort „Geschichte" verbindet er zu viele kindhafte Vorstellungen. Diese geben dem Terminus eine vom Verständnis des Kindes stark abweichende Bedeutung, und zwar sowohl inhaltlich als auch formal. Für das Kind ist er viel weiter gefaßt und nicht vorgeprägt durch bestimmte typologische Kennzeichen (humorvolle Geschichte, Märchenerzählung, geschichtlicher Bezug usw.).

Beim Psychodrama geht es um die Frage, um welche Geschichte es jeweils geht und inwiefern man von ihr behaupten kann, daß es sich um den Ausdruck einer Übertragung handelt. Es ist offensichtlich, daß es sich um die Geschichte des Patienten handelt, d. h. um die Geschichte seiner Wünsche und Abwehrbestrebungen. Die Vorbedingungen der Regel jedoch, der Paar-Charakter der Therapeuten, verlangen hier nach einem besonderen Ausdruck. Dadurch, daß der andere — der Zuhörende — dabei bei seinem Namen genannt wird, ist es wahrscheinlich möglich, daß sich die Triebe leichter ausdrücken können und daß eine Abwehrhaltung weniger notwendig erscheint. Dies unterscheidet sich völlig von dem, was in der psychoanalytischen Behandlung geschieht, wo sich der Diskurs nicht an den Analytiker richtet, sondern an einen anderen, der nicht genannt wird, ja nicht einmal benennbar ist und der daher eine Gefahr darstellt.

Eine ähnliche Wirkung hat der Schein. Er ist ein Schutz gegen die Angst vor dem anderen; durch ihn wird a priori der Ernst und der verpflichtende Charakter des Diskurses zunichte gemacht. In gewisser Weise begünstigt er, nicht zuletzt durch das ihm innewohnende fiktive Moment, von Fall zu Fall mehr oder weniger betont, ein Sich-Distanzieren vom Thema. Das Intervenieren der Therapeuten vor allzu personalisierten Projektionen des Patienten veranschaulicht dies. Häufig beginnt der Patient bei der Darlegung seines Themas mit der Versicherung: „Da ist mir etwas passiert" oder: „Ich spiele jetzt die Rolle, die ich in dieser Situation gespielt habe". Dies zieht oft eine folgendermaßen formulierte Korrektur nach sich: „Es geht hier um eine Geschichte, die einer jungen Frau passiert sein könnte" oder: „Sie sind nun ein Junge, der...". Diese Reaktion ist nicht Ausdruck einer Gegenübertragung der Analytiker, sondern eine Aufforderung, sich nicht in eine defensive Realität zu flüchten, da das, worauf es ankommt, eine bedeutsame Rückerinnerung ist, d. h. ein Versuch, zu den Phantasmen zu gelangen. Das Intervenieren der Therapeuten kann sogar auf noch unmittelbarere Weise deutend sein. Eine unserer Patientinnen beschränkte ihre Themen seit mehreren Monaten immer mehr auf die Wiedergabe von Klatsch und Klamauk an ihrem Gymnasium. Gewöhnlich nahm sie dabei die Rolle der Schülerin ein, die sie tatsächlich war. Wir mußten ihr zu verstehen geben, daß sie, indem sie sich hinter das Leben am Gymnasium verschanzte, es sorgfältig vermied, sich selbst in das Psychodrama einzubringen.

Irgendwie führen die Modalitäten des Psychodramas Schutzelemente ein, die es dem Patienten ersparen, Widerstands-, ja Abwehrmechanismen ins Spiel zu bringen. Die phantasmatische Projektion auf die Personen der Therapeuten ist wahrscheinlich suggerierter als in der Analyse. Sie ist Teil der am Anfang ausdrücklich aufgestellten Regel. Indem wir zum Patienten sagen: „Teilen Sie jedem von uns eine Rolle zu", laden wir ihn geradezu zur Projektion ein. Von nun an verlagert sich die Übertragung mehr auf die Umformung des Diskurses bezüglich der unbewußten Wünsche, deren Träger er ist. Im Diskurs des Patienten, der in Gegenwart der Therapeuten stattfindet, enthüllt sich die Übertragung stärker als durch eine bloße Beziehung, da er sich hier direkt an die Therapeuten richtet. An ihnen liegt es, die Übertragung ausfindig zu machen und ihr durch Schweigen und durch Interpretationen ihre Möglichkeiten, ihren Sinn und ihre Dimension zu geben. Dies alles geht über die bloße Aussage des Themas hinaus, es umfaßt alles, was in der Sitzung und in der Folge der Sitzungen geschieht. Diese Sicht und dieses Verständnis der Übertragung innerhalb eines Kontinuums erlauben die Mobilisierung der Themen und — infolgedessen — der Positionen hinsichtlich der unbewußten Wünsche und Abwehrhandlungen.

Demnach ist die Übertragungsneurose als eine auf den Analytiker projizierte Beziehungsstruktur weniger „organisiert", sie reproduziert — weniger augenscheinlich als in der psychotherapeutischen Behandlung — die Abwehrproblematik, die der Patient in seiner Kindheit gelebt hat. Sie ist also nicht so leicht zu erkennen. Zu ihrer Entstehung gibt es auch nur einen geringen Anreiz, existiert doch in der psychodramatischen Einzeltherapie die Deutung der direkten Übertragung so gut wie nicht. Dies zeigt, daß die Therapeuten beim Psychodrama durch die Übertragung weniger in Anspruch genommen sind als in der Psychoanalyse, und daß sich so am Ende der Behandlung das Problem, die Übertragung aufzulösen, weniger zugespitzt stellt.

All dies bedeutet nicht, daß im Psychodrama keinerlei Abwehr zu beobachten ist und daß sich hier die Übertragung ausschließlich auf die Verbergung einer Geschichte hinter einer Sprache beschränkt, die allein durch den Sinn, den der Therapeut ihr gibt, zur Aussage wird. Wie in der Analyse kann man auch hier beobachten, wie nicht mehr benutzte Abwehrmechanismen wiederauftauchen. So erklärt ein Junge im Verlauf seiner ersten Sitzung, daß er komme, da er „nie hört, was seine Mutter sagt". Bald darauf kommt er mit dem Thema „L'huître et les deux plaideurs", einer Fabel von *La Fontaine:* Die Auster hat sich unter den Sand verkrochen und sich versteckt, um nicht verschlungen zu werden. Ein derartiges Thema scheint uns genau das wiederzugeben, was der Junge als seine Gründe angegeben hat, weswegen er eine psychodramatische Behandlung angefangen hat: denn „Sand in den Ohren zu haben" stellt eine Abwehr gegen die Angst dar, aufgefressen zu werden. Nach einer langen Folge von Sitzungen, in denen sich Triebe und Abwehr ausdrücken können, kommt wieder eine Periode, in denen der Junge die Deutungen der Analytiker überhaupt nicht mehr zur Kenntnis nimmt. Die Angst, daß sie ihn aus seiner Abwehrhaltung herauslocken könnten, macht ihn taub für das, was sie sagen.

Die Stereotypie bestimmter Patienten, die einen oft zur Verzweiflung treiben kann, illustriert nicht weniger gut eine Unbeweglichkeit, die auf eine Abwehrproblematik schließen läßt. Eine solche Unbeweglichkeit löst, so meinen wir, viel stärkere Gegenübertragungen aus als die Monotonie des Diskurses in einer Psychotherapie. Hier werden wir tatsächlich gezwungen, unsere Langeweile zu spielen, d. h. unsere „Kastration" anzuerkennen, soweit sie unsere Freude an einem Wechsel und unser Verlangen danach betrifft.

5.5. Die Rollenwahl: Erhellung des Phantasmas und Verursachung des Hiatus

Sobald das Thema dargelegt ist, wählt der Patient eine Rolle und weist den beiden Psychotherapeuten jeweils eine zu.

Für *Moreno* war die Rollenwahl aufgrund ihrer tiefen Bedeutung besonders wichtig. Wenn man meint, daß das Spiel im wesentlichen aus einem kathartischen Mechanismus heraus wirkt, trifft dies zu. Wir sind jedoch anderer Meinung.

Andere wiederum sprechen der Rollenwahl jeglichen Wert ab. Nach ihrer Meinung bedeutet die Position, die der Patient bei einem gegebenen Thema einnehmen will, nichts, da er sich in Wirklichkeit zugleich auf alle übrigen Positionen projiziert. Hierin steckt ein Körnchen Wahrheit, aber nur dann, wenn man einen Moment der Therapie künstlich isoliert.

Man muß die Dinge jedoch in größerem Zusammenhange sehen und darf die elementarste klinische Beobachtung nicht unberücksichtigt lassen. Offensichtlich ist die Rollenwahl durch den Patienten kein harm- oder auch grundloser Schritt, wie die Verzögerungen oder Wiederholungen, die der Patient vornimmt, bezeugen. Diese verdienen es, gedeutet zu werden in Hinblick auf dessen Wünsche und Abwehrhandlungen.

Bei bestimmten Patienten ermöglichen die Veränderungen bei der Rollenwahl die Exploration verschiedener möglicher Positionen in einem sich immer wiederholenden Thema oder innerhalb der Dreieckssituation. Die Veränderungen erhellen also das Phantasma des Patienten. Anderen erlauben sie, indem sie progressiv vorgehen, daß die Abwehrmechanismen besänftigt werden und daß deren Wünsche sich geschmeidiger und unmittelbarer ausdrücken lassen. Mitunter sind die äußerst subtilen Modifizierungen der Rollen, die sich aus der Summe völlig stereotyper Themen zusammengesetzt haben, einziger Zeuge einer Mobilisierung etwa in der Art einer Identifizierung, die, nach und nach fortschreitend, mehr oder weniger gelungen ist.

Tatsächlich gelangt die Rollenwahl nur dann zu ihrer vollen Bedeutung, wenn man sie innerhalb einer thematischen Verkettung betrachtet. Eben diese Logik bestimmt über die Verkettung und über die Verteilung der Rollen durch den Patienten. Dessen Vorsicht, die er gemeinhin in diesem Augenblick der Sitzung an den Tag legt, weist bereits darauf hin, daß die Aufdeckung des Hiatus irgendwie erahnt wird, der durch das Spiel voll ins Licht gerückt wird. Sie unterstreicht jedoch auch die unbewußte Wahrnehmung des Patienten, der seine Position hinsichtlich seines Phantasmas aktualisiert. Die Veränderungen dieser Position zeugen davon, daß in der Übertragung und mit dem Akzeptieren der Therapeuten etwas geschehen ist.

Die Technik des Rollentauschs, die von den ersten Psychodramatherapeuten empfohlen worden ist, scheint uns unbrauchbar, ja sogar verhängnisvoll, da sie die Abwehr des Patienten mißachtet, ihm keinerlei Erleichterung beim Ausdruck seiner unbewußten Wünsche verschafft und sein thematisches Weiterkommen zu blockieren droht.

5.6. Das Spiel

Ein Diskurs ist soeben gehalten worden — das Thema nämlich —, und zwar in einer Situation, die ihm dadurch, daß ein Sinn darin erkannt wird, einen Teil seiner Übertragungsdimension gab. Ein weiterer Diskurs folgt: das dramatische Spiel, dessen Modalitäten die Eigenheit des Psychodramas ausmachen. Einer ersten Metapher gesellt sich eine zweite hinzu. Wenn sie sich auch beide auf ein und dieselbe Geschichte beziehen, so sind sie dennoch nicht identisch. Manche Erwachsene bemerken diesen Unterschied sehr gut: am Ende der Sitzung erklären sie, daß das Spiel mit dem, was sie gewünscht hatten, nicht übereinstimmt. Sie registrieren also die Kluft zwischen Verbalisierung und Agieren in gleicher Weise wie die Distanz, die zwischen ihrer vergangenen Geschichte und deren Aktualisierung liegt.

Die Verbalisierung war der dominierende Ausdrucksmodus beim Vortragen des Themas. Beim Spiel kommen nun noch andere Elemente hinzu. Die Mimik, die Gestik, die Einbringung des Körpers und der Umgang mit dem Raum verleihen dem neuen Diskurs eine neue Dimension. Vieles, was ungesagt geblieben war, wird nun gespielt. Umgekehrt kann das Thema nicht beachtet werden, und das Spiel findet hinter dem Gesagten statt: Wünsche oder Triebe, Abwehrhandlungen oder Widerstände nehmen nun einen anderen Stellenwert ein. Jubel und Verweigerung werden in ihrer Bedeutung modifiziert. Die Selbstbeherrschung, die sich dem verbalen Ausdruck in den Weg stellt, wird durch die dramatische Handlung umgangen. So scheint das Spiel ein für das Verständnis des Themas unentbehrliches Element zu sein.

Wir haben es hier mit einer anderen Form der Übertragung zu tun. Dieses doppelte Lockmittel — das des Themas und das des Spiels — eröffnet dem Patienten und dem Therapeuten gleichermaßen eine neue Möglichkeit des Verstehens.

Auch der Kontext des Spiels wird von dem zu Beginn der Sitzung abweichen. Die Psychodramatherapeuten, die schon bei der Formulierung des Themas anwesend sind, werden dies noch mehr empfinden in einer Handlung, die, körperlich und räumlich erfahren, sowohl ihre Aufmerksamkeit als auch die der Patienten uneingeschränkt beansprucht. Ihre bewußte und unbewußte Wahrnehmung des im Thema liegenden Sinnes, der bis zu diesem Augenblick irgendwie verborgen gewesen war, wird nun, indem sie am Spiel teilnehmen, auf andere Weise offenkundig und gelangt unter ihre Kontrolle.

Es könnte scheinen, daß das Spiel weniger frei ist als das Ausdrücken des Themas, da doch das Spiel die Zeitphasen und den Umfang festlegt und begrenzt und da es in einer gemeinsamen Handlung erlebt wird. Aber es gewinnt an Authentizität und Tiefe und gestattet ein besseres Verstehen des Diskurses des Patienten und der Therapeuten in seiner Gesamtheit. So kann das Erröten oder die plötzliche Verlegenheit eines jungen Mädchens erkennen lassen, daß das scheinbar höchst neutrale Thema, das es zu Beginn formuliert hatte, dies keineswegs war. Während der Formulierung der Regel schlagen wir übrigens immer vor, so zu spielen, „wie es kommt", was zur spontanen dramatischen Handlung ermuntert.

Übrigens kommt es durch das Spiel im Bereich des Erlebens (dem Erleben der Sitzung) zu einer Erleichterung. Der Wunsch kann hier leichter und ungezwungener ausgedrückt werden, da dies bereits beim Thema geschehen ist und da die Abwehr durch die Wiederholung nicht mehr so starr ist; doch bleibt dies nicht immer so. Eine Erleichterung dieser Art ist vielleicht bei den prägenitalen Abwehrhaltungen klarer zu erkennen. Durch das fiktive Element, das der Patient dem Spiel beimessen kann, könnte dieses eine tiefere Regression erleichtern, zumal die Position der beiden Therapeuten so gestaltet werden kann, daß die Gefahren, die von einem allmächtigen, einzelnen Analytiker ausgehen, umgangen werden.

Die Tatsache, daß das Spiel mit den Therapeuten erlebt wird, bringt zugleich eine besondere Form der Gegenübertragung bzw. ihrer Dimension und die Deutung mit sich. Dadurch, daß die Psychodramatherapeuten mitagieren, können sie das Phantasma des Patienten zur gleichen Zeit wie dieser und durch eine Stimulierung bzw. Aktivierung ihres eigenen Phantasmas erleben. Die Gefahr hierbei ist, daß man den Akzent — sei es bewußt, sei es unbewußt — etwas willkürlich setzt.

Im ersten Falle würde dies eine Mißachtung der fundamentalen Ursprünglichkeit der durch das Phantasma gegebenen Problematik des Patienten und jener tiefer liegenden, nicht mehr zu erkennenden Dimension seines Diskurses bedeuten. Im zweiten Fall würde es sich um ein *acting out* der Therapeuten handeln, die Freude an ihrem eigenen phantasmatischen Ausdruck empfinden und den der Patienten ausschließen. In beiden Fällen könnte die Nachsicht, die sich in diesem Ausdruck manifestiert und die die Beziehung als pervers wiedererkennt, die gesamte Übertragungsproblematik blockieren, sei es, daß sich alle Protagonisten mit diesem Zustand zufrieden geben, sei es, daß der Patient die Gefahr bemerkt, in ein Beziehungsschema eingesperrt zu werden, das den Ausdruck seines Wunsches nicht mehr gewährleistet.

Die feinen oder gröberen Unterschiede, die in den beiden Ausdrucksformen der Übertragung gegeben sind, im Thema und im Spiel, machen das Eingreifen der Therapeuten erforderlich. Die Wahrnehmung dieser Unterschiede ist Bestandteil therapeutischen Handelns. Anders als in der psychotherapeutischen Behandlung sind wir nicht dazu da, um bei der Einbringung eines Komplexes neurotisch organisierter Widerstände zu assistieren und darauf hinzuarbeiten, diese Widerstände zu klären und zu beseitigen. Unsere Aufgabe ist es vielmehr, durch die Geste, das Wort oder das Schweigen zu unterstreichen, daß im Hiatus, im Auseinanderklaffen von Thema und Spiel, Abwehrhandlungen manifest werden, die dem Ausdruck der unbewußten Wünsche entgegenstehen. So wird die Übertragung eher gespielt, als daß sie Ort des Arbeitens bedeutet. Man muß sich darüber hinaus im klaren sein, daß das Intervenieren der Therapeuten im Bereich der Deutung bleiben sollte, die einen Sinn in die Sitzung bringt, der sich selbst wiederum auf einen anderen Sinn bezieht, der sich dem Analytiker ganz oder zum Teil entzieht. Die Grenze, die zwischen dem jeweiligen Sinn liegt, ist zuweilen schwer zu unterscheiden. Zuweilen handelt es sich um einen dem Analytiker vom Patienten untergeschobenen Sinn, auf den er entsprechend zu antworten hat.

Besagt dies alles, daß das Psychodrama sich darauf beschränkt, die Abwehr zu registrieren und sie nicht zu analysieren? Dies zu behaupten hieße, sich gegenüber der Tatsache zu verschließen, daß die Charakteristika der Abwehr oder ihre Bedeutung im Spiel selbst unterstrichen werden. Sowohl die Übertragung als auch ihre Deutung werden gespielt, wenn auch auf eine vielleicht mehr bruchstückhafte Weise als in der psychoanalytischen Behandlung. Wir könnten uns fragen, ob das Psychodrama bei der Untersuchung der verschiedenen Formen der Abwehr ebensoweit geht, wir müßten jedoch, um diese Frage gültig beantworten zu können, ein Psychodrama erlebt haben, das mit der gleichen Intensität und mit dem gleichen rhythmischen Ablauf der Sitzungen wie in einer psychoanalytischen Therapie durchgeführt worden ist.

Bei alledem beschränkt sich die Rolle des Spiels nicht auf die Übertragung. Es ist auch Erfahrung und unbewußte Manipulierung der phantasmatischen Projektionen auf jeden einzelnen der Therapeuten und auf das Paar, das sie zusammen bilden, sowie eine Genugtuung, die die Gegebenheiten der therapeutischen Situation gestattet. In diesem Punkt beschleunigt das Psychodrama den Behandlungsverlauf durch den in seiner Technik enthaltenen Wunsch, der mit dem Vergnügen sowohl des Patienten als auch der Therapeuten einhergeht: zu spielen.

Außerdem kann der Aktualisierung des Themas durch das Spiel — und dies wird vielleicht noch spürbarer bei psychotischen Kindern oder prädelirierenden Patienten — die Rolle zukommen, durch dramatische Handlung den Kontakt mit der Wirklichkeit wiederherzustellen. Dieses Phänomen läßt sich allerdings ebenso durch den bloßen Wunsch der Therapeuten erklären. So zum Beispiel bei einer unserer erwachsenen Patientinnen, die sich immer an der Grenze des Interpretationswahns bewegte. Durch das Spiel gewinnen wir den Eindruck, daß sie sich wieder in eine gewisse logische Realität einfügen läßt, in der die Wahnideen eine Relativität erlangen, die sie ihnen allein nicht geben kann. Das Psychodrama scheint hier eindeutig mehr in Bewegung gebracht zu haben, als es eine Psychoanalyse vermocht hätte (die sie übrigens erfolglos versucht hatte) oder als es eine Psychotherapie von Angesicht zu Angesicht haben würde. Aber kann man hier noch von einem analytischen Vorgehen sprechen?

Alle diese Handlungen sind nur durch die spezifische Eigenart des psychodramatischen Spiels möglich. Wir haben es hier nicht mit einer Wiederholung zu tun, ebensowenig wie die Erinnerung in der Psychoanalyse ein Wiedererleben ist. Es handelt sich um eine Darstellung, von der man von Anbeginn an genau weiß, daß sie nur Schein ist. Diese, wie wir glauben wichtige Feststellung erstreckt sich auf zwei Dimensionen, denn das Spiel ist eine simulierte und eine reale Handlung zugleich.

Vom Patienten aus gesehen, vielleicht aber auch, wenngleich in geringerem Maße, aus der Sicht der Therapeuten, umfaßt das Spiel die ganze Skala, die von der Annahme des Erkennens, daß ein Sinn vorhanden ist, bis zur Verneinung eines solchen Sinnes reicht. Der Patient kann in dieser Skala mit variablem Niveau seinen Platz einnehmen. Es ist dies eine Art Rückversicherung, von der jeder Patient individuell gemäß seinen Möglichkeiten, etwas zu akzeptieren oder zu tolerieren, Gebrauch macht. Das Verhalten der Therapeuten am Ende der Sitzung unterstreicht deutlich diese relative Künstlichkeit: wenn die Affekte mobilisiert sind, wenn dramatische Situationen erlebt, Konflikte bis zum äußersten getrieben und Verbote überschritten worden sind, dann zeigt sich ganz plötzlich, daß man in eine reale Welt zurückkehrt, wo nicht mehr alles möglich ist.

Das Spiel erscheint somit als ein Äquivalent des Traums (oder der Träumerei?), eine Kompromißbildung zwischen Wünschen und Abwehrhandlungen. Es läßt — gleich einer Zensur — den Ausdruck eines Phantasmas zur gleichen Zeit passieren, wie es eine Modulation des Abstands zum Phantasma gestattet. Wenn man im Schein lebt, negiert man deshalb noch lange nicht den Sinn, sondern man kann die Grenzen des Akzeptierens in einem allmählichen Prozeß des Vertrautwerdens beliebig verschieben. Das Spiel ist simulierte Handlung und reale Handlung zugleich. Die Dimensionen und die Konsequenzen der realen Handlung gehen über das Verständnis des Patienten und auch der Therapeuten hinaus. Das Erkennen ihrer Bedeutung jedoch wird durch den simulierten Charakter der erstgenannten Handlung moduliert. Wenn man sich an die Idee klammert, daß etwas „zum Schein geschieht", so schafft dies nicht die Tatsache aus der Welt, daß etwas geschieht. Vielleicht ist dieses „tun als ob" ein Abwehrelement, aber es ist oberflächlich, veränderlich, vergänglich und — für viele — eine nützliche Hilfe, die Schwierigkeiten der Behandlung zu akzeptieren.

Deshalb scheint es uns viel besser, daß jede Deutung innerhalb des Spieles stattfindet. Das Intervenieren im nachhinein ist ein Versuch, das nachzuholen, was man im Spiel und durch das Spiel entweder nicht sagen konnte oder nicht zu sagen wußte; und es verbürgt sich für das Erkennen einer mehr oder weniger implizierten Bedeutung, die nicht immer haltbar ist. Eine Deutung nach dem Spiel kommt der Zerstörung des Scheins gleich.

Der Schein entdramatisiert die Übertragung. Er gestattet eine tiefe Regression (im psychoanalytischen Sinn des Wortes). Er erleichtert es, prägenitale Phantasmen auszudrücken. Durch das Spiel, in dem er erlebt wird und das eine aktive Teilnahme voraussetzt, fühlt sich der Patient weniger passiv und so auch weniger verwundbar. Einige Patienten erkennen dies gut und lassen sich daher ohne großes Zögern auf das Psychodrama ein, da sie noch nicht bereit sind, eine Psychoanalyse zu beginnen.

Der Schein bewirkt nicht nur ein Abschmelzen der Abwehrmechanismen, sondern er hilft auch, Versagungen leichter zu ertragen. Die Nichterfüllung des Wunsches ist weniger schwerwiegend, da schon von Anfang an feststeht, daß er nur zum Teil befriedigt werden kann.

Das Spiel kann auch der Ort sein, an dem die Widerstände sich ausdrücken können. Es enthält einen Ludismus, der der Weigerung gleichkommt, in den Bereich des Scheins zu treten, d. h. die Möglichkeit eines Sinns zuzugeben. Das ludische Spiel ist faktisch die Verweigerung einer Projektion, das Äquivalent einer autoerotischen Befriedigung. Ein Monolog blockiert in der therapeutischen Situation jeglichen Durchgang von der Sprache (*langage*) zum Sprechen (*parole*).

Dies war beispielsweise der Fall bei einem kleinen, zehnjährigen Mädchen, das, ungeachtet aller Bemühungen der Psychotherapeuten, ein ganzes Jahr lang bei ein und demselben Thema verharrte: Ein kleines Mädchen spielt im Garten mit seiner Puppe, während seine Eltern im Hause sind. Die Deutungen sind ohne jede noch so geringe Wirkung geblieben. Das Kind wiederholte immer wieder genau und gewissenhaft alle Gesten eines kleinen Mädchens, das mit seiner Puppe spielt, ohne auch nur einmal auf das zu achten, was außerhalb seiner selbst geschah, und dies mit einer Genugtuung über diese Aktivität, daß für einen Austausch, für ein Sprechen kein Platz blieb. Wir waren immerzu mit einer massiven Blockierung konfrontiert, doch der Ludismus war so stark, daß wir nicht in der Lage waren, ihn niederzureißen.

Ein anderes Beispiel hierfür liefern jene Kinder, die von daheim Spielzeug oder andere Dinge mitbringen, die sie im Psychodrama verwenden wollen, um die Spielbedingungen wiederherzustellen, die sie gewohnt sind und die keine psychotherapeutische Dimension haben. Das Objekt, das auf diese Weise den Therapeuten zur Verfügung gestellt wird, ist — durch seinen konkreten Charakter — Abwehr gegen seine symbolische Bedeutung.

Eine Liebes-Übertragung stellt ebenfalls ein Problem dar. Das Spiel vermag diese Situation tatsächlich nicht mehr zu entdramatisieren, denn die Möglichkeit des Scheins ist nicht mehr gegeben. Hinzu kommt, daß nur die Therapeuten den Ausdruck Liebes-Übertragung aus ihrer speziellen Situation heraus verwenden. Für den Patienten jedoch ist es eine wirkliche Liebe, die durch die Realität eines Wunsches getragen wird. Von ihm aus gesehen, führt das Spiel direkt in das Phantasma. Ein Beispiel hierfür lieferte Fräulein L., die eine ganze Themenserie mit Liebesszenen bestreitet, die sie mit dem männlichen Therapeuten spielt; die Psychotherapeutin schließt sie von diesem Spiel aus. Eines Nachts bricht sie bei ihr ein: sie hofft hier Dr. X. zu finden. Später sagt sie zu ihrer Entschuldigung: „Ich habe drei Tage lang nur an Dr. X. denken können".

Zweifellos war dieses *acting out* einem technischen Fehler der Psychodramatherapeuten zuzuschreiben. Die Psychotherapeutin hätte sich als Rivalin des Liebespaares geben müssen. Ihr Verzicht darauf hob den Schein auf und ließ dem Phantasma der Patientin freien Lauf.

6. Die Gegenübertragung

6.1. Einführung

Bei der Erörterung der Gegenübertragung stößt man sogleich auf eine zweifache Schwierigkeit. Die erste liegt auf verbaler Ebene. Bei unseren Zusammenkünften, die der Vorbereitung der vorliegenden Arbeit galten und bei der Psychodramatherapeuten verschiedener Herkunft zusammenwirkten, haben wir in dieser Hinsicht folgende Erfahrung gemacht: das Gespräch neigte dazu, sich sehr bald vom Thema zu entfernen und sich auf die Übertragung des Patienten zu konzentrieren. Dies läßt sich weitgehend durch die Schwierigkeit erklären, sein eigenes Unbewußtes sprechen zu lassen. Aber diese Zurückhaltung ist selbst Spiegel dessen, was während einer Therapie durch das Psychodrama geschieht. Wir werden darauf noch einmal zurückkommen müssen, aber schon jetzt gilt es, die Wichtigkeit der Gegenübertragung zwischen den beiden Therapeuten und folglich auch ihrer Kommunikation untereinander hervorzuheben.

Die zweite Schwierigkeit ist eine Imitation dessen, was wir im Bereich der Übertragung bereits kennengelernt haben, und tritt in dem Augenblick zu Tage, wo wir alles untersuchen, was eine Gegenübertragung zu sein scheint. Gewiß, der Begriff der Gegenübertragung hat in der Vergangenheit viele Wandlungen erfahren und wird, von Autor zu Autor verschieden, entweder ganz weit oder ganz eng verstanden und in vielen Fällen sogar auf die therapeutische Dimension reduziert. Im weiteren Verlauf dieses Kapitels wollen wir uns nicht auf einen zu ausschließlichen Aspekt oder eine zu ausschließliche Definition festlegen. Die Bedeutung des Terminus soll also nicht begrenzt oder einmalig sein, und ehe wir von einer Gegenübertragung sagen könnten, sie sei „organisiert", wollen wir von allen Manifestationen der Gegenübertragung (bzw. was wir dafür halten) sprechen.

Daher scheint es uns auch wünschenswert, die verschiedenen Bedeutungsebenen, die dem Begriff der Gegenübertragung zugesprochen werden, kurz zu umreißen. Zu diesem Zweck zitieren wir einen Beitrag von *Sandler*, *Holder* und *Dare* (1970). Am Ende der Studie unterscheiden die drei Autoren folgende Dimensionen des Begriffs der Gegenübertragung:

1. Die Widerstände, die auf die Aktivierung tiefsitzender Konflikte des Analytikers zurückgehen und die seine Fähigkeiten, den Patienten zu verstehen, beeinflussen oder zu Skotomisierungen führen.

2. Die Übertragung des Analytikers auf seinen Patienten, der zum aktuellen Stellvertreter einer wichtigen Gestalt aus der Kindheit des Therapeuten wird.

3. Die Kommunikationsstörung zwischen dem Analytiker und seinem Patienten, die zurückzuführen ist auf die Angst, die diese Beziehung beim Therapeuten auslöst.

4. Die spezifischen Eigenschaften der Persönlichkeit des Analytikers, die sich in seiner Arbeit widerspiegeln und die die Durchführung der Behandlung erschweren können oder auch nicht; oder auch die Summe der bewußten und unbewußten Verhaltensweisen des Analytikers gegenüber seinem Patienten.

5. Die spezifischen Vorbehalte des Analytikers gegenüber bestimmten Patienten sowie die eigenen Modalitäten bei der Annahme der Übertragung des Patienten.

6. Die normalen, emotionalen Antworten, die der Analytiker seinem Patienten gibt; sie können ein wichtiges therapeutisches Werkzeug und die Grundlage für die Einfühlung und das Verstehen sein.

Dieser ohnedies schon langen Aufzählung ließe sich noch eine weitere Perspektive hinzufügen: Die Gegenübertragung ist die Gesamtheit der eigenen Anlagen und Verhaltensweisen des Analytikers, die die Dynamik der Identifizierungen des Patienten begünstigen.

Im Psychodrama gewinnen die verschiedenen Aspekte des Begriffs, die sowohl die einfachen Reaktionen der Gegenübertragung als auch die auf deren bloße therapeutische Funktion reduzierte Form umfassen, eine besondere Bedeutung oder werden nach eigenen Modalitäten erlebt. Dies ist offensichtlich auf das Prinzip, die Regel und den Ablauf dieser psychotherapeutischen Form zurückzuführen. Statt jedoch Punkt für Punkt die verschiedenen Variationen zu beschreiben, wollen wir uns lieber nach und nach den Besonderheiten beim Ausfindigmachen der Gegenübertragung in der psychodramatischen Therapie zuwenden, ihre eigenen Modalitäten im Verlauf der Sitzungen untersuchen und herausfinden, inwiefern und wie die Gegenübertragung die Behandlung strukturiert.

6.2. Die Ortung der Gegenübertragung beim Psychodrama

6.2.1. Die bewußte Registrierung in der täglichen Praxis

Wenn man die Psychotherapie durch das dramatische Spiel praktiziert, hat man immer wieder Gelegenheit, Elemente zu gewahren, die von ihrem Inhalt her als eine Gegenübertragung zu betrachten sind. Dabei handelt es sich aber nur um bewußte Elemente, die über die reale Dimension der Gegenübertragung nichts aussagen. Man muß sie höchstens als Bestandteil eines viel weiteren Diskurses verstehen, nicht zuletzt deshalb, weil sie einen entscheidenden Einfluß auf oder unmittelbare Konsequenzen für den Verlauf der Therapie haben können.

Das erste Problem, das sich hier stellt, ist das der Beziehung zwischen Empathie und Gegenübertragung. Zwar handelt es sich hier um zwei deutliche voneinander abgegrenzte Begriffe, aber ihre Interrelationen lassen sich nicht leugnen. Die Interrelationen sind übrigens, wahrscheinlich aufgrund der Natur der Therapie („von Angesicht zu Angesicht") und wegen des Einflusses auf das Spiel, d. h. wegen der Einbeziehung des Körpers, besonders intensiv. Sicherlich begünstigt eine von Anfang an empfundene Sympathie für einen Patienten in vielen Fällen eine wirkungsvolle Gegenübertragung, aber sie kann in anderen Fällen auch hinderlich sein. Das gleiche gilt auch für die Antipathie.

Alle Gefühle, die spontan für einen Patienten empfunden werden, können durch seine Geschichte oder durch seine reale, gegenwärtige Situation ausgelöst werden. So wird eine Psychodramatherapeutin angesichts eines kleinen Jungen, der vor kurzem von seiner Mutter verlassen worden ist, von Mitleid gerührt. Das bleibt, so scheint es wenigstens, an der Oberfläche. Eine andere Therapeutin aber, deren Patient sie immer wieder eine „schwarze Zauberin mit einem roten Mund" spielen läßt, kann nicht mehr so spielen wie bisher, nachdem sie die Mutter des Kindes gesehen hat: eine düster wirkende Frau mit scharfen Zügen und stark geschminkten Lippen. In diesem Fall weigert sich die Psychodramatherapeutin, sich mit der von dem Kind beschriebenen Mutter zu identifizieren: ihre eigene phantasmatische Angst wird geweckt. Wenn sie die Modifizierung ihrer Haltung auch völlig bewußt wahrnimmt, so liegen die Gründe hierfür doch viel tiefer.

Sicher ist, daß die Gegenübertragung vor allem in der Wahrnehmung des Diskurses des Patienten bewußt wird, wobei wir zwei Bereiche unterscheiden müssen. Bestimmten Themen steht der eine oder andere Therapeut völlig verständnislos gegenüber, auch wenn es nur um den Verlauf einer vorgeschlagenen Geschichte geht, was ihn dazu verdammt, auf gut Glück zu spielen. Sicher, es kann an den Ausdrucksmöglichkeiten des Patienten liegen, aber der andere Therapeut versteht zuweilen recht gut, was da vorgeschlagen wird. Wir haben es also im ersten Fall mit einer globalen Okkultierung des Diskurses des Patienten zu tun. In anderen Fällen gelingt die Ortung der Gegenübertragung im Bereich der Bedeutung des Themas nicht: hier liegt eine partielle Verdunklung vor, die wahrscheinlich durch den Aufprall des Ausdrucks des Phantasmas des Patienten auf einen der Therapeuten verursacht worden ist. Nicht anders ist es, wenn der eine oder die beiden Analytiker für die Dynamik einer Sitzungsfolge unempfänglich bleiben.

Die Irrtümer sind die gleichen, ob sie sich nun auf das Verstehen beziehen oder ob sie im Spiel agiert werden. Sie können für eine bestimmte Zeit den therapeutischen Prozeß hemmen (z. B. wenn sie zu klarsichtig sind und sich deshalb zu Elementen einer Furcht vor dem Durchschautwerden fügen). Oder sie können eine Situation auch klären. Dies war z. B. der Fall bei einer Sitzung, bei der ein Therapeut, der vergessen hatte, daß er nicht aufgefordert worden war zu spielen, die Rolle eines Doubles des Kindes übernahm, das offensichtlich nicht in der Lage gewesen wäre, die Rolle, die es gewählt hatte, zu übernehmen.

Es scheint uns, bei allem, was wir zuvor gesagt haben und im Hinblick auf eine bewußte Ortung der Gegenübertragung, wichtiger, den von den Therapeuten während der Behandlung erfahrenen Gefühlen der Zufriedenheit bzw. der Unzufriedenheit mehr Beachtung zu schenken. Dadurch, daß diese Gefühle wahrgenommen werden, auch wenn dies, außer bei als angenehm empfundenen Themen oder Rollen, oft erst im Nachhinein geschieht, werden sie sich ihrer Implikation und ihrer Projektion bewußt. Die Gefühle ihrer Zufriedenheit rühren entweder von ihrer Freude am Verstehen oder aber von der Tatsache her, daß die Patienten ihren Wunsch nach Veränderung realisieren, eine Veränderung, die sich manifestiert in einer schrittweisen oder abrupten Modifizierung der Themen, in der Verringerung repetitiver Handlungsweisen, in der Offenbarung eines phantasmatischen Problems, im Erkennbarwerden einer Stabilisierung usw.

Die Gefühle der Unzufriedenheit bei den Therapeuten gehen auf die Verlängerung der Behandlung infolge der Unfähigkeit oder der Absicht des Patienten zurück, sich mit dem Elternpaar, also den Therapeuten, zu identifizieren. Diese Schwierigkeit kann im Zusammenhang stehen mit dem hemmenden Charakter bestimmter unbewußter Projektionen des Therapeutenpaars, d. h. mit ihrer Unfähigkeit, den einen oder anderen Trieb zu kontrollieren oder diese oder jene Abwehr zu mobilisieren; kurz, diese Schwierigkeit kann im Zusammenhang stehen mit der Unzulänglichkeit der Analyse ihrer Gegenübertragung und ihrer selbst. Sie kann aber auch als eine Versagung ihres Wunsches nach Veränderung erlebt werden, eine Versagung, die eine Kastrationsangst wachruft. Der Paroxysmus der Gefühle der Unzufriedenheit ist dann erreicht, wenn diese auf eine wie auch immer geartete Ablehnung zurückgehen: die Langeweile der Therapeuten wird, trotz der Möglichkeiten zur Entspannung im Spiel, immer unerträglicher, und die Behandlung muß unterbrochen werden. Es scheint, daß die dabei entstehenden Schuldgefühle erträglicher werden, wenn beide Therapeuten in gleicher Weise reagiert haben.

Hier gilt es, am Ende der Sitzung den Wert des Austausches einzuführen. Denn häufig drücken die Therapeuten in diesem Augenblick direkt ihre Freude oder ihre Unzufriedenheit über das soeben Geschehene aus. Wichtiger aber ist die Konfrontation des jeweiligen Verstehens eines jeden, die Ortung der Unterlassungen des einen oder anderen während des Spiels. Es handelt sich hierbei um eine gegenseitige Befragung, die praktisch einer Kontrolle gleichkommt. Tiefer noch findet darüberhinaus ein Austausch auf der Ebene des Unbewußten der Therapeuten statt, der sich in spontanen Assoziationen äußern kann.

Alle diese offensichtlich sehr subjektiven Beobachtungen sind sicherlich nur von relativem Wert. Welche Bedeutung ihnen auch zukommen mag, sie werden über den Kern des Prozesses der Gegenübertragung, der ebenso unbegreiflich ist wie der Prozeß der Übertragung selbst nichts aussagen können.

6.2.2. Die Gegenübertragung der Analytiker in bezug auf das Psychodrama

Die Meinungen der Psychoanalytiker im Hinblick auf das Psychodrama gehen noch immer auseinander, und dieser Gegensatz selbst erlaubt es uns nachzuprüfen, ob es spezielle Dispositionen der Gegenübertragung gegenüber der Praxis dieser psychotherapeutischen Form gibt.

Bei bestimmten Analytikern, die das Psychodrama nicht praktizieren und es ablehnen, ist ein oft angeführter Grund der, daß es sich hier, gemessen an dem „Königsweg" der klassischen analytischen Therapie, nur um eine untergeordnete Form therapeutischer Arbeit handle. Ein derartiger Vorwurf ist, bezogen auf andere psychotherapeutische Formen, auf die er ebenso zutreffen könnte, nicht frei von Ironie und scheint im wesentlichen das Spiel selbst im Auge zu haben.

Andere Therapeuten haben das Psychodrama praktiziert und nach mehr oder weniger kurzer Erfahrung wieder aufgegeben. Es ist nichts erklärt, wenn man hier von „einem für diese Art der Psychotherapie zu zurückhaltenden Temperament" spricht. Denn auch für diese Therapeuten scheint das Spiel der Kern der Schwierigkeiten zu sein, die ihr Aufgeben rechtfertigen, und wir können in diesem Fall nur Hypothesen aufstellen. Einige der Therapeuten fühlen sich wahrscheinlich durch die Tatsache behindert, daß sie Themen, die ihnen vorgeschlagen werden, „körperlich" darstellen sollen, sei es, daß ihnen diese Sprache fremd ist und daß sie sie nur schlecht beherrschen, sei es, daß ihnen die Vorstellung ihres eigenen, sich in einer therapeutischen Situation bewegenden Körpers unerträglich erscheint. In beiden Fällen haben wir es mit ihrer eigenen, phantasmatischen Problematik zu tun. Bei einigen ist es auf die Unfähigkeit zurückzuführen, regressive Situationen auf sich zu nehmen. Bei anderen ist es die Schwierigkeit, die Übertragungsdimension des Spiels zu ertragen. Und bei anderen wiederum liegt die Schwierigkeit darin, daß sie es als Zumutung empfinden, unmittelbare Antworten geben zu müssen; das gemäßigtere Tempo der psychoanalytischen Behandlung scheint ihnen weit mehr zu behagen. Das kann einhergehen mit der Angst, daß sie durch die eigene Gegenübertragung in Antworten verstrickt werden könnten, für deren Analyse und Kontrolle sie sonst Zeit haben würden. Auch kann die Art der Aktualisierung der Konflikte, wie sie das Psychodrama zuläßt, als fragwürdig empfunden werden, ist doch dem Psychodrama oft der Vorwurf gemacht worden, es begünstige die Vorgänge des *acting out.*

Für die Praxis muß festgehalten werden, daß ein guter Analytiker nicht unbedingt auch ein guter Psychodramatherapeut wird. *Safouan* (1963) faßt das Problem gut zusammen, wenn er von dem, der psychodramatisch arbeiten will, sagt: „Wenn er Analytiker ist und bereits Analysen — mit Erwachsenen oder auch Kindern — durchgeführt hat, und wenn sein Temperament ihm die Anwendung einer solchen Methode nicht verwehrt, dann kann er sich durchaus einem Training oder einer speziellen psychodramatischen Ausbildung unterziehen. Das soll nicht heißen, daß ein derartiges Training letztlich überflüssig ist. Indessen vermag keine Ausbildung zum Spiel jene Grundvoraussetzung, Analytiker zu sein, zu ersetzen."

Diejenigen Analytiker, die sich entschieden haben, das Psychodrama zu praktizieren, müssen zunächst eine Anzahl von Schwierigkeiten aus dem Wege räumen. Eine der ersten liegt vielleicht im Begriff des Psychodramas selbst. Denn in gewisser Weise ist dieser ja zum Allgemeingut geworden. Häufig wird er bei Theaterstücken oder beim Film angewendet, um ein dramatisches Handlungsmoment zu bezeichnen, das, indem eine Handlung simuliert wird, auf einem Beschwörungsvorgang beruht oder, einfacher noch, auf psychologischen Konflikten, wie z. B. Probleme der Verpflichtung oder der Wahl. Bei den Psychotherapeuten erinnert der Terminus noch sehr stark an *Moreno* und enthält oft kathartische Elemente. Er läßt auch Überschneidungen mit dem Soziodrama, dem Mimodrama und all jenen Techniken zu, in denen der Körper in einem Rollenspiel agiert. Bei einigen evoziert er sogar die *Art-Therapy*.

Es fällt oft schwer, dem Patienten die Dimension dessen, was er sich mit dem Psychodrama vornimmt, erkennen zu lassen, und wir haben, um ihm zu helfen, keine bessere Kennzeichnung gefunden als diese: „Behandlung durch das spontane dramatische Spiel". Diese Ratlosigkeit des Patienten manifestiert sich sehr gut in dem folgenden, von einer jungen Hysterikerin beigesteuerten Thema: „Es handelt sich um einen Lehrer, der einem bizarre Wörter beibringt. Eines davon ist der Begriff Psychodrama, von dem man nicht weiß, wie man es ausspricht. Sagt man *psychodrame* oder *spychodrame?* Oder spricht man am Ende das ch aus wie in dem Wort chuinter?"* Im Spiel wird dann die Frage gestellt, ob der Lehrer dieses Wort erfunden hat.

Nach Beginn der Therapie kommt mit den Begriffen „Drama" bzw. „dramatisch" Unruhe und Enttäuschung über die Patienten. Was schließlich zugleich gehofft und gefürchtet wird, ist die Eheszene aus „Wer hat Angst vor Virginia Woolf?" Denn man ist nicht genügend aufgewühlt und man kann nicht überzeugend realistisch die Leidenschaft und den Schmerz darstellen.

Für die Therapeuten ist das Engagement bei der Ausübung des Psychodramas nicht gerade angenehm. Denn schließlich handelt es sich hierbei um eine psychotherapeutische Technik, die, wie wir gesehen haben, relativ jung ist. Die Auffassungen über das Psychodrama gehen noch stark auseinander, die Arten, sie auszuüben, sind sehr unterschiedlich. Eine wenn nicht kodifizierte, so doch wenigstens ausreichend ausgearbeitete und ausgereifte Technik gibt es nicht. Hinsichtlich der Begriffsbildung bleibt noch vieles zu tun, und es existiert noch keine theoretische Synthese, auf die man sich stützen könnte: die Mannigfaltigkeit der Literatur zu diesem Gegenstand zeugt davon.

Der Psychodramatherapeut glaubt sich zunächst in die Lage eines Schöpfers versetzt. Dabei ist seine Position angsterzeugend. Einerseits gibt es nichts, auf das er sich berufen könnte. Er hat nicht die Möglichkeit, „Freud wiederzulesen" oder große Ahnen zu konsultieren. In dem zuletzt angeführten Beispiel, in dem die Frage nach der Herkunft des

---

*) Das *ch* wird in *„psychodrame"* und *„spychodrame"* im Französischen wie *k* ausgesprochen, die dritte von dem Patienten für möglich gehaltene Aussprache würde das *ch* in einen Zischlaut verwandeln (*„chuinter"*: die Laute *j* und *ch* zischelnd aussprechen, zischeln). (Anm. d. Übers.)

Wortes „Psychodrama" aufgeworfen wird, kann es der Analytiker aus seiner Rolle als Lehrer heraus nur von sich weisen, es erfunden zu haben, und er kann nur betonen, daß es sich bei diesem Begriff durchaus um etwas genau Definiertes handle, dessen Funktionsregeln allerdings über ihn als Individuum hinausgehen. Andererseits muß der Psychodramatherapeut die Leitung der jeweiligen Behandlung übernehmen, was ein gutes Aufnahmevermögen, schnelles bewußtes und unbewußtes Verstehen sowie rasche, wenn nicht unmittelbare Antworten von ihm erfordert.

Auf all diesem lastet das Gewicht des massiven Bezugs zur psychoanalytischen Behandlung. Es fällt uns schwer, unseren Platz in einer symbolischen Reihung einzunehmen. Wenn *Freud* in jeder Analyse anwesend ist, so wollen wir uns nicht als die Erben *Morenos* verstanden wissen, nur weil er der Schöpfer des Wortes „Psychodrama" ist.

Trotzdem gibt es immer mehr Psychodramatherapeuten, und vielleicht spielt dabei die Neuartigkeit der Erfahrung mit eine Rolle. Aber sie allein erklärt nicht alles, und wir müssen noch einmal auf bestimmte Modalitäten der Lust bei den Therapeuten zurückkommen, die eine solche Entscheidung rechtfertigen kann. Gewiß, wenn man sich mit einer neuen Dynamik in den psychotherapeutischen Techniken konfrontiert sieht, fordert dies dazu heraus, sich um ein Verstehen und um eine theoretische Erfassung derselben zu bemühen. Aber diese epistemophile Lust ist für das Psychodrama nicht spezifisch. Charakteristischer scheint uns dagegen die besondere Rolle der Therapeuten zu sein. Im Psychodrama hat der Analytiker den Eindruck, die Dynamik der Behandlung auf eine vielleicht klarere Weise, vor allem aber einen umfassenderen Ausdruck der Problematik der Abwehr und der Wünsche sowie eine besondere Art der Reaktualisierung von Konflikten im Spiel zu „sehen".

Der Therapeut sieht sich auch selbst: es ist seine Freude daran, seine Gegenübertragung zu erkennen. In seinen Augen ist sein eigener Körper, den er in das Spiel einbringt, eine zusätzliche Ausdrucksform seines Unbewußten. Die Modifizierungen, die an der analytischen „Technik" vorgenommen werden, führen in gewisser Weise dazu, daß sich der Psychodramatherapeut weniger hinter einer ausschließlichen Verbalisierung verschanzen kann, die er gewöhnt ist und die in der orthodoxen Therapie oft stark reduziert ist. Beim Spielen kann man nicht schweigen wie auf seinem Sessel. Wenn ein Patient eine Rolle vorschlägt, z. B. die eines Zöllners, so ist es die Pflicht des Psychodramatherapeuten, Position zu beziehen gegenüber den „Reisenden": Gleichgültigkeit oder Interesse, Gutgläubigkeit oder Verdacht, Strenge oder Nachsicht, Wohlwollen oder Sturheit usw.

Dies alles macht zwei Bemerkungen notwendig: Einerseits darf, welche Modifizierungen das Psychodrama auch mit sich bringt, nicht daraus gefolgert werden, daß seine Regel ein Sich-Gehenlassen erlaubt. Die technischen Modalitäten sind hinreichend formuliert, und wäre es auch nur diejenige, die gebietet, eine Sitzung zu unterbrechen, wenn es unvermutet zu einem *acting out* kommt. Diese Haltung geht darauf zurück, daß das Modell der psychoanalytischen Behandlung für uns einen hohen Bedeutungsgehalt besitzt. Wir könnten ja anders denken und die direkten Formen des Ausdrucks, die in Wirklichkeit aggressiven Gesten, die Verwendung von Gegenständen und den systematischen Körperkontakt akzeptieren. Doch das hieße, den Schein zerstören und, was noch schwerwiegender wäre, die symbolische Dimension verkürzen. Zweitens sollte man nicht mit einer gewissen Übertreibung denken, daß ein derartiger „Einsatz" des Körpers das *acting out* des Therapeuten begünstige.

Eine andere Lust, die das Spiel dem Therapeuten verschafft, ist es, daß er die Dynamik der gegenseitigen Identifizierungen in der Geste und in der Bewegung besser sehen kann. Möglicherweise ist die Dynamik beim Psychodrama schneller als bei der analytischen Behandlung, wie ja auch die Mobilisierung der Konflikte schneller zu sein scheint.

Diese verschiedenen angenehmen Beobachtungen sind geeignet, die nahezu größenwahnsinnigen Phantasmen der Omnipotenz der Analytiker zu fördern: mehr als in einer regelrechten Analyse haben sie das Gefühl, eine bestimmte Situation mehr beeinflussen zu können. Allzuoft ist dies freilich eine Illusion. Aber sie wissen das ebensogut, wie sie den davon ausgehenden Wert einer Rückversicherung kennen.

6.2.3. Gegenübertragung und Indikationen des Psychodramas

Durch die vorausgegangenen Bemerkungen versteht man besser, wie die Indikation einer psychodramatischen Therapie gestellt werden kann, und worin sie die Haltung der Gegenübertragung der Therapeuten im Hinblick auf Personen, Symptome oder Grundursachen von Krankheiten widerspiegelt. Wenn wir von ökonomischen und soziokulturellen Kontingenzen absehen, müssen wir feststellen, daß es eine gültige Kodifizierung nicht gibt. Sogar die Geschichte des Psychodramas selbst und die Geschichte des Therapeutenpaars sind untereinander stimmig oder widersprechend. Aus den Erfahrungen, die sie bereits gemacht haben, sowie aus unbewußt konstruierten Ähnlichkeiten zwischen dem hilfesuchenden Patienten und bereits behandelten Patienten oder aus bereits erkannten Problemen, fügt sich in den Augen der beiden aus der Vielzahl der Patienten, derer sie sich annehmen, ein Gesicht besonderer Art.

Die Konnotation zwischen Psychodrama und Spiel läßt die Vermutung zu, daß diese Therapieform in sehr vielen Fällen vor allem für Kinder geeignet erscheint. Jenseits dieser äußerst relativen Bindung ist es jedoch denkbar, daß das Kind, da es seiner ödipalen Situation näher ist (insofern diese weniger als beim Erwachsenen umgestaltet und weniger von verschiedenen Sedimenten überdeckt ist), einen besonderen Eindruck auf das Paar ausübt, das kein eigenes Kind besitzt. Dieses Paar kann auch von dem Wunsch getragen sein, dort Erfolg zu haben, wo die Eltern des Patienten gescheitert sind; das wiederum läßt innerhalb der Problematik eines jeden der beiden Therapeuten Rückschlüsse auf die eigenen Erfahrungen der Unzufriedenheit in der eigenen Kindheit sowie auf seine Aggressivität gegenüber seinen parentalen Bildern und auf einen Wunsch nach Rache oder Wiedergutmachung zu.

Auch Probleme, die in Verbindung mit dem Heranwachsen stehen, gelten oft als gute Vorausetzung für die psychodramatische Behandlung. Viele Therapeuten lehnen Patienten dieser Altersstufe wegen der Labilität ihrer Abwehr oder wegen ihrer stereotypen Ausdrucksweise für die Psychoanalyse ab und plädieren eher für eine psychodramatische Behandlung. Ist für sie beim Psychodrama die Versagung leichter zu ertragen, da es hier möglich ist, daß die Gegenübertragung die Therapie nicht blockiert? Vielleicht.

Das Psychodrama wird auch bei Erwachsenen in Grenzfällen vorgeschlagen, bei denen es sich um einen psychotischen Prozeß handelt, in Fällen großer affektiver Unreife oder angesichts schwerwiegender neurotischer Hemmungen. Aber es läßt sich nicht mit Gewißheit sagen, ob das ausschlaggebende Moment für derartige Indikationen in der eigenen Struktur dieser Patienten zu suchen ist oder in den Gefühlen der Gegenübertragung, die diese Patienten in Gang zu bringen vermögen.

So betrachtet erscheint es interessant, gewisse Beziehungen zu erörtern, die zwischen Indikationen des Psychodramas einerseits und Indikationen der Psychoanalyse andererseits bestehen. Hier soll die stark im Vordergrund stehende Rolle der sozio-ökonomischen Bedingungen bei der Wahl einer psychotherapeutischen Methode nicht behandelt werden. Obgleich bei einigen Patienten eine Psychoanalyse gerechtfertigt wäre, kann dennoch das Psychodrama vorgeschlagen werden, sei es, daß sie nicht bereit sind, die psychoanalytische Behandlung auf sich zu nehmen, sei es, daß ihre Möglichkeiten zur „Einsicht" (*insight*) zuvor noch einen Reifungsprozeß durchmachen sollten. Der Wunsch der Therapeuten scheint sie hier zu einer festen und irgendwie klareren Entscheidung zu führen. Dies zeigt sich besonders deutlich in sog. Ausbildungsgruppen für das Psychodrama. In anderen Fällen ist es die Unsicherheit der Therapeuten selbst vor der Indikation einer Analyse, die sie das Psychodrama vorschlagen läßt. Diese Gefühle der Unsicherheit sind auf ein ungenügendes Erkennen der psychopathologischen Struktur des Patienten, auf die Problematik seiner Abwehrformen sowie auf seinen möglichen Widerstand gegenüber den Risiken einer Psychotherapie zurückzuführen. Auch muß man klar erkennen, daß bestimmte Entscheidungen für eine psychodramatische Behandlung mit dem Hintergedanken getroffen werden, daß, wenn sie zu scheitern droht, die Zuflucht zu einer Analyse später leichter fällt, als wenn ein erster analytischer Versuch gleich zu Beginn gescheitert wäre.

Das gleiche gilt aber auch in der anderen Richtung. Einige Patienten gelangen im Verlauf oder in der Folge einer Psychoanalyse zum Psychodrama. Obwohl ein Therapiewechsel vom Patienten und, was dieses Gefühl noch zu bestätigen scheint, sehr oft auch vom Therapeuten als ein Scheitern empfunden wird, können die Psychodramatherapeuten das Bedürfnis haben, sich eines solchen Falles anzunehmen, und zwar nicht nur wegen ihres eigenen Wunsches, beim Patienten eine Veränderung herbeizuführen, sondern auch weil sie erkennen, daß das Psychodrama eine Chance bietet, hartnäckige Hemmungen zu beseitigen oder Bewegungen in bestimmte Situationen zu bringen, vielleicht weil die Modalitäten eben dieser psychotherapeutischen Methode weniger angsterregend sein können.

Schließlich sei das besondere Augenmerk auf das Zusammentreffen, d. h. die Summierung der Wünsche nach Veränderung sowohl beim Patienten als auch bei den Analytikern gerichtet. Die Art und Weise, wie das Therapeutenpaar arbeitet, ermöglicht es — besser als in der herkömmlichen psychoanalytischen Situation —, diese Wünsche zu analysieren und die Gegenbesetzungen, die sie möglicherweise verdecken, zu erkennen. Dadurch, daß für jeden der Therapeuten die besonderen Motivationen, die sich in dem Wunsch nach Veränderung ausdrücken, klar ersichtlich werden, bleibt das Feld der therapeutischen Indikationen für das Psychodrama völlig offen.

6.3. Die spezifischen Modalitäten der Gegenübertragung beim Psychodrama

6.3.1. Das Paar als Vollzugsstätte der Gegenübertragung

Die Tatsache, daß das Psychodrama von zwei Kotherapeuten unterschiedlichen Geschlechts — jedenfalls bei unserer Technik — praktiziert wird, fordert dazu heraus, zu verstehen, inwieweit die Gegenübertragung — verglichen mit der Gegenübertragung des Einzelanalytikers — auf seinen Patienten modifiziert ist.

Eine erste Bemerkung drängt sich auf: Das Paar konstituiert sich einzig durch den Patienten, aber der Patient sollte keinen Vorwand für eine Paarbildung als Selbstzweck liefern, selbst wenn persönliche Affinitäten zwischen den Therapeuten diese dazu bringen, gemeinsam das Psychodrama zu praktizieren. Im Innern eines solchen Paares und durch es vollzieht sich die Gegenübertragung. Hier könnte man zwei Aspekte unterscheiden: die individuelle Gegenübertragung jedes einzelnen Therapeuten und die globale Gegenübertragung des Paares. Der erste Aspekt ist für uns allerdings nur im Hinblick auf den zweiten von Interesse.

Wie bereits erwähnt, ist das Paar Stätte einer Lust. Es lebt von dem gemeinsamen Wunsch, bei ein und demselben Patienten eine Veränderung herbeiführen zu können, von dem Engagement zu Zweit in ein und demselben therapeutischen Prozeß und von einem gemeinsamen (oder doch wenigstens zum Teil gemeinsamen, häufig aber kohärenten) Verstehen, das dem Spiel einen Anstrich von Komplizenschaft verleiht. Eine derartige Konstellation verleiht der Praxis des Psychodramas ein Gefühl von Geborgenheit, das durch den Austausch zwischen den Sitzungen noch bestätigt wird.

Dieser Austausch erleichtert übrigens den Prozeß der Bewußtwerdung. Die Ortung der unbewußten Wünsche eines jeden fällt leichter, sei es durch die einfache Tatsache, daß man sich dauernd unter den wachenden Blicken des anderen befindet, sei es mittels einer gegenseitigen Analyse der Deutungen der Themen (wobei dies zugleich im Sinne eines psychoanalytischen Verständnisses und im theatralischen Sinne einer Rolleninterpretation zu verstehen ist). Die eingenommenen Positionen und die Art, in der man gespielt hat, werden unmittelbar durch den anderen wahrgenommen, oft besser, als man dies selbst vermag.

Das ist ein Grund, über eine Manifestation der Gegenübertragung, die völlig unbewußt geblieben ist, nachzudenken oder sie einfach wahrzunehmen. Hinzu kommt, daß man die Schuldgefühle, die aus einer negativen Gegenübertragung herrühren können, und in jedem Fall die durch sie verursachten Schwierigkeiten in dem Augenblick bereitwilliger auf sich nimmt, in dem von dem anderen eine ausgleichende Wirkung ausgeht. Begriffe wie „gegenseitige Kontrolle" und Ausgleich können eine Perspektive eröffnen, die zwar ein wenig mechanistisch oder zu ausschließlich bewußt wirkt; aber wir möchten diese Begriffe selbstverständlich in ihrer ganzen kommunikativen Dimension im Bereich der unbewußten Inhalte verstanden wissen. Diese ergibt sich aus einer stufenweise sich entwickelnden Wahrnehmung eines bestimmten

Problembereichs des Partners, eine Wahrnehmung, die sich im Verlauf einer längeren gemeinsamen Praxis unausweichlich einstellt und die deutlich wird in der Fähigkeit, die Reaktionen dieses Partners oder dessen Art, im Spiel zu handeln, vorauszusehen. Hier findet in gewissem Sinne eine Identifizierung mit dem Wunsch des anderen statt.

So scheint das Paar der Ort einer Geschichte zu sein, die im Entstehen begriffen ist. Die Dreiecksbildung, zu der es angesichts des Patienten kommt, ist vielleicht eines der ersten Elemente dieser Geschichte. Sicherlich birgt sie die Gefahr einer systematischen Ödipalisierung der psychotherapeutischen Beziehung in sich. Dies kann zweifellos ein Risiko mit negativen Folgen sein, und wir haben beim Studium der Übertragung gesehen, wie sich bestimmte Patienten dagegen wehren. Aber das Risiko kann auch positiv sein, da es dazu beitragen kann, daß sich Situationen weiterentwickeln, die sonst auf einer prägenitalen Stufe stehen geblieben wären.

Das, was jeder Therapeut in dieser Dreieckssituation erlebt, ist sowohl Funktion des Patienten als auch seines Kotherapeuten. Das bedeutet, daß hier für jeden die Analyse seiner Position gegenüber dem entgegengesetzten Geschlecht vorgenommen wird, wie dies im folgenden Beispiel der Fall war. In einem seiner Themen wählt ein Junge die Rolle eines Arztes, den eine Frau zu verführen sucht. Die Rolle der Frau gibt er an den männlichen Therapeuten weiter, der sie mit hoher Stimme und kokettierend spielt. Die Therapeutin, die die Rolle der rivalisierenden Frau spielt, fühlt sich durch die invertierte Person, gegen die sie opponieren soll, ebenso in die Enge getrieben wie durch die unbewußte Mysogynie ihres Kotherapeuten, die sich durch das karikierende Bild der Frau, die er darstellt, offenbart.

Das Therapeutenpaar erfährt also Freuden und erlebt Leiden ödipaler Natur. Sie sind vielleicht klarer zu erkennen, wenn der Patient ein Kind ist, so als stellte dies eine Ersatzbefriedigung dar für eine Enthaltsamkeit, die wir bisher als notwendig erachtet haben und die eine körperliche Intimität zwischen den Kotherapeuten ausschließt. Doch ist die Situation Erwachsenen gegenüber kaum anders, vielleicht deshalb, weil das Psychodrama die Regressionen erleichtert. Der ödipale Charakter dessen, was das Paar erlebt, wird besonders deutlich, wenn ein dritter Therapeut hinzukommt (als Beobachter oder Psychodramatherapeut, der sich in der Ausbildung befindet). Nun erfahren die Haltungen und Ausdrucksformen der Gegenübertragung eine Modifizierung, beispielsweise in Art einer ostentativen und exhibitionistischen Befriedigung — die nicht nur an ein bestimmtes Wissen, sondern auch an das Bild des Paares, das man darstellen will, gebunden ist — oder auch eine Form mehr oder weniger aggressiver und ausschließlicher Reaktion aus dem Gefühl der Rivalität heraus sein können. Was hier auffällt, ist das Ausmaß, in welchem der Patient die Transformation der Situation erfährt und wie er sie in die Problematik seiner Therapie integriert.

Dies ist ein Aspekt der Metamorphosen, zu denen es in der Geschichte des Therapeutenpaares kommen kann. Ein anderer Aspekt ist die Frage nach der Leitung der Sitzung, ein Hinweis auf die Art also, wie jeder der beiden Therapeuten die Kastrationsangst an sich erfahren hat. Theoretisch sollte es hier kein Problem geben, sind doch beide Psychodramatherapeuten gestandene Analytiker! Aber es ist oft so, daß bei einem Therapeutenpaar der eine Teil jünger ist und sich noch in der Ausbildung befindet. Die Kastrationsangst, die er dann in dieser Position des „Zweiten" möglicherweise manifestiert, kann der Realisierung der Identifizierungswünsche des Patienten hinderlich sein.

Durch Verdrängung einer unbewußten, gegenseitigen Aggressivität kann der Patient auch zum Prellbock der Konflikte der beiden Therapeuten werden. Das Ergebnis einer derartigen Situation zögert schlimmstenfalls jedoch die Entwicklung der jeweiligen Therapie hinaus und stellt das Überleben des Paares in Frage. Im allgemeinen beschränkt sie sich auf kleinere Aspekte wie beispielsweise auf die Störung, die der eine bei bestimmten Reaktionen des anderen empfindet, oder auf individuelle Widerstände, die bei bestimmten Themen erlebt werden, weil sie einen Einfluß auf das bzw. in dem Paar haben. Dies alles muß so weitgehend wie möglich verbalisiert werden. Es kann beispielsweise unbehaglich sein für einen Therapeuten, wenn er mitansehen muß, wie seine Partnerin die Rolle einer Prostituierten spielt und, während er selbst vom Spiel ausgeschlossen ist, die Annäherungsversuche des Patienten erwiedert.

Doch gibt es im Leben eines Psychodrama-Therapeutenpaares nicht nur beunruhigende Momente. Indem sie, gemeinsam praktizierend, beharrlich ihre Beziehung analysieren, gelangen sie nach und nach zu einer gewissen Reife, die ihnen ihre Aufgabe leichter werden läßt.

Die Gegenübertragung erscheint beim Psychodrama somit doppelter Natur. Oder, genauer gesagt, wir müssen unterscheiden zwischen persönlichen Reaktionen der Gegenübertragung eines jeden Therapeuten, die sich unmittelbar an den Patienten wenden, und Reaktionen der — im engeren Sinne therapeutischen — Gegenübertragung, die über den Kotherapeuten zum Patienten gelangt. Hier wiederholt sich gewissermaßen die Situation des Elternpaares, dessen Beziehung zum Kind jeweils über den Partner führt.

Wir begegnen hier dem, was wir in diesem Kapitel bereits beiläufig erwähnt haben, nämlich daß sich das Therapeutenpaar im Psychodrama für den Patienten bildet, daß dieser jedoch nicht den Vorwand liefern sollte zur Paarbildung. Für ein Therapeutenpaar ist der Patient ein Objekt des Begehrens. Er hat seinen Platz in einer Kluft, die er nie ganz wird ausfüllen können — denn dann wäre er nur noch Besitz und könnte nicht den Status eines Subjekts erlangen. Dies könnte geschehen, wenn aus dem Einverständnis zwischen den Therapeuten, das die Verschiedenheit fortbestehen läßt, eine ausschließliche Duldung des Wunsches des Patienten würde.

6.3.2. Das Spiel als Ort des Ausdrucks der Gegenübertragung

Das Spiel gestattet eine Ausdrucksform der Gegenübertragung, die sich von der der psychoanalytischen Therapie unterscheidet. Der Psychoanalytiker versucht, soweit als möglich zu verbergen, was bloße Reaktionen der Gegenübertragung sind. Seine Gegenübertragung geht fast ausschließlich in eine Verbalisierung über, die er nach Kräften zu kontrollieren versucht, die er aber dennoch nicht im Griff behalten kann. Im Psychodrama geht es darum, daß der Körper zum Träger der Gegenübertragung wird, wie er ja auch ein Träger des Phantasmas ist. Er soll sich am Ende als expliziter als die Verbalisierung erweisen: unsere Gesten, die, obwohl sie dem Erfassen eines Sinnes vorausgehen, oft unbewußt bleiben, können in dem Augenblick, in dem die symbolische Dimension betreten wird, wirksamer sein als das Wort. Sie bringen unmittelbar die Person des Therapeuten in seiner Körperlichkeit ein. Der Therapeut kann beim Psychodrama mehr er selbst sein als in der Psychoanalyse, und dies bereitet ihm eine gewisse Freude.

Die Geste, eine Ausdrucksform, die der Mensch in frühester Kindheit als erstes Signalsystem verwendet und die später durch das Verbalsystem überdeckt wird, findet erneut Verwendung als Beziehungsmodus. Gewiß, in dem Maße, in dem wir keine Kenntnis mehr haben von dieser Sprache, zeigt sich um so besser ein Vektor unseres Unbewußten. Vor dessen Hintergrund vermag der Patient klarer wahrzunehmen, welches unsere Erwiederung auf das ist, was er im Thema von sich selbst zum Ausdruck gebracht hat, und welches die symbolische Dimension dessen ist, was er uns vorschlägt. Sein Wunsch nach Identifizierung ist dadurch wahrscheinlich leichter zu realisieren.

Das Spiel ist also ein direkterer Ausdruck des Unbewußten der Therapeuten als Antwort auf das Unbewußte des Patienten. Für ihn kann es angsterregend sein, wenn er sieht, wie sich die phantasmatische Konstellation der Analytiker enthüllt, aber wir haben gesehen, daß sich an dieser Stelle der Schein einschaltet, damit es für den Patienten möglich wird, diese Enthüllung seinen eigenen augenblicklichen Möglichkeiten gemäß zu akzeptieren.

Dies wirft die Frage auf, ob der Schein für die Analytiker selbst in gleicher Weise notwendig ist. Die unmittelbare und heftige Art, in der der Patient seinem Phantasma Ausdruck verleiht, kann für sie um so schwerer zu ertragen sein, als sie sie im Spiel aktualisieren müssen. Bestimmte Themen bringen es mit sich, daß die Analytiker sich in Gesten ausdrücken müssen, die ihnen peinlich sind: jemanden töten, erschießen, sich besonders sadistisch benehmen. Dies wurde uns besonders deutlich, als wir in der Rolle eines Erwachsenen ein Kind töten mußten. In anderen Fällen müssen die Analytiker es hinnehmen, daß sie durch den Patienten „getötet werden". Aber im Psychodrama „stirbt" man nur sitzend oder gegen ein Möbelstück oder eine Wand gestützt! Um die Realisierung des Wunsches des Patienten darzustellen, braucht man nicht, so meinen wir, brutal niederzustürzen oder unbeweglich wie eine Leiche dazuliegen, das würde im Patienten nur zu große Angst verursachen. Oder fürchten wir nur das Hervorbrechen seiner eigentlichen Angst oder unserer eigenen Angst vor dem Tode, die hier stimuliert werden?

Die Aktualisierung des Themas im Spiel wird also durch die durch das Phantasma bedingte Problematik des Therapeuten selbst modifiziert. Das Spiel ist nicht allein bloße Wiedergabe des Themas. Es ist nicht nur Ausdruck der angeblichen oder vermuteten Bedeutung, in der sich vor allem die bewußten Elemente der Gegenübertragung widerspiegeln. Es entwickelt sich als Funktion eines viel tieferen Sinnes, der durch das Unbewußte des Therapeuten im unbewußten Ausdruck des Patienten erkannt wird.

Diese Sicht eines Ausdrucks, der, gemäß seiner Natur, direkter und unmittelbarer, im Spiel realisiert wird, erinnert irgendwie an ein unangepaßtes Verhalten bei Kindern und Erwachsenen, an eine unmittelbare Umsetzung eines Wunsches als einzig mögliches Mittel zum Abbau einer Spannung. Dennoch besteht ein grundsätzlicher Unterschied zwischen Psychodrama und Unangepaßtheit: diese ist ein *acting out*, jenes ein Übergang zur Geste und damit ein Weg zur symbolischen Dimension. Hier geschieht das gleiche wie beim Kind, wenn das Spiel seine unmittelbare Entspannungsfunktion im Hinblick auf einen Wunsch verliert und beim „tun als ob" seinen symbolischen Wert aus der Verschiebung der Abwehrmechanismen oder des Lustobjekts bezieht.

Aus alledem erklärt sich die Weigerung der Therapeuten, Objekte mit in das Spiel hereinzunehmen, denn dann gibt es über die Darstellung keine Ungewißheit mehr und infolgedessen schließt sich die Tür zur Freiheit des phantasmatischen Ausdrucks. Das gleiche gilt für das

Problem des Körperkontakts. Bis zu einem gewissen Grade wird er zwar vermieden oder aber auf Kontakte beschränkt, die durch den alltäglichen Gebrauch ihrer phantasmatischen Bedeutung entleert sind (z. B. das Handgeben), aber es kommt nicht so sehr auf seine Existenz oder Nichtexistenz an, sondern auf seine Bedeutung in einer gegebenen Beziehung, d. h. in Bezug auf einen Ausdruck des Phantasmas.

In dem als Träger der Gegenübertragung verstandenen Spiel gibt es nicht nur positive Aspekte. Schon die Intensität des Spiels kann es den Therapeuten zuweilen schwerer machen, ihre Triebe unter Kontrolle zu halten oder ihre Abwehrhaltungen zu registrieren. Inadäquate Antworten sind deshalb nicht ausgeschlossen. Doch das ist nicht spezifisch für das Psychodrama, es gehört zu jeder Form der Psychotherapie.

7. Das Phantasma

Dieser Terminus wird hier zur Bezeichnung eines imaginären Szenarios verwendet, das dem Lustprinzip (*principe du plaisir*) unterliegt, einer Lust, die nur mehr oder weniger entstellt durch die Vorgänge der Abwehr zu erkennen ist. Diese phantasmatische Aktivität, die *Freud* in engem Zusammenhang mit dem Sexualtrieb sieht, zielt auf die Realisierung eines unbewußten Wunsches.

Unter „Urphantasmen" verstehen wir hier die spezifischen Phantasmen, die, gleich echten Matrizen, den psychischen Apparat organisieren. *Laplanche* und *Pontalis* (1964) definieren diesen Begriff* als eine Szene, in der „das Subjekt nicht auf das Objekt oder sein Zeichen zielt, sondern wo es selbst, erfaßt von einer Bildsequenz, figuriert... Es stellt sich nicht als begehrtes Objekt dar, sondern es wird als an der Szene teilnehmend dargestellt." Das Subjekt kann hier sogar entpersönlicht dargestellt werden — so in jenen Formen, die uns am nächsten sind, in jenen Urphantasien, deren Modell *Freud* (1919) in „Ein Kind wird geschlagen" geliefert hat. In allen Fällen handelt es sich um eine „Inszenierung des Wunsches" hinter den verschiedenen Abwehrmechanismen.

Schon die Begriffe Szenario, Szene, Darstellung und Mitwirkung haben zur Folge, daß man sich bei der Definition von Phantasma und Urphantasie, die jene Begriffe ja implizieren, vor die Frage gestellt sieht, ob man mit der Technik des Psychodramas nicht leichter an die *Phantasmen* herankommt als mit Hilfe der Psychoanalyse. Dieses Problem stellt sich im Einzelpsychodrama ebenso wie im Gruppenpsychodrama.

7.1. Das Einzelpsychodrama

Die erste Regel der Analytiker beim Psychodrama lautet, daß der Patient ein Thema ausarbeiten soll, das szenisch dargestellt werden kann und dessen Rollen unter den Teilnehmern und Therapeuten verteilt werden. Wir erlauben also dem Patienten, etwas zu inszenieren,

---

*) „Urphantasie" in der deutschen Übersetzung von *Laplanche* und *Pontalis*, Das Vokabular der Psychoanalyse. (Anm. d. Übers.).

was in Verbindung mit seinem Wunsch steht. Wir geben ihm zu verstehen, daß in der Themen- wie in der Rollenwahl alles erlaubt ist, d. h. daß zwischen den verschiedenen Protagonisten der Szene alle Permutationen möglich sind.

Der Patient ist nicht verpflichtet, in der ersten Person zu spielen, und Syntax sowohl als auch sein Diskurs stellen es ihm frei, „man" zu sein oder Spiegel, Baum, Sonne — oder auch bloß stummer Zeuge.

Die Psychodramasitzung gliedert sich in zwei Phasen:
1. Die Formulierung des Themas und die Rollenwahl;
2. Das eigentliche Spiel.

Zunächst trägt der Patient eine Geschichte vor, deren unbewußte Implikationen ihm entgehen. Er kann das Gefühl haben, daß diese Geschichte weit außerhalb seiner selbst liegt, etwa eine Szene, deren Zeuge er gewesen ist, oder der Film, den er zuletzt gesehen hat; er kann sie als integrierenden Bestandteil seines Lebens erfahren, als schmerzlichen Konflikt mit einem ihm nahestehenden Menschen oder auch als einen Traum: in allen Fällen weist sich allein schon die Wahl eben dieser Geschichte als analytischer Diskurs aus, dessen Sinn im therapeutischen Geschehen liegt. Doch ist dies nur eine Kompromißbildung.

Damit ein Szenario wirklich erzählt werden kann, ist es notwendig, daß es eine gewisse Kohärenz aufweist, die es logisch verständlich macht. Die Analytiker geraten zuweilen durch allzu unzusammenhängende Themen, die von Kindern oder sehr gestörten erwachsenen Patienten vorgetragen werden, in arge Verlegenheit.

Andererseits bleiben die Übertragungselemente, die durch das Thema mitgeteilt werden, dem Patienten in den meisten Fällen fremd. So zitiert ein Junge aus *Corneilles* „Cid", ohne selbst etwas von seiner Lust gewahr zu werden, daß er den Tod des Vaters/Analytikers evoziert.

Das Spiel ist für das Thema das, was die Assoziationen für den Traum sind: es ermöglicht es, den latenten Inhalt hinter der sekundären Bearbeitung zu erkennen.

Oft wird das Thema — wie auch der Traum — durch einen Verdichtungsmechanismus bestimmt. Durch das Spiel können die verschiedenen latenten Inhalte in Erscheinung treten. Als Beispiel möge ein banales Thema dienen, das von einem Heranwachsenden ohne besondere Gefühlsbetontheit beigesteuert wird. Es geht hier um einen Streit in einem öffentlichen Verkehrsmittel, um eine Szene, die er, wie es scheint, soeben miterlebt hat. Die Rolle des Kontrolleurs, Hüter eines als stumpfsinnig geltenden Amtes, wird dem Analytiker zugeteilt; die Analytikerin spielt die Rolle einer zufälligen Zeugin, der Junge selbst ist der Fahrgast, der seine Fahrkarte verloren hat.

Was nun gespielt wird, zeigt die Unfähigkeit des Jungen, dem Vaterbild zu trotzen, das, so sehr es auch an Wert eingebüßt zu haben scheint, als Garant der Ordnung in dieser Welt hervortritt: ohne dies wäre ja „alles erlaubt, es ginge drunter und drüber; die Menschen würden sich herumstreiten und womöglich umbringen". Man erkennt hier unschwer eine von *Freud* beschriebene Phantasie in „Totem und Tabu" (1912-1913). Das Spiel nimmt seinen Verlauf, der Junge kann seine Ausweise nicht vorzeigen, er hat seine Brieftasche veloren, er ist in die Welt der Anonymität zurückgestoßen, ist in Gefahr, ins Gefängnis zu kommen, „eingelocht" zu werden; alles, so könnte man sagen, ist ganz so, als ob ihn der „Name des Vaters" vor der Rückkehr in den Mutterleib bewahren könnte.

Sehr oft nimmt das vorgeschlagene Thema — vor allem bei Kindern und Heranwachsenden — die Form von gelesenen oder gehörten Erzählungen, Märchen, aus Illustrierten übernommenen Geschichten, klassischen Texten, Fabeln oder Tragödien an. Der Patient erfindet nicht, entnimmt nichts aus seiner eigenen Geschichte, sondern er liefert uns, offenbar aus seiner Abwehrhaltung heraus, einen Text, der aus einem anderen Erlebnisbereich als dem seinen kommt.

Dennoch sind diese Themen aus mehreren Gründen von Bedeutung. Denn sie haben stets einen symbolischen Gehalt, der es den Phantasmen erlaubt, sich hinter der Fassade einer banalen Geschichte zu entwickeln. Oft stehen zu Beginn erfundene Geschichten oder der Familienroman mit seiner Spaltung in das Bild der guten Mutter und das der Rabenmutter, aber auch Märchen wie z. B. der „Däumling", der, obwohl ihm die Kastration droht, die Siebenmeilenstiefel des Menschenfressers erobern muß. Ein zehnjähriger Junge erarbeitet im Spiel erneut das alte Thema: Sind die Stiefel erst einmal erobert und die Brüder freigelassen, läßt er die Töchter des Menschenfressers wieder ins Leben zurückholen, und zwar durch den Großvater mütterlicherseits, da dieser, in seiner Vorstellung, eine mächtigere Rolle im Begehren seiner Mutter einnimmt als sein Vater; danach muß er nur noch die Stiefel, die ihm viel zu groß sind, neben dem eingeschlafenen Menschenfresser hinstellen. Was hier vorliegt, ist eine Verneinung seiner Todeswünsche gegenüber dem Vater und seinen männlichen Geschwistern.

Nicht weniger häufig schlagen Kinder zwischen acht und zehn Jahren Zorro als Thema vor. Die Ausarbeitung im Spiel zeigt, daß der große Zorro Schuldgefühle hat, da er seinem Vater überlegen sein möchte; aber er muß ihm gegenüber verbergen, wer er wirklich ist, und in den Augen seines Vaters wie ein kleiner, tumber Tor erscheinen — es ist dies für ihn das einzige Mittel, sich vor der Kastration zu bewahren; es kommt zu einer Umkehrung der Situation und die Wünsche des Sohnes werden auf den Vater projiziert.

Das Thema bezieht sich also auf die individuelle Geschichte eines jeden und erhält ihren Sinn aus der Biographie. Zugleich aber sind diese Erzählungen auch Bestandteil der Spruchweisheiten des jeweiligen Kulturkreises und der Geschichte, wie sie dem Kind durch die Gesellschaft insgesamt in Schule und Familie als Diskurs vermittelt werden, in dessen Rahmen es sich hinsichtlich seines Ursprungs zurechtfinden muß. Die ursprünglichsten Triebe des Individuums — das Verschlingen, die Kastration und der Inzest — können in einem Jenseits von Zeit und Raum, in einem „Es war einmal..." verbalisiert werden.

Über die Vermittlung eines imaginären Szenarios wird das Phantasma zum Symbolischen. Die Helden, deren Rollen durch die Patienten verteilt werden, sind zugleich Namensträger und Wortführer seiner Wünsche, ein Mittel, um der Anonymität zu entkommen und um, im Namen eines anderen, zuvor bestimmten, das auszudrücken, was sie im eigenen Namen nicht würden ausdrücken können.

Die vorgeschlagenen Themen fragen nicht nach Raum und Zeit. Von der Zeit der Höhlenmenschen gelangen wir oft übergangslos in das Jahr 2000, von Amerika auf den Mond. Diese Geschichts- und Zeitlosigkeit scheinen ganz nach dem Bilde des Unbewußten zu sein. Alles ist möglich, der Widerspruch existiert nicht. Und dennoch weiß der Patient, daß er nicht deliriert, da die Therapeuten gegenwärtig sind und keinen Augenblick völlig gleich mit dem sein werden, was er von ihnen erwartet. Diese Differenz läßt, durch die mit ihr verbundene Versagung, begreifen, was der Patient vom Analytiker erwartet, was ihm der Analytiker jedoch nicht geben kann. Dadurch wird er mit Sicherheit erkennen, was an dem Bild seiner selbst, das er zu zeigen versucht, imaginär ist.

Nehmen wir eine Behandlungssequenz bei einem vierzehnjährigen Jungen als Beispiel. Er selbst übernimmt immer nur die Rolle des Zuschauers, des Betrachters und schlägt den Therapeuten Szenen geschichtlichen Inhalts vor, Szenen, in denen sie aneinander geraten, ohne daß die Konflikte jemals personalisiert werden. So in jener Szene, die sich auf dem *Camp du Drap d'Or* zwischen François I. und Karl V. abspielt. Die Personen sind erhaben, sie sind reich und edelmütig, die Konflikte untereinander bleiben unscharf und sind weniger stark als das, was sie eint: eine ungeheure Machtfülle. Die Wiederholung dieses Themas und das äußerst gezügelte Vergnügen, das der Junge dabei empfindet, bringen uns auf den Gedanken, daß es sich hier um das Phantasma einer Urszene handelt. Deshalb spielen auch wir sehr gedämpft, mit leiser Stimme, um ihm zu bedeuten, daß wir nicht im Theater sind, und wir verbalisieren den Wunsch, den der Junge uns gegenüber vorbringt: allein und ohne Zeugen bleiben zu dürfen. Endlich verläßt jetzt der Patient seine Rolle als passiver Zuschauer und unternimmt etwas ganz bestimmtes: er geht an die Tür und lauscht. Bei diesem Spiel deuten wir seinen Wunsch, das zu sehen, was geheimgehalten wird, seinen Wunsch, uns ein wenig von unserer Macht und unserem Wissen zu entreißen. In der Woche darauf hält er wieder an seiner Zuschauerrolle fest, aber der Inhalt des Themas ist völlig anders: einer der Analytiker — der Mann nämlich — ist ein sturer Beamter, der nie die Auskünfte erteilt, die man braucht; die Analytikerin ist die Frau, die Fragen stellt, der man ihr Geld vorenthält. Im Spiel geht der Junge darauf ein, der Frau zu helfen, mit der er sich als einer entmannten Person und als Opfer identifiziert.

Hier begegnen wir einem anderen Aspekt des Phantasmas. Der Junge, um den es hier geht, wird von seiner Mutter für weniger begabt als sein Zwillingsbruder gehalten. Er fühlt sich, verglichen mit diesem, als mit einem Mangel behaftet. In dem Paar, das er mit dem Bruder zusammen bildet, erlebt er sich als feminin und kastriert. Der Patient war zum Teil aus Abwehr gegen diese Position in einer Haltung des Mißtrauens paranoider Prägung fixiert (sich nicht erwischen zu lassen oder zu wünschen, erwischt zu werden). Auf bewußter Ebene versuchte er, in seinem Leben eine Ähnlichkeit mit einem berühmten Mann hervorzukehren, dessen Name fast das Anagramm seines eigenen Namens bildete. Im Spiel war diese Position nur dadurch aufrechtzuerhalten, daß er die Affekte gegenüber den Analytikern, die er als undifferenzierten Block erlebte und die sich nur durch ihre Macht auszeichneten, von sich wegschob und verdrängte.

In diesem Fall versuchten wir, etwas von dem Phantasma zu deuten und nicht die starre Abwehrhaltung, hinter der der Patient Schutz suchte.

Schneller als beim Zeichentest oder beim analytischen Gespräch wird beim Psychodrama der prägenitale Bereich, das phantasmatische Leben hinter dem Anspruch des Schülers („Ich möchte gut sein in der Schule") oder auch des Jugendlichen („Ich möchte meinen Platz in der Welt finden") sichtbar gemacht.

Die Szenen, die Sitzung für Sitzung immer wiederkehren, sind Dschungelszenen mit jagenden Tieren und ihren Beuten, die verschlungen werden, Welten, in denen Eltern ihre Kinder wilden Bestien, dem Menschenfresser, oder Zauberern überlassen, wo Lämmer zugrunde gehen, da sie durch den Tod des Muttertiers keine Milch mehr bekommen, wo sich gastliche Höhlen, sobald man in sie vordringt, als voller Gefahren erweisen; hier ist die verschlingende und allmächtige Mutter allgegenwärtig, sie stellt für das schwache Kind eine Bedrohung dar, da sie ihm die ersehnte Verschmelzung mit ihr verweigert und es immer neuen Bewährungsproben aussetzt.

Der Patient bezeichnet derartige Darstellungen oft als die für ihn einzig möglichen Szenen. Das geht so weit, daß er, wenn er ihre Monotonie bemerkt, erklärt: „Jetzt ist alles gespielt, mir fällt nichts mehr ein". Dieses Sich-Wiederholen scheint, so meinen wir, zur Logik des Phantasmas zu gehören. Die Analytiker sehen in ihr eine an sie gerichtete Frage, so als wenn diese Wiederholung etwas Unverstandenes signalisierte; oder, um mit *Freud* zu sprechen, „es ruht nicht, wie ein unerlöster Geist, bis es zur Lösung und Erlösung gekommen ist." Das ist zweifellos der Grund dafür, warum sie bei jedem Themenwechsel eine gewisse Befriedigung erleben, auch auf die Gefahr hin, daß sie bemerken, daß alles nur Illusion ist und daß das verborgene Phantasma immer dasselbe ist, daß einzig der äußere Rahmen sich geändert hat.

In all diesen Szenarien — den Unfällen und Bestrafungen, dem Wunsch, Rekorde zu brechen, dem Vater die Stirn zu bieten, um ihn zu übertreffen — kehrt das Problem der Kastration immer wieder. Diese Themen ermöglichen den Verzicht auf den primären Narzißmus und auf die duale Beziehung, da sie zur Dreiecksbildung der Beziehungen verlocken. Die Verbote werden anerkannt, da sie die Möglichkeit bieten, sie zu überschreiten und seinen Platz gegenüber dem Elternpaar zu finden. Der Patient kann es hinnehmen, etwas von sich selbst preiszugeben, ohne daß er dadurch aufhört, zu sein, er kann es hinnehmen, eine symbolische Schuld auf sich zu laden und nicht mehr unter einer imaginären Bedrohung zu leben.

Das folgende Thema mag dies illustrieren. Ein Junge lebt glücklich und zufrieden in seinem Dorf. Er hat freundliche Eltern und einen Freund, an dem er sehr hängt. Er verläßt das Dorf und geht in die Stadt, um seinen Studien nachzugehen und um Geld zu verdienen. Danach kehrt er ins Dorf zurück; aber er weiß nicht mehr, was er seinem Freund von einst sagen könnte, und er muß Abschied nehmen von seinen Kindheitsträumen.

Oder auch dieses Thema: Ein Heranwachsender bringt stets Themen, in denen er allmächtig, der größte Gelehrte, der größte Sportler, der größte Spion ist; aber immer wird er von seinen Feinden getötet, damit sie ihm seine Geheimnisse entreißen und seinen Platz einnehmen können. Die Behandlung erfährt eine Wende durch ein Thema, in dem er sich durch einen Lehrer — bei Erfüllung bestimmter Riten, die er in seinem Alter absolvieren muß — initiieren läßt, der ihm den Zugang in die Welt der Erwachsenen erlaubt. Von nun an steht seinem Erfolg nichts mehr im Wege.

Themen, bei denen die Familie oder der Name verändert werden, bewirken oft, daß ein Wunsch, der über das Ziel hinausgegangen ist, aufgegeben werden kann; ist dann die Schuld, die darin besteht, selbst derjenige zu sein, der etwas aufgegeben hat, analysiert, gebiert jener alte Wunsch einen neuen.

So verläßt beispielsweise ein junger Bauer seine Familie, trifft auf einen reichen Mann und läßt sich von ihm, nachdem er aus mehreren Prüfungen als Sieger hervorgegangen ist, bestätigen, daß er fähig ist, seine Bande, seine Armee zu führen oder seine Tochter zu heiraten. Hier begegnen wir letztlich auch den Mythen vom Helden, wie sie uns die verschiedenen Zivilisationen überliefert haben.

An die Stelle des Familienromans, in dem sich der Patient eingeengt wie in einer Falle erlebt (der ältere Sohn nimmt den Platz eines Onkels mütterlicherseits ein, ein Mädchen trägt den Namen eines Jungen usw.), tritt der legendäre Roman, in dem der Held durch seine Taten das Schicksal zu modifizieren und sich selbst gleichsam neu zu schaffen vermag.

Wenn wir vorzugsweise dem Phantasma Gehör schenken, so geschieht dies zum Nachteil des Rollenbegriffs, der seinerseits bei einer psychosoziologischen Betrachtungsweise Vorrang hat. Welche Bedeutung müssen wir der Tatsache beimessen, daß ein Patient eine bestimmte Rolle wählt und nicht eine andere? Uns scheint, daß der Sinn in der Übertragung und der Beziehung gesucht werden muß, die — bei der Suche nach einer positiven oder negativen Bindung — zwischen der dem Analytiker zugedachten Rolle und der vom Patienten gewählten Rolle entstehen kann.

So schlägt beispielsweise ein Junge oft das folgende Thema vor: Er ist der Chef, die beiden Analytiker sind seine Arbeiter, Schüler oder Lehrlinge. In Wirklichkeit kann er diese Position gar nicht ausfüllen, kann er doch die Analytiker nur dadurch von sich fern halten, daß er ihnen Aufgaben zuweist und sich selbst in einen imaginären Papierwust stürzt. Eines Tages macht er den Vorschlag, zusammen mit der Therapeutin die Rolle eines gewöhnlichen Soldaten zu übernehmen, der Therapeut soll Adjutant sein. Je mehr er von dem Bild eines vereinigten Paares abrücken kann, desto einfacher wird es für ihn, dem Vaterbild entgegenzutreten, wobei er im Bild der Mutter eine Stütze findet, was im übrigen nur dadurch möglich ist, daß er sie ihrer Eigenschaft als Frau entkleidet.

Der Rollenverteilung kommt oft irgendwie die Aufgabe zu, vom Therapeuten das zu erfragen, was er, der Analytiker, begehrt und wieweit er der unterschwelligen Befragung durch den Patienten hinsichtlich seiner eigenen Wünsche widerstehen kann.

Gleichzeitig aber erkennt man, daß der Patient alle Protagonisten zugleich ist. Sehr oft überläßt er dem Analytiker die Aufgabe, ihn stellvertretend in einer als gefährlich geltenden Szene darzustellen. Repräsentant dessen zu sein, der verschlingt, oder dessen, der verschlungen wird, ist für uns Ausdruck ein und desselben Devorationsphantasmas (das Kind, das ißt, saugt und Angst hat, aufgegessen zu werden). So entdeckt beispielsweise ein kleines, bettnässendes Mädchen, das seinen Wunsch nach einem Penis im Verlauf mehrerer Szenen zum Ausdruck gebracht hat, bei einer Sitzung, daß dies doch eine vergebliche Suche sei. Es schlägt folgendes Thema vor: Das heftig begehrte Objekt, das in den Ruinen einer zerstörten Stadt verloren herumliegt, ist in Wahrheit nichts anderes als die Trümmer einer Puppe aus dem Kaufhaus PRISUNIC. Doch darf man dies nicht sagen, man muß den Eindruck erwecken, daß man noch immer danach sucht. Denn schließlich: was wäre das Leben, wenn man keinen Wunsch hätte?

Indem das Mädchen auf den Phallus verzichtet, beschließt es, ihn dem anderen wegzunehmen: was zählt, ist das Fehlen eines Unterschieds. Das Mädchen schlägt nun folgendes Thema vor: Ein kleiner, kluger Schneider soll für den König wilde Tiere erlegen, was ihm dank seiner Klugheit auch gelingt. Die Rolle des Einhorns, das sein Horn in einen Baum spießt und es dabei zerbricht, wird dem Analytiker, die Rolle des Schneiders der Analytikerin zugewiesen, das Mädchen selbst aber ist der dumme Riese, der dem Schneiderlein zum Opfer fällt.

Nun ist das Mädchen in dieser Szene genau das, was es am allerwenigsten ist, nämlich riesig und dumm, zugleich aber das, was es in gewisser Hinsicht sein möchte: die Frau, die den Mann erobern will und an der Nase herumführt. Das Mädchen ist aber auch das Einhorn, das es jedoch nicht länger bleiben will, da es von der Kastration bedroht werden kann. Und schließlich ist das kleine Mädchen das Schneiderlein, das wie eine Frau mit Zwirn und Nadel umzugehen weiß und das mit so viel Hinterlist zu kastrieren versteht. Es wäre nicht der rechte Augenblick gewesen, das Mädchen darauf aufmerksam zu machen, daß es eigentlich wünschte, das Schneiderlein zu sein. Es ist im übrigen meist zwecklos, diese oder jene Rollenwahl hervorzuheben, gilt doch auch hier unsere Ausgangsregel, daß jeder die Möglichkeit haben muß, irgendeine Rolle — ganz gleich welche — ohne Rücksicht auf die äußere Wirklichkeit wählen zu können.

Indessen hoffen Heranwachsende und Erwachsene manchmal, sich selbst entgehen zu können, indem sie Stellungen beziehen, die sie von ihrem sonstigen Verhalten her nicht zu kennen glauben. So übernimmt z. B. eine Patientin, die als verträglich und nett gilt, die Rolle eines Mannweibs. Es geht darum, das andere, das in einem steckt, zu entdecken und einen Wunsch zu verwirklichen, der, obgleich er verkannt wird, deswegen nicht weniger gegenwärtig ist. Dieses Unterfangen ist im allgemeinen nicht frei von Schuldgefühlen und scheitert am Anfang. Bei bestimmten Spielen wird der Wunsch des Patienten auf diese Weise durch den Rollenwechsel ausgedrückt, er indiziert eine Modifizierung der Abwehrhaltungen und eine größere Freiheit gegenüber den Trieben.

Wir denken hier an einen Heranwachsenden, der immer die Rolle des wohlmeinenden Vertrauten übernimmt, als Dritter neben einem Paar, als gleichsam geschlechtsloser Freund der beiden, dessen ganze Freude es ist, ihrer Liebe zu dienen. Eines Tages aber bietet das Thema nur noch Raum für zwei Personen, einen Vater und einen Sohn, und nun werden die passive Bindung des Sohnes an den Vater und die Homosexualität erkennbar. Das Phantasma ist unverändert, der Wunsch, Objekt des Vaters zu sein, ist noch immer vorhanden, doch hat es der Patient nicht mehr nötig, diesen Wunsch durch eine falsche ödipale Problematik zu maskieren: vorzutäuschen, die Frau zu begehren und nur aus Freundschaft auf sie zu verzichten.

Solche Augenblicke der Therapie, in denen das Phantasma für die Therapeuten und für den Patienten einen klaren Sinn erhält, stellen hinsichtlich jener Freude am gemeinsamen Verstehen, die, wie wir bereits erwähnten, das Leben des Therapeutenpaares mit ausmacht, eine tiefgreifende Genugtuung dar.

Die gesamte Dynamik des Psychodramas basiert auf dieser Wahrheitssuche, auf dieser Suche nach dem Sinn. Für die Therapeuten sind die Themen und die Spiele gewissermaßen Geheimnisse, die es zusammen mit dem Patienten zu dechiffrieren gilt. Der Patient jedoch glaubt, daß die Analytiker bereits im Besitz dieser seiner Wahrheit sind, und so geht sein ganzes Bestreben anfänglich dahin, ihnen dieses Geheimnis zu entreißen. In der ganzen Zeitspanne, die dieses Spiel des nie befriedigten Wunsches umklammert und in der diese nie völlig verwirklichte Enthüllung während des Spiels andauert, das ebensoviel verbirgt wie offenbart, kann sich die Behandlung vollziehen.

Zusammenfassend läßt sich sagen, daß, wie wir gesehen haben, die psychodramatischen Themen und ihre Verarbeitung im Verlauf der Sitzungen nicht als spontane Spiele der Imagination, nicht als reproduzierte Handlungen des täglichen Lebens, sondern als die Darstellung besonderer Augenblicke zu verstehen sind, die es uns erlauben, das unterschwellige Phantasma des Patienten zu erfassen. Jenseits der bewußten Phantasie versuchen wir, das zu entdecken, was diesen manifesten Inhalt — also das Thema — strukturiert hat, und den szenisch dargestellten Wunsch hinter den Abwehrvorgängen, die von ihm ablenken können, zu begreifen.

Wir können uns nicht mit Klassifikationen hinsichtlich der „dramatischen Funktion" (*Souriau* 1950) zufrieden geben, um die formalen Kräfte, die in der dramatischen Situation wirksam sind, und um die relative Monotonie der gewählten Themen zu beschreiben. Wir sind vielmehr zu der Überzeugung gelangt, daß eben diese Monotonie bei den Themen auf die begrenzte Zahl der Urphantasien zurückgeht. Deren Darstellung mag variieren, doch das, was es zu bezeichnen gilt, betrifft stets den Mutterleib, die Urszene, die Kastration, den Ödipus. Es versteht sich, daß dieser Habitus, diese Formgebung des Phantasmas für uns von größtem Interesse ist, da uns der Patient an diesem Punkte zeigt, was es mit seiner persönlichen Problematik, seinen Wünschen, seinen Abwehrhandlungen und seiner Situation im Hinblick auf den Anderen auf sich hat (vgl. *Valabrega* 1967).

7.2. Psychodrama-Gruppen

Unsere gegenwärtigen Positionen bezüglich des Phantasmas in Gruppen werden am ehesten in dem Kapitel, in dem wir uns zur Frage der Ausbildungsgruppen äußern, und in einem Artikel aus der Feder *André Missenards* (1971) zusammengefaßt. Wir sind der Meinung, daß das Phantasma auf eine Formierung des Unbewußten verweist. Das Phantasma kann also nur individuell sein. In Gruppen trifft man jedoch auf imaginäre Darstellungen, die allen Teilnehmern gemeinsam sind und die durch das gemeinsame Erlebnis der Gruppe im Hier und Jetzt hervorgerufen werden.

Selbst wenn das Psychodrama von mehreren zugleich praktiziert wird, ist es dennoch auf das Phantasma dessen zentriert, der das Thema vorgeschlagen oder der sich entschlossen hat, es zu spielen. Oft wird das Spiel an dieser Stelle zum Organisator des Funktionierens der Gruppe: es bildet sich eine Resonanz zwischen dem vorgeschlagenen Szenario und dem phantasmatischen Leben einiger Gruppenmitglieder. Innerhalb des Phantasmas nimmt jeder Teilnehmer einen Platz ein, der ihm von einem Mitglied der Gruppe zugedacht worden ist.

Wir denken hier an eine Gruppe, in der eine Teilnehmerin das Folgende als Thema vorschlägt: In vorgeschichtlicher Zeit sind ein Zauberer und ein Zeichner Hüter des Stammesgesetzes und haben den Tausch der Frauen zu regeln. Eine andere Teilnehmerin, die hieraus das unterschwellige Phantasma herauszuhören glaubt, daß „die Frauen den Männern den Phallus nehmen", will an dem Spiel teilnehmen und erfindet für sich eine Rolle. Der Mann, der in der Gruppe zu zeigen versucht, was er ist, er, der im Besitz des Phallus ist, geht zum Gegenangriff über. Er schlägt für sich eine Änderung des Gesetzes vor: er darf außerhalb des Stammes heiraten. Der Spielverlauf läßt den Wunsch der Frauen erkennen, in den Besitz des Phallus zu kommen, zugleich aber auch ihre Furcht, ihn an sich zu nehmen. Dem Mann gelingt es schließlich, die Mehrheit der Mitspielenden für seine Sache zu gewinnen: trotz allem wird am Ende des Spiels die Braut, die man in einem benachbarten Stamm gesucht hat, dem Psychodrama-Assistenten angeboten!

In diesem Fall kommt es zur szenischen Darstellung eines Phantasmas zweier Frauen durch die Spielenden. Wie die im weiteren Verlauf folgende Diskussion zeigt, haben die Zuschauer insofern teilgenommen, als sie sich mit den Darstellern, die das Phantasma aktualisierten, identifiziert haben (dabei handelt es sich um eine Identifizierung hysterischer Natur mit dem Wunsch des anderen oder mit der Abwehr dieses Wunsches).

Das folgende Thema, das Gegenstand mehrerer Sitzungen war, scheint geeignet, die Rolle des Phantasmas in der Gruppendynamik klar und verständlich werden zu lassen: „Ein atomarer Angriff, man muß sich in einen Luftschutzkeller flüchten". Anfangs sind alle Teilnehmer einschließlich des Spielmoderators in diesem Schutzraum. Um symbolisch darzustellen, daß man die gewohnte Lebensweise hinter sich gelassen hat, finden sich diese Menschen auf einem Teppich in der Zimmermitte zusammen, lassen ihre Sessel leerstehen, um sich hier, ganz dicht beieinander, auf dem Boden niederzulassen. Die ersten Worte, die sie sprechen, beziehen sich auf den Komfort des Schutzraums, Vorräte sind vorhanden, es ist warm. Auch die Frage nach dem Verlassen der äußeren Welt stellt sich. Es ist eine Rückkehr *in utero*, wo es keinen Unterschied der Geschlechter mehr gibt, wo die natürlichen Bedürfnisse des Organismus verschwunden sind. Durch das Einschreiten der Analytikerin erfährt dies alles seine besondere Geltung: sie ist überrascht über die ersten Worte, die gewechselt wurden, und so spielt sie, um die Situation der Isolierung und der Promiskuität besonders deutlich werden zu lassen, eine Frau, die ein natürliches Bedürfnis befriedigen möchte. Die anderen sehen sie erstaunt an. Alles war so, als ob hier, in diesem Raum, eine solche Lust zu existieren aufgehört hätte. Für einen Augenblick erlebte die Gruppe voller Genugtuung dieses Gefühl: „Es ist schön, zusammen zu sein"; „wir sind alle gleich"; „anderswo muß es schrecklich sein, wir dürfen vor allem nicht hinaus gehen". Damit endet die Sitzung.

In der darauffolgenden Woche wollen alle Teilnehmer das Thema wieder aufgreifen. Diesmal versuchen sie jedoch, die Augen vor der äußeren Wirklichkeit nicht zu verschließen. Alle nehmen wieder auf dem Teppich Platz, und man beschließt, einen Freiwilligen zu entsenden, der erkunden soll, was draußen vor sich geht, und der den übrigen, die im Schutzraum zurückbleiben, Bericht erstatten soll. Der Freiwillige zögert lange, bis er sich entschließt. Die Analytiker steigern noch die Spannung: „Vielleicht sind wir die einzigen Überlebenden?" Endlich sagt eine Teilnehmerin: „Ich kann nicht mehr, ich muß wissen, was da los ist". Sie geht hinaus, d. h. sie setzt sich auf das Sofa und spricht kein Wort mehr mit den anderen. Diese drehen durch: „Ist es so ungeheuerlich, daß man nicht darüber sprechen kann? Wir hätten sie nicht allein rausgehen lassen dürfen, wir haben sie im Stich gelassen". Es kommt zu Konflikten: „Es war besser, nur eine zu opfern". — „Nein, wir hätten alle zusammen der Wirklichkeit die Stirn bieten sollen". Man beschließt, den Psychodrama-Assistenten hinauszuschicken, damit er nach ihr suche. Er verläßt den Schutzraum — den Teppich — und setzt sich auf das Sofa, wo er die Teilnehmerin wiederfindet. Diese hat es nicht gewagt, auszukundschaften. Sie ist hier wie erstarrt sitzen geblieben. Zu Zweit brechen sie nun zur Erkundung der Lage auf. Die Nachrichten, die sie übermitteln, lassen ein wenig Hoffnung aufkommen, es scheint noch Spuren von Leben da draußen zu geben. Aber für die Gruppenmitglieder ist der Gedanke nur schwer zu ertragen, daß der Assistent mit einer Teilnehmerin allein draußen ist. Obgleich alle Platzveränderungen nur imaginär sind, fragt man sich: „Man hört sie nicht mehr, was machen sie wohl dort oben? Sie lassen uns sitzen!" Ein Teilnehmer geht sogar bis zur Schleusenöffnung am Ausgang (am Fußende des Sofas) und versucht, etwas zu hören. Was jetzt zählt, ist nicht mehr das Leben draußen, sondern die Urszene, die die Gruppe phantasmatisiert. Die Teilnehmerin kann die Spannung nicht mehr ertragen und bittet, wieder zu den anderen herunterkommen zu dürfen. Ihr Schuldgefühl, den Psychodrama-Assistenten allein für sich zu haben, lastet zu schwer auf ihr, wenngleich sie ja beide für die Gruppe handeln, die sie als Kundschafter hinausgeschickt hat. Die Sitzung endet mit der Rückkehr der Späher, die höchst aggressiv empfangen werden.

In der folgenden Sitzung wird das Thema erneut aufgegriffen. Man entsendet zwei neue Beobachter. Sie wissen viel mitzuteilen, insbesondere diese äußerst seltsame Nachricht: In einer völlig verwüsteten Gegend sind als einziges das Innenministerium und die Polizeipräfektur stehen geblieben. Bestürzung, bestimmt aber auch Erleichterung herrschen im Schutzraum: das Recht ist noch immer nicht außer Kraft gesetzt. Es gibt keine grundlegende Änderung, vielmehr bleibt der Inzest, den man in der vorangegangenen Sitzung so sehr gefürchtet hatte, weiterhin verboten. Man beschließt, gemeinsam den Schutzraum zu verlassen und zu versuchen, wieder ein Leben zu leben, das nicht ohne Schwierigkeiten sein wird.

In jeder Gruppe existiert ein Wunsch, der dem Analytiker und den Teilnehmern gemeinsam ist: zu verstehen, was das Leben einer Gruppe ausmacht. Ein zweiter Wunsch ist allen gemeinsam und zugleich der Wunsch eines jeden einzelnen: eine Veränderung zu erfahren, „anders" zu werden.

Diese Hoffnung, daß sich etwas ändern möge, ist für das Individuum eine Quelle der Angst und mobilisiert seine Abwehr. „Die anderen" sind das Mittel, diesen Wunsch nach Selbsterkenntnis und Veränderung zu verwirklichen, zugleich aber geht von diesen anderen die Zerstörung jenes Teils von uns aus, den wir hinter uns lassen müssen, damit etwas geschieht. Alle Teilnehmer erleben gemeinsam diese zweifache Bewegung. Die Situation, die der Analytiker mit den sie definierenden Regeln geschaffen hat, ermöglicht es, daß dieses gemeinsame Imaginäre ausgedrückt werden kann.

Jede Gruppe befindet sich zu Beginn in der Situation der Stachelschweine in *Schopenhauers* Parabel, die *Freud* (1921) zitiert: dazu verurteilt, zusammen zu leben, um ihren gemeinsamen Wunsch verwirklichen zu können, bleibt den Teilnehmern keine andere Möglichkeit, als sich das Bild einer guten oder schlechten Gruppe zu konstruieren, deren imaginäre Funktion es ist, Einigkeit zu schaffen. Eine Vereinzelung wird somit vermieden, und jeder sucht im anderen einen narzißtischen Bezugspunkt zu finden.

In jedem Augenblick der Geschichte der Gruppe wird das Thema desjenigen Patienten ausgewählt und gespielt, das eine Resonanz im Imaginären der anderen findet. Denn ein Thema wird nur dann aufgenommen, wenn es der Mehrheit eine Identifizierung mit der einen oder anderen phantasmatischen Position, die szenisch dargestellt wird, möglich macht.

8. Das psychodramatische Spiel

8.1. Das Problem der Darstellung

Die dramatische Improvisation, die einen therapeutischen Zweck verfolgt, ist erst in jüngerer Zeit in unseren Kulturkreis eingeführt worden. In den letzten Jahren konnte sie sich unter dem Einfluß *J. L. Morenos*, der die aristotelische Katharsis-Lehre mit der Psychotherapie in Zusammenhang brachte, in vielfältiger Weise entwickeln.

Wir beabsichtigen nicht, einen historischen Abriß über die Beziehungen zwischen Theater und Psychotherapie vorzulegen, aber es dürfte dennoch von Nutzen sein, wenn wir auf bestimmte Tatbestände hinweisen.

Zahlreiche Kulturen machen zum Zwecke der Therapie in besonderer Weise Gebrauch von der dramatischen Improvisation. In den westlichen Ländern hingegen ist die dramatische Improvisation, wie sie die Antike kannte, nach und nach dem institutionalisierten Theater überlassen worden, wenn man von ganz wenigen Ausnahmen wie der Commedia dell' Arte einmal absieht. So kann man verstehen, daß es nur wenige Versuche gegeben hat, die dramatische Improvisation mit therapeutischer Zielsetzung anzuwenden, nachdem diese Form des Theaters verschwunden war. Der berühmteste Versuch in Frankreich war der des *Marquis de Sade* in der Anstalt von Charenton. Gegenwärtig läßt sich jedoch ein Aufblühen diverser Techniken verfolgen, die versuchen, dem Ausdruck und der Bewußtwerdung — Schwerpunkten des Psychodramas bei *Moreno* — besondere Aufmerksamkeit zu schenken, wobei es sich um Rollenspiele oder um verschiedene Formen der Theatrotherapie handeln kann.

Dem Psychodrama liegt die Idee der Darstellung zugrunde, d. h. einer Inszenierung, deren Bestimmung es ist, etwas Verborgenes sichtbar werden zu lassen. Wenn diese Entdeckung im Theater jedoch für den Zuschauer gemacht wird, so muß sie im Psychodrama vom Darsteller erfolgen. In beiden Fällen kann man in dem, was es zu entdecken gilt, die Repräsentanz eines Phantasmas erblicken. Das Spiel vermag nur eines: es ist dank der szenischen Darstellung einer imaginären Situation in der Lage, ein Phantasma zu energetisieren. Dies ist allen zur Zeit angewandten psychotherapeutischen Techniken, mit graduellen Unterschieden, gemeinsam. Dennoch muß man die angewandten Verfahren differenzieren: Drei Unterschiede scheinen uns fundamental zu sein: die Rede, die Geste und das Vorhandensein von Requisiten. So wird beispielsweise der Geste im Mimodrama besondere Beachtung geschenkt, während in den verschiedenen Formen der Theatrotherapie Worte, Gesten und Requisiten bei der szenischen Darstellung meist unentbehrlich sind, so als ob man sich stets an einen dritten, an den Zuschauer wendete, der nicht an der Handlung teilnimmt.

Entsprechend diesen verschiedenen Grundgegebenheiten ist es möglich, die charakteristischen Merkmale des psychoanalytischen Psychodramas herauszuschälen.

In dem, was vorausgegangen ist, haben wir gesehen, unter welchen Bedingungen eine Sitzung stattfinden kann. Schematisch läßt sich dies durch drei Phasen darstellen: Darlegung des Themas, Rollenverteilung und spantanes dramatisches Spiel. Requisiten gibt es nicht, und die einzigen Ausdrucksmittel sind Sprache und Gestik.

Diese wenigen Betrachtungen erlauben es uns bereits, das psychoanalytische Psychodrama von anderen Techniken zu unterscheiden. So kennt das Psychodrama *Morenos* eine Bühne, die, als privilegierter Ort, im allgemeinen kreisförmig ist; um sie herum befinden sich, erhöht, die Sitzreihen. Durch die konzentrische Anordnung der Zuschauerplätze soll die Spannung, die von der Handlung ausgeht, gesteigert werden. Anders als bei der Rolle im psychoanalytischen Psychodrama, die nur durch die Handlung existiert und durch sie begrenzt wird, wird die Rolle bei *Moreno* im wesentlichen psychosozial verstanden, sie existiert als Hintergrund jeder Handlung.

In *Morenos* Theater ist die Rolle darüberhinaus an eine im voraus bestimmte Handlung gebunden, während sie im psychoanalytischen Psychodrama bei der Darlegung des Themas nur skizziert wird und während des Spiels immer offen bleibt, d. h. in einem immerwährenden Werden begriffen ist.

Das psychoanalytische Psychodrama steht also im Gegensatz zum „gelenkten szenischen Ausdruck", wo es darum geht, die „Induktionskraft literarischer Texte durch szenische Übungen" zu gebrauchen, wobei die Therapeuten solche Texte auswählen, die auf die jeweiligen persönlichen Probleme der Patienten, wie sie sie verstehen, zugeschnitten sind. In diesem Fall ist es das ausgesprochene Ziel, eine gestörte Kommunikation wieder herzustellen, indem man dem Patienten zeigt, daß einige Autoren mit ähnlichen Schwierigkeiten zu kämpfen hatten wie er, und indem man ihm ein Identifikationsmodell anbietet. Eine solche

Methode beruht im wesentlichen auf Suggestion, während es im psychoanalytischen Psychodrama nicht darum geht, daß der Patient das Phantasma, das seine Geschichte beim Therapeuten suggeriert hat, spielt. Vielmehr soll ihm dabei geholfen werden, durch das dramatische Spiel zusammen mit den Psychodramaleitern seiner eigenen Phantasmen bewußt zu werden.

Bevor wir uns der Frage des Spiels zuwenden, das der Eckstein unserer Technik ist, können wir das psychoanalytische Psychodrama wieder in den Rahmen der anderen Kommunikationstherapien stellen. Die nachfolgende Tabelle berücksichtigt die verschiedenen angewandten Ausdrucksmittel, die die Darstellung begünstigen, und verschafft ohne weitere Erklärungen einen Überblick über sie.

Ort des Psychodramas innerhalb der Kommunikations-Therapien

	Wort	Gestik	Raum mittel	Hilfs-
Psychoanalyse, Psychotherapien	+	0	0	0
Psychoanalytisches Psychodrama	+	+	0	0
Hypnose	+	+	0	∓
Entspannung	∓	+	+	0
Psychodrama nach *Moreno*	+	+	+	0
Techniken des Körperausdrucks	0	+	+	∓
Szenische Ausdrucksformen	+	+	+	+

8.2. Das Spiel im Psychodrama

8.2.1. Das Spiel als solches

Definitionen des Spiels bzw. seiner Funktion vorzunehmen, scheint nicht einfach zu sein. „Das Spiel entzieht sich jeder Definition", schreibt *E.H. Erikson* (1959) zu recht. Halten wir uns daher an jene Definition, die *R. Caillois* (1958) gegeben hat: Das Spiel ist „eine freiwillige Aktivität, die sich in bestimmten, durch Raum und Zeit gesetzten Grenzen vollzieht. Es folgt dabei einer zwar kategorischen Regel, der es jedoch freiwillig zustimmt, einer Regel, deren Zweck in ihr selbst liegt und mit der ein Gefühl der Spannung und Freude sowie des Bewußtseins einhergeht, anders zu sein als im alltäglichen Leben."

Wir treffen hier wieder auf gewisse Züge des Spiels, wie es im Psychodrama praktiziert wird. Was hier jedoch fehlt, ist die bereits erwähnte Unterscheidung zwischen „die Rolle spielen" — was bedeutet, daß sich die Nachahmung selbst genügt —, und „spielen um zu" — wobei die Aktion offen gelassen wird und ein fernes Ziel angesteuert werden kann.

Darüber hinaus muß man versuchen, das Spiel des Kindes — den Ludismus — vom Spiel des Erwachsenen zu unterscheiden. Bis in die jüngste Zeit war das Spiel des Erwachsenen mit dem Makel der Schande behaftet und blieb etwas nicht Erklärbares. *Spencer* beispielsweise konnte in ihm einen krankhaften Ausfluß eines Übermaßes an Energie erblicken. Das Spiel ist, nachdem es als wertlos gebrandmarkt und von der Realität und von der produktiven Arbeit an das untere Ende der Wertskala verwiesen worden war, erst durch die Ideen *Freuds* und *Morenos* rehabilitiert worden.

Nachdem es *Moreno* zum Kreativitäts- und Spontaneitätsfaktor herausgestellt hatte, erkannte man — unter dem Einfluß der Psychoanalyse — im Spiel darüber hinaus das Mittel, mit dem das Kind die Wirklichkeit begreifen lernt. Für *E. H. Erikson* (1959) ist das Spiel des Kindes „die infantile Form der menschlichen Fähigkeit, Erfahrungen zu sammeln, indem es Modellsituationen schafft, und die Realität zu meistern, indem es experimentierend erfährt und vorausschaut."

So gesehen steht das Spiel gegenwärtig nicht in krassem Gegensatz zur Arbeit. Es ist von der Wirklichkeit nicht mehr ausgeschlossen. Als besondere Form der Lehre, die das Kind zu seiner Reifung braucht, scheint es darüber hinaus brauchbar, um das Seelenleben zu erforschen.

8.2.2. Das psychodramatische Spiel

Beim Psychodrama wird das Spiel von vornherein als Entwicklungsprozeß in Beziehung auf die Therapeuten verstanden. Beim Spielen werden unbewußte Wünsche ausgedrückt, und der Sinn des Spiels liegt einzig in seiner symbolischen Besetzung. Deshalb scheint die Rolle, die der Patient übernimmt, nachdem er das Thema dargelegt hat, auch nicht von grundsätzlicher Bedeutung zu sein: In der Geschichte vom Rotkäppchen hat die Frage, ob man auffrißt oder aufgefressen wird, nur ein Ziel — das Devorationsphantasma erkennbar werden zu lassen. Dieses Spiel, bei dem der der Realität und dem Imaginären entliehene Stoff nur dazu dient, das Symbolische auszudrücken, scheint einen größeren Spielraum zu haben als das, was ausschließlich durch das Wort erreicht werden könnte. Die Energie des Phantasmas, die, ehe sie mobilisiert und auf andere Objekte übertragen wird, unermüdlich nach Wiederholung drängt, wird somit während der Spiele in einer wechselhaften Beziehung verbraucht: der andere, der Therapeut (oder die Therapeuten) ist nicht eindeutig zu lokalisieren. Tatsächlich sind die eigenen Wünsche der Analytiker, die durch das ständig sich wiederholende Phantasma des Patienten stimuliert werden, nie auf dessen Wunsch reduzierbar.

Das Spiel ist der nahezu ausschließliche Bereich, in dem unsere Technik Deutungen zuläßt. Berücksichtigt man die Qual, die die Deutung verursacht, kann man sich fragen, ob die spezifischen Ausdrucksmodalitäten des Spiels nicht eine Disponiertheit schaffen, die geeignet ist, der Deutung eine mobilisierende Kraft ohnegleichen zu vermitteln. Die Deutung wird ja nicht nur ausgesprochen, sondern auch gespielt. Das Spiel des Analytikers wie auch das Spiel des Patienten ist von dem kindlichen „Tun als ob" abgerückt und stellt hiermit ein Äquivalent der primär-sekundären Funktionsweise dar, wie sie sich beispielsweise in Tagträumen oder Witzen verwirklicht. Es ist ein Prozeß, bei dem sich das Ich mit den unbewußten Phantasmen verbindet, wobei die Mobilisierung der Gegenbesetzungen wesentlich vereinfacht wird.

Das gemeinsame Spiel von Analytiker und Patient ermöglicht es, den Sozialisierungsprozeß darzustellen. Anders als in der Tagtraumsituation ist hier ein nicht reduzierbarer Dritter stets anwesend. Im Gegensatz zur psychoanalytischen Therapie jedoch ermöglicht es eine unmittelbare Wiedergutmachung, daß die durch die Deutung entstandenen narzißtischen Qualen und die Angst abgeschwächt werden. Die Möglichkeit, aggressiv oder erotisch zu reagieren, bietet in der Tat jeden Augenblick die Möglichkeit einer Energie-Abfuhr, welche größer ist als die Möglichkeit, die der ausschließlich verbale Ausdruck eröffnet. Vielleicht gestattet es gerade diese Dimension des Psychodramas, daß man sich völlig klar darüber wird, daß das Spiel für den Patienten Lustgewinn gewesen ist und oft auch bleibt, während der Traum die Flucht vor der Unlust bleibt. Mit anderen Worten: die Deutung beim Spiel ist, mehr noch vielleicht als die rein verbale Deutung der psychoanalytischen Therapie, wie geschaffen dazu, die unbewußten Phantasmen in einer Lust zu mobilisieren, die in einer kindlichen Erinnerung das vereinigt, was während einer erotischen Träumerei und bei der Produktion eines Wortwitzes entstehen kann. Diese Lust zu spielen aber erlaubt es dem verborgenen Trieb, seine Repräsentanz zu stärken. Wenn die Deutung auch nicht die Triebverwirklichung gestattet, begünstigt sie doch das Erkennen des Phantasmas, indem sie neue, dem Bewußtsein zugängliche Kompromisse anbietet.

Möglicherweise zeigt sich hier eine der Gefahren des psychodramatischen Spiels: Die Lust, die irgendwie die Kindheit in Erinnerung ruft, kann in bestimmten Fällen tatsächlich nur die bloße Lust am Spielen, der Spieltrieb der frühen Kindheit sein, in der das Walten der Realität und eines allmächtigen Imaginären jede mögliche Symbolisierung überdecken. Bei dieser Lust, die an einem ursprünglichen Spiel empfunden wird und von der der Dritte ausgeschlossen ist, ist eine Deutung also nicht möglich. Diese Einstellung zum Spiel verurteilt jedes Psychodrama zum Scheitern, wenn es die einzige Einstellung ist, die dem Patienten zu Gebote steht. Man muß andererseits anmerken, daß die ludische Einstellung der Patienten mit perverser Struktur eine andere Gegenindikation darstellt: nämlich dann, wenn bei einer exhibitionistischen Lust ein Dritter — der Zuschauer — in das Spiel eingeführt wird, dem allein das Spiel gilt.

8.2.3. Das Spiel der Patienten

Das Psychodrama ist, so meinen wir, eine besonders frustrierende Technik. Schon die Therapiebedingungen sind — durch die Versagung, die sie verursachen — dem Ausdruck von Trieben förderlich, die jedoch unbefriedigt bleiben.

Zu den Grundvoraussetzungen gehören auch die Kürze der Sitzungen, die Kosten, die sie verursachen, die Verpflichtung des Erwachsenen, zu spielen, der damit um sein Erwachsenenbild gebracht wird, sowie das Vorhandensein von Deutungen, die durch das Spiel gegeben werden und nicht, wie bei der psychoanalytischen Therapie, entlang dem Faden eines Diskurses verteilt sind.

Beim Kind kann das Spiel von vornherein als wertsteigernd betrachtet werden. Dadurch, daß der Erwachsene aber mitspielt und sich anders verhält, als es sich das Kind vorstellt, ist es für ihn gleicherweise Quelle der Angst und der Hemmung. Eine beachtliche Verwirrung während der ersten Sitzung zeugt bei einigen Patienten davon. Das stets wieder vorpreschende und niemals zufriedengestellte Triebverlangen scheint während des Psychodramas besonders stark zu sein. Während der Spiele führt die aktive Teilnahme der Psychotherapeuten dazu, daß der Patient „weder aus noch ein weiß". Wenn das Spiel zugleich dramatisiert und entdramatisiert, dann unterstreicht es die Distanz zwischen dem Phantasma und dessen manifest werdenden Ergebnis nur noch mehr: alles verläuft so, als wenn nur ein winziger Teil davon gespielt worden wäre.

Am Ende des Spiels ist das agierende Phantasma noch immer gegenwärtig, und die Zäsur zwischen der Zeit während des Spiels und der Zeit nach dem Spiel bringt eine starke Versagung mit sich, die die Regression begünstigt. Im Spiel nimmt der Patient das Bild des Körpers des anderen wahr. Indem er dieses Bild sieht, verwendet es der Patient als Spiegel, der dazu dient, ihm ein Bild seiner selbst zu vermitteln, das ihm Gewißheit über seine eigene Existenz gibt. Anfangs wird der andere also rein imaginär wahrgenommen. Erst nach und nach kommt der Patient zu der Erkenntnis, daß diese Beziehung Trug ist und daß in Wirklichkeit „der andere sein eigenes Spiel spielt", d. h. seinen eigenen Wunsch im Spiel darstellt.

Hier wird das Spiel dann tatsächlich brutal unterbrochen, und die Psychotherapeuten kehren wieder in ihr analytisches Schweigen zurück, um deutlich auf die Grenze zwischen Wirklichkeit und Phantasma hinzuweisen, damit niemand in der Welt der Allmacht des Wunsches zurückbleiben kann.

Die durch die Modalitäten des Psychodramas bewirkte Regression ist nicht nur verbaler Natur, sozusagen ein Wiederinsspielbringen dessen, was „niedergeschrieben" war. Sie manifestiert sich nicht nur in der Darlegung der Themen und in den Assoziationen, die sie tragen und erweitern, sondern auch in der Art des Patienten zu spielen. Da sie eine formale und zugleich zeitliche Topik ist, ermöglicht sie die Aktualisierung in der Übertragung bestimmter stellvertretender Inhalte, an die der Trieb gebunden bleibt. Da das Spiel der Brennpunkt des dynamischen Effekts des Psychodramas ist, ist die Feststellung nicht überraschend, daß eine der Formen des Widerstands des Patienten, der irgendwie bestrebt ist, nicht zu regredieren, darin besteht, daß er auf bestimmten Entwicklungsstufen der Therapie zu vermeiden sucht, daß bestimmte Phantasmen zum Ausdruck kommen, und zwar dadurch, daß er nur Themen liefert, die weitgehend von seiner aktuellen Problematik zehren. Einige fühlen sich unfähig, ein Thema darzulegen oder zu spielen, und das während mehrerer Wochen, bis dann eine Kaskade von Themen hervorbricht, die untereinander verschieden zu sein scheinen, jedoch von der Energie eines einzigen Phantasmas getragen werden, das darauf wartet, mobilisiert zu werden.

Man kann sich im übrigen fragen, ob für den Erwachsenen — entgegen dem, was man beim Kind beobachtet — die Tatsache, sich zwei Therapeuten unterschiedlichen Geschlechts gegenüberzusehen, die Regression nicht erschwert wird, da sie vielleicht den Wunsch begünstigt, die von den Therapeuten verkörperte Regel zu überschreiten. Denn das Therapeutenpaar erläßt das Gesetz und stellt ein ödipales Modell dar. Dieses Modell kann für die Regression ein Hindernis sein, das notwendig ist, damit der Patient — trotz des machtvollen Wunsches der Therapeuten — zum Primärvorgang gelangt. Zugleich läßt dieses Modell auf eine Modalität des primären psychischen Funktionierens regredieren, die eine Seite des Wunsches darstellt: den Wunsch nach der

Veränderung der Analytiker. In der Umklammerung von topischem und kulturellem Ödipusmodell sowie von dem Wunsch nach Regression bleibt dem Patienten in bestimmten Fällen und entsprechend der Qualität seiner Übertragung sowie der Gegenübertragung des Therapeutenpaares als einziges Mittel nur die Übertretung des von dem Paar erlassenen Gesetzes. Man kann sich fragen, ob die Übertretung — die Ablehnung der Regel also — dann nicht eine Art Kampf gegen die Regression darstellt, die bei der Entwicklung der Psychodramagruppen besonders oft in Erscheinung tritt. Es ist zwar schwierig zu sagen, wann es sich um ein Vorrücken der Versagung und wann um ein Vorrücken der Regression handelt, aber eines ist diesem Phänomen und der Übertretung gemeinsam: die Notwendigkeit ihres Auftretens. Sie ermöglicht es dem Patienten, sich zu entwickeln, sobald er Zugang zum Symbol findet, zu etwas anderem, als es die Realität oder das Imaginäre sind, zu etwas, das den Zutritt in die Welt der Bedeutungen erschließt.

8.2.4. Das Spiel der Psychotherapeuten

Das Spiel der Therapeuten, das getragen wird von der Gegenübertragung, ist der Vektor der Deutung. Die Gefühle der Gegenübertragung, die der Patient induziert, sind eine Erklärung für das Vorhandensein von Lust und Unlust, die die Psychodramaleiter im Spiel empfinden. Beim Kontakt mit dem Patienten vermag die Energetisierung eines Phantasmas eine Angst entstehen zu lassen. Die auf diese Weise zum Agieren gebrachten Abwehrmechanismen können es mit sich bringen, daß der Therapeut den Eindruck gewinnt, daß er das vorgetragene Thema nicht versteht, daß er Schwierigkeiten hat, die ihm übertragene Rolle zu spielen, ja daß er sich sogar in der Person irrt.

Auch ist die Lust, die die Analytiker im Verlauf der Sitzungen empfinden, nicht eine Funktion ausschließlich intellektueller Vorgänge. Durch das Gefühl, daß sie mit dem Partner geteilt wird, wird diese Lust oft verdoppelt. Sie leitet sich vom Unbewußten her, von einer rational nicht zu erklärenden Kommunikation.

Auch die Art der Beziehung, die zwischen den beiden Psychodramatherapeuten geknüpft worden ist, schlägt sich im Spiel nieder. Obwohl das Paar nur als Funktion des Patienten existiert, hängen die von ihnen eingegangenen Bindungen von der Struktur ihrer Persönlichkeit ab, und oft ist eine lange Arbeit nötig, ehe sie sich der Interaktion ihrer Gegenübertragung bei bestimmten Patienten gewahr werden. So hatte einer von uns eines Tages die größten Schwierigkeiten, ein Thema zu spielen, in dem seine Partnerin den Patienten zu verführen hatte. Er selbst spielte die Rolle des Zuschauers. Er konnte im Spiel seine Partnerin nur widerstrebend ausstehen, so als dürften ihre Verführungskünste nicht einem extrem zurückweisenden Patienten gelten. Es war ihm unerträglich, daß sich seine Kollegin nicht allein ihm zuwandte.

Das Spiel der Therapeuten ist, wie gesagt, interpretierender Natur, d. h. es wird als Funktion der Erläuterung eines Wunsches oder der Abwehr eines Patienten praktiziert. So ist es möglich, den Wunsch oder die Abwehr zu spielen. Ob die Therapeuten nun das vorgeschlagene Thema mit Überlegung oder ohne bestimmte Absicht spielen: die Tatsache, daß sie zu einer symbolischen Dimension zu gelangen vermögen, ist ein Hinweis darauf, daß ihr Spielen in allen Fällen deutenden Wert besitzt. Gewiß, es handelt sich hierbei nicht um eine lang gereifte, hin und her überlegte Deutung, sondern um die lebendige und unmittelbare Handlung des Unbewußten der Psychotherapeuten. Es kommt übrigens vor, daß der Sinn des Spiels erst im nachhinein klar wird, sei es durch eine plötzliche Erkenntnis, sei es durch die gegenseitige Konfrontation der Gefühle der Gegenübertragung.

Die Dimension der Deutung, die das Spiel durch den Psychodramaleiter erfährt, erlaubt es, die seltenen Fälle des *acting out* bei unserer Technik zu erklären. Denn hier wie auch in anderen Techniken ist es vor allem die Unkenntnis der unbewußten Wünsche und ihre Nicht-Deutung, die über das *acting out* der Patienten oder ihrer Therapeuten Aufschluß geben.

Aber der Therapeut selbst ist nicht geschützt vor einem *acting out.* Tatsächlich sind die Analytiker für den Patienten nur eine Projektionshilfe, solange sie ein phantasmatisches Paar bleiben. Weicht diese Dimension einer gewissen Realität, gibt es für den Patienten keinen Platz mehr. Hier ein Beispiel:

Ein junges Mädchen formuliert sein Thema, dessen Kern ist, daß es einen Mann liebt, den es in Begleitung einer Frau sieht, in die er verliebt ist. Am Ende seines Exposés fügt das Mädchen noch hinzu: „Ich möchte sie ohrfeigen". In diesem Augenblick empfindet die Analytikerin ein Gefühl der Angst, da sie sich an eine andere Patientin erinnert, die einen ihrer Partner geschlagen hatte. Während des Spiels hat sie, als sie beginnt, ihre Verführungskünste spielen zu lassen, Bedenken, ob dies zur Erreichung ihres Ziels ausreichen wird, und so geht sie, indem sie das Wort durch die Geste unterstreicht, „zur Handlung" über und streift mit ihrer Hand leicht den Schenkel ihres Partners. Die Patientin ist plötzlich wie erstarrt und kann ihre Rolle nicht weiterspielen.

Wenn wir in diesem Beispiel von einem *acting out* sprechen konnten, das von einem der Therapeuten ausging, so gibt es andererseits auch Fälle, in denen die Tragweite einer Geste nicht so klar zu erkennen ist. So in dem folgenden Beispiel:

Nachdem eine Teilnehmerin einer Psychodramagruppe vorweg ihre ambivalenten Gefühle gegenüber den Mutterbildern zum Ausdruck gebracht hat, schlägt sie ein Thema vor. In ihrer Geschichte sucht sie im Bild des Vaters eine Stütze, die ihr aber nicht gewährt wird. In der darauffolgenden Woche berichtet sie von einem Traum, der den Übertragungsaspekt dieser Sequenz deutlich macht: „Ich habe geträumt, daß der Psychodramaleiter nicht da war". Für die Teilnehmerin war dies ein Mittel, ein Vaterbild einzuführen, das durch die bloße Abwesenheit desselben zustandekam (in dieser Gruppe war bereits festgestellt worden, daß man die Existenz der anderen nie so gut fühlte wie durch deren Abwesenheit); so konnte sie sich gegen ein verschlingendes Mutterbild besser verteidigen.

Nach einem Thema, in dem ein Knecht Ruprecht vorkam, griff die Gruppe folgendes Thema auf: „Die Bestie von Gévaudan*, die durch das ganze Dorf zur Strecke gebracht wird." Jeder Teilnehmer ist ein Dorfbewohner, die Psychodramaleiterin ist die Bestie. Die dem Psychodramatherapeuten zugedachte Rolle ist nicht eindeutig, man schwankt zwischen der Rolle eines Priesters (man will ihn geschlechtslos machen), eines adligen Herrn („das geht zu weit", wird ihm bedeutet); schließlich wird er damit beauftragt, die Expedition mit Proviant zu versorgen. Die Darlegung des Themas und die Rollenverteilung können so verstanden werden, wie wenn sie eine Kluft aufweisen wollten, die sich im Mutterbild auftut zwischen der verschlingenden und der ernährenden Mutter, wobei eine Abwehrhaltung gegen das Entstehen ödipaler Gefühle zu beobachten ist, eine Abwehrhaltung, die sich in der Ablehnung zeigt, dem Psychodramatherapeuten als dem Moderator des Spiels die Rolle des adligen Herrn zuzubilligen, und in dem Zögern, ihn zu einem Priester zu machen.

Das Spiel läßt sich parodistisch an, ein Flurschütz spricht im Dialekt, es ist ohne jede Spannung, da die Bestie noch fünfzehn Meilen weit entfernt ist.

Da die Psychodramatherapeutin, die das Spiel leitet, ein Abwehrsystem in der Verhöhnung durch die Teilnehmer sieht, bricht sie in das Dorf ein und stößt mehrmals einen knurrenden Laut aus, doch man hört es kaum. So streicht sie leicht eine Teilnehmerin, die die Rolle eines Kindes spielt, und gibt zu verstehen, daß sie es verschlingen will.

---

*) Ein ehemaliges Herzogtum im heutigen Département Lozère, in dessen Wäldern um 1765 die sprichwörtlich gewordene bête du Gévaudan auftauchte, vermutlich ein besonders großer Wolf. (Anm. d. Übers.)

Das Kind heult los, und bald heulen auch andere Teilnehmer. Jetzt kann von Parodie keine Rede mehr sein, die Angst hat alle erfaßt. Die Bestie flüchtet sich in eine Ecke, die Teilnehmer werfen ihr Kissen an den Kopf, wodurch sie die Regel des Als-ob übertreten. Das Kind rennt davon, um bei seinem Vater Zuflucht zu finden. Die Dorfbewohner beratschlagen, wie sie durch List der Bestie habhaft werden können. In diesem Augenblick sagt sie: „Ich werde sie fressen", was als Ausdruck des Wunsches verstanden wird, jene Teilnehmerin aufzufressen, die mit der Ausarbeitung des Themas begonnen hatte. Die anderen treiben sie vorwärts. Die Bestie kommt hervor und wird auf der Stelle getötet. Dennoch weicht die Angst nicht von den Dorfbewohnern. Man will zwar ein Fest veranstalten, aber man fragt sich, ob die Bestie auch wirklich tot ist — die Hitze des Feuers könnte sie wieder beleben, ein anderes Tier könnte kommen... Ein Dorfbewohner schlägt vor, daß jene, die als Köder gedient hatte, die Führung im Dorfe übernimmt. Die Frau lehnt aber ab, da sie diese Rolle für zu gefahrvoll hält.

Nach dem Spiel betonen alle, wie intensiv sie ihre gefühlsmäßige Teilnahme empfunden haben, erinnern sich an Alpträume in ihrer Kindheit und geben der Hoffnung Ausdruck, daß die Beziehungen zu ihrer Mutter — im Psychodrama wie im wirklichen Leben — sich künftig leichter gestalten werden.

Der Inhalt dieser Sitzung wirft einige Probleme auf. Man kann sich tatsächlich fragen, welche Bedeutung jener leichten Berührung durch die Leiterin des Psychodramas zukommt. Haben wir es hier wirklich mit einem *acting out* zu tun? Oder sollte diese Berührung, was wahrscheinlicher wäre, nur an die Situation erinnern? Und spielt diese Berührung eine Rolle bei der Übertretung der Regel, die sich die Teilnehmer zuschulden kommen lassen, als sie mit Kissen werfen?

Obgleich es schwierig wäre, diese sich stellenden Fragen eindeutig beantworten zu wollen, sind wir der Auffassung, daß dieses Beispiel einerseits die Intensität der Übertragung zeigt und andererseits, wie schwierig es von dem Augenblick an ist, in dem der Körper mit ins Spiel einbezogen wird, sich auf das Modell der psychoanalytischen Therapie zu berufen.

8.2.5. Die Geste und das Wort

Wie in jedem analytischen Prozeß muß sich auch beim Psychodrama die Deutung auf einer für den Patienten annehmbaren Ebene bewegen. Das Ausbleiben einer Deutung, das zuweilen nichts anderes als ein im wesentlichen defensives Spiel des Psychotherapeuten ist, vermag an den Positionen des Patienten nichts zu ändern. Umgekehrt kann ein Spiel, das dem Unbewußten einen zu großen Stellenwert einräumt (außer bei Psychotikern), eine assoziative Blockierung zur Folge haben. Für den Patienten bedeutet dies, daß es ihm unmöglich ist, zu spielen. Der Unterschied zwischen der während der psychoanalytischen Therapie gegebenen Deutung und der Deutung, die im psychoanalytischen Psychodrama geboten wird, scheint verständlich zu werden, wenn man untersucht, was Wort und Tat verbindet.

Tatsächlich ist im einen wie im anderen Fall das Wort der Vektor der Deutung, und zwar sowohl bezüglich dessen Tenors als auch bezüglich dessen Skandierens oder seiner Intensität. Doch nimmt der ganze Körper während des psychodramatischen Spiels an der Handlung teil. Sich nähern oder entfernen, eine bestimmte Bewegung machen oder unterlassen, den Patienten berühren oder ihn auch nicht streifen: alles dies ist, genau wie die Anordnung des die Spielfläche darstellenden Raumes, wie geschaffen für symbolische Besetzungen und vielleicht belebt durch ein archaisch-körperhaftes Unbewußtes.

Wenn in einigen Fällen die Gestik die verbale Deutung harmonisch unterstreicht, kann sie auf Grund ihres symbolischen Potentials diese Deutung sowohl ihres Sinnes entleeren als sie auch für sich allein darstellen. So ist die Frage berechtigt, ob der gestischen Deutung der gleiche Wert wie der verbalen Deutung beizumessen ist oder ob sie nicht in Extremfällen eine spezifische Interpretationsweise darstellen könnte. Tatsächlich ist die Geste im psychodramatischen Spiel mehr als ein Zeichen, mehr als die bloße Bekräftigung des Wortes. Sie allein schon vermag die Energetisierung der Phantasmen beim Patienten auszulösen.

Zweifellos ist dieser Weg der Deutung höchst aufschlußreich und birgt viele Möglichkeiten, die wahrzunehmen uns nicht leicht fällt und die voll auszuschöpfen uns noch schwerer fällt, dies um so mehr, als in unserer Zivilisation der Körper noch immer unter dem Zeichen der Schande und der Repression steht. Insofern fällt es uns schwer, das Körperliche und das Symbolische miteinander in Einklang zu bringen. Es ist, nebenbei bemerkt, nicht zu übersehen, mit welcher Anstrengung sich gegenwärtig einige Bewegungen bemühen, den Akzent auf die körperliche Emanzipierung zu setzen, eine Rehabilitierung, die sowohl im modernen Theater als auch in einigen therapeutischen Gruppenexperimenten in den Vereinigten Staaten zu beobachten ist.

So unterscheidet sich also die Deutung im Psychodrama von der Deutung, welche die psychoanalytische Therapie anzubieten hat. Gewiß, ihr Ziel ist das gleiche, aber die andersartigen technischen Bedingungen verleihen ihr einen Dringlichkeitscharakter, eine nicht zu vergleichende Unabdingbarkeit. Die Notwendigkeit zum dramatischen

Handeln ist in der Tat immer gegeben. Der Therapeut muß sprechen, es gibt für ihn keine Ausflüchte, und seine Mimik ist darüber hinaus weitgehend unkontrollierbar. Genau genommen könnte man also von einer unmittelbaren und unfreiwilligen Deutung sprechen, deren wichtigste Konsequenz es sein müßte, den Abwehrsystemen, die sich dem Einfließen des Unbewußten des Therapeuten als Hindernis in den Weg stellen, nur wenig Raum zu lassen. Indessen kann eine solche Art der Deutung nur unter der Voraussetzung ernsthaft erwogen werden, daß der Psychodramatherapeut, der die Sitzung leitet, sich ganz in die jeweilige Person hineinversetzt, in keinem Augenblick für sich selbst spielt und sich jede Sekunde seiner Funktion als Therapeut bewußt bleibt.

Wie richtige Paare besitzen auch die Analytiker-Paare eine gemeinsame Sprache der Gestik. Diese gemeinsame Sprache hat jedoch nur gegenüber dem Patienten einen Sinn. Was wir hier hinsichtlich der Gesten bemerken, ist nur ein Widerschein dessen, was das Paar in erster Linie sein muß: ein imaginärer Halt, ein phantasmatisches Paar, das unbewußt immer als Paar wahrgenommen wird, damit die wechselhaften Prozesse der Identifizierungen des Patienten nicht unterlaufen werden.

9. Die Indikation

9.1. Das Einzelpsychodrama

Sicherlich würden wir der Erwartung vieler ärztlicher Berater entsprechen, wenn wir an dieser Stelle eine genaue Liste der Indikationen und Kontraindikationen des Psychodramas vorlegen würden. Leider sind diese aber ebenso schwer zu formulieren wie bei jeder anderen analytischen Psychotherapie auch, und so müssen wir diese Erwartungen enttäuschen.

Dennoch wollen wir das Problem auf verschiedene Weise angehen, indem wir versuchen, die Indikationen in Verbindung mit dem Alter des Patienten zu setzen, mit dessen Symptomen oder mit dessen Struktur. Dabei werden wir uns immer vor Augen halten, daß solche Klassifikationen nie völlig zufriedenstellend sein können.

Zuvor jedoch müssen wir uns die beiden folgenden Fragen stellen:

1. Welche Faktoren sind für einen ärztlichen Berater ausschlaggebend, einen Patienten — bei fehlenden kodifizierten Indikationen — eher zu uns Psychodramatherapeuten zu schicken als in eine Einzeltherapie „von Angesicht zu Angesicht"?
2. Wie kommen die Psychodramatherapeuten dazu, diese Ausrichtung der Therapie als gerechtfertigt oder nicht gerechtfertigt zu betrachten?

Der ärztliche Berater, sei er nun Analytiker oder nicht, wird bei der Indikation von der Verbindung dessen geleitet, was er einerseits vom Patienten, andererseits aber vom Psychodrama weiß.

Was aber kann er, wenn er persönlich keine Erfahrungen auf diesem Gebiet hat, von der Technik des Psychodramas wissen? Er weiß, daß das Ausdrucksmittel das Spiel ist, daß sich die Therapie in Gegenwart eines Analytikerpaares abspielt und daß im allgemeinen eine einzige Stunde pro Woche als ausreichend angesehen wird.

Ausgehend von diesen Gegebenheiten und sich auf Argumente der Logik stützend, empfiehlt er diese Art der therapeutischen Methode solchen Patienten, die große Hemmungen haben oder Kranken, die Ausdrucksschwierigkeiten haben, da er hofft, daß die aktive Spieltechnik für sie ein Faktor der Erleichterung ist; er empfiehlt das Psychodrama weiter solchen Patienten, die nicht bereit sind, sich direkt einer psychoanalytischen Beziehung auszusetzen, da das Spiel als eine Kommunikationsform erscheint, die weniger „engagiert" und somit für die Patienten bzw. für die skeptisch-zurückhaltenden Eltern annehmbarer ist. Ebenso denkt man, wenn ein Jugendlicher zum szenischen Ausdruck bereit ist, an das Psychodrama als ein elegantes Mittel, das Nützliche mit dem Angenehmen zu verbinden, dient doch das Spiel hier dazu, die Bitterkeit des „Heilmittels Analyse" zu überdecken.

Da das Psychodrama die Anwesenheit eines Therapeutenpaares voraussetzt und da dieses Paar als ideales Elternpaar phantasmatisiert wird, versucht man ihm eine Wiedergutmachungsfunktion zu geben, indem man im Psychodrama Waisen, Adoptivkinder oder solche Kinder behandelt, deren Eltern ihrer Aufgabe nicht genügen oder die uneinig sind.

Schließlich und endlich bedeuten die Psychodramasitzungen, da sie wöchentlich stattfinden, für den Patienten — verglichen mit einer Psychoanalyse oder einer Psychotherapie „von Angesicht zu Angesicht", die vorzugsweise zwei Sitzungen in der Woche erforderlich machen — eine Zeit- und Geldersparnis. So kommt es auch, daß man auf das Psychodrama zurückgreift, wenn der Patient weit von jedem möglichen Therapeuten entfernt wohnt oder wenn seine Geldmittel begrenzt sind.

Wenn der ärztliche Berater sich vor allem auf Grund dessen, was er vom Psychodrama weiß, für dieses entscheidet, kommt ein weiterer Faktor ins Spiel, der in seiner eigenen Vorstellung, die er von der Analyse und den analytischen Psychotherapien hat, begründet ist. Tatsächlich halten manche die Analyse für den „Königsweg", für den ihre Patienten zu engagieren sie so oft wie nur möglich sich verpflichtet fühlen. Nur wenn dies nicht so ist, denken sie primär an eine klassische Psychotherapie und dann an das Psychodrama oder an eine Gruppentherapie. So entsteht innerhalb der verschiedenen Methoden eine Hierarchie.

Andere Ärzte hingegen neigen dazu, jedesmal dann eine Analyse zu umgehen, wenn diese ihnen nicht unbedingt notwendig erscheint. Ihre Entscheidung für eine Analyse treffen sie nur dann, wenn sie die Psychotherapie oder das Psychodrama für unzureichend oder nicht angebracht halten.

Diese beiden Auffassungen sollen hier nicht weiter erörtert werden. Wir wollen uns lieber an praktische Erwägungen halten. Wenn ein Patient eine Analyse begonnen hat, wenn die Therapie auf Schwierigkeiten stößt und wenn der Analytiker dabei zu der Entscheidung gelangt, daß ein Psychodrama vorzuziehen gewesen wäre, empfindet der Patient den Wechsel als ein Scheitern seiner Analyse. Wenn er hingegen mit dem Psychodrama begonnen hat und die Therapeuten meinen, daß eine Analyse angebracht wäre, erlebt der Patient seine psychodramatische Erfahrung als einen Schritt hin zur Analyse, und er fühlt sich durch den Wechsel aufgewertet. Auch dies beweist, daß die Hierarchie innerhalb der psychotherapeutischen Methoden auch eine Realität im kulturellen Umfeld besitzt, die sich auf die Art der Gegenübertragung auswirkt.

Daraus folgt, daß, wenn der ärztliche Berater zwischen der Indikation einer Analyse und der Indikation eines Psychodramas schwankt, der letzteren der Vorrang gegeben und mit ihr begonnen werden sollte.

In der Praxis jedoch sind die Psychodrama-Indikationen sehr oft Indikationen für „aussichtslose Fälle". Man schickt jene Patienten zu uns, bei denen man „schon alles versucht" hat, Patienten, die ihr Therapeut nicht mehr ertragen kann, weil sie zu angsterregend oder zu ermüdend für sie sind. Die Überweisung solcher Fälle an die Psychodramatherapeuten ist möglicherweise eine Manifestation der negativen Gegenübertragung dessen, der die Indikation stellt.

Nicht anders ist es zweifelsohne, wenn ein Analytiker uns ersucht, einen Patienten, den er selbst weiterhin analysieren will, an einer Psychodramagruppe teilnehmen zu lassen. Weil er das Gefühl hat, daß die Analyse nichts bringt, hofft der Analytiker, daß das Psychodrama „etwas in Bewegung bringen" möge. Wenn wir solche Patienten unter solchen Bedingungen zuweilen angenommen haben, sind wir nun nahe daran, dies aufzugeben. Tatsächlich kommt es in solchen Fällen oft zu komplexen und nicht analysierbaren Implikationen der Gegenübertragung. Außerdem sind die Psychodramatherapeuten in ihrer analysierenden Funktion insofern behindert, als sie befürchten müssen, durch irgendeine Ungeschicklichkeit in eine laufende Analyse zu intervenieren, von der sie nicht viel mehr wissen, als daß sie „nicht geht". Also überlassen sie lieber dem Analytiker die Arbeit der Deutung, verlieren aber eben dadurch die Kontrolle über die Situation. Hinzu kommt, daß die ohnehin schon nicht einfache Gegenübertragung des Therapeutenpaares noch komplizierter wird, wenn eine dritte Person hinzukommt, deren Rolle zwar wesentlich ist, die jedoch selbst im psychodramatischen Kräftefeld fehlt.

Bei Patienten, deren Analyse gescheitert ist — bei stark gehemmten Menschen oder solchen, die nicht über genügend Geldmittel verfügen —, erkennt man plötzlich, daß viele Wege zum Psychodrama führen. Dabei fällt aber auch die Unsicherheit des ärztlichen Beraters auf: in vielen Fällen, bei denen er für einen Patienten eine psychodramatische Behandlung ins Auge faßt, überweist er ihn an einen Psychotherapeuten ohne irgendwelche weiteren Angaben. So fällt diesem dann die Aufgabe zu, über die Art der psychotherapeutischen Methode, die dem Arzt hier angebracht erscheint, zu entscheiden. Das hat den Vorteil, daß dem Analytiker jede Freiheit gelassen wird.

Dagegen fühlt sich der Analytiker stets sehr eingeschränkt, wenn er das Rezept oder die Empfehlung eines ärztlichen Beraters modifizieren soll: diesem gegenüber, da er ein schlechtes Gewissen hat, nicht auf dessen Ansichten eingegangen zu sein; und gegenüber dem Patienten, für den jede Meinungsverschiedenheit zwischen ärztlichem Berater und Psychotherapeut ein Störfaktor ist. Es besteht die Gefahr, daß der Psychodramatherapeut mit dem Patienten wider Willen psychodramatisch arbeitet — sicherlich die schlechteste Methode, eine wie auch immer geartete Behandlung anzufangen.

Fragen wir uns jetzt, was die Psychoanalytiker, die das Psychodrama praktizieren, bestimmt, diese oder jene Behandlungsform zu wählen. Wahrscheinlich stellen wir uns während der Vorgespräche in Gedanken die bevorstehende therapeutische Situation vor, wenn wir uns mit dem Patienten entweder für eine klassische Psychotherapie oder aber für ein Psychodrama entscheiden. Und wahrscheinlich wählen wir diejenige Therapieform, von der wir glauben, daß sie uns am leichtesten fällt. Und da wir mit der Technik des Psychodramas immer vertrauter werden, erweitert sich zugleich die Skala unserer Indikationen.

Und wenn wir bei dem Gedanken, eine Indikationstabelle des Psychodramas zu erstellen, so verwirrt sind, dann deshalb, weil unser Vorgehen, sobald wir eine Indikation stellen, vor allem eine Gegenübertragung ist, auch wenn wir es *a posteriori* durch rationalere Gründe abstützen müssen. Dies ist auch eine Erklärung dafür, daß keine Methode, das Problem der Indikationen anzugehen, uns zufriedenzustellen vermag. Dennoch wollen wir einige dieser Methoden etwas genauer betrachten.

Die Altersgruppen

Die Kinder: Abgesehen von den Fällen, in denen die Psychoanalyse unmöglich ist, geht dem Psychodrama der Ruf voraus, eine Psychotherapie für Kinder zu sein, vermutlich deshalb, weil das Spiel für sie eine natürliche Ausdrucksform ist. Dennoch sollte das Psychodrama für ein Kind nicht indiziert werden, bevor die Welt der Symbole erreichbar ist. d. h. nicht eher, bis das Imaginäre nicht mehr Ausdruck der Allmacht ist. Denn es genügt nicht, daß das Kind dazu gebracht wird, zu spielen. Es ist vielmehr notwendig, daß dieses Spiel den Wert eines Kompromisses gewinnt und daß ihm in seiner Ausarbeitung oder in der Art, wie es in eine Handlung umgesetzt wird, ein Sinn abgewonnen werden kann. Das Psychodrama nimmt unter den anderen psychotherapeutischen Methoden für Kinder keinen besonderen Platz ein, wenn es auch den Zugang bei schweren psychomotorischen Hemmungen wesentlich erleichtern kann.

Die Heranwachsenden: Durch das Psychodrama kann oft das überwunden werden, was sich bei anderen Psychotherapien in diesem Alter als Hindernis erweist:

— Die Labilität der Abwehr bestimmter Patienten: die durch die Modalitäten des Psychodramas gebotene Formbarkeit erleichtert es ihnen, sich auszudrücken und ihre Triebe aufzuspüren;

— Die stereotype Abwehr wie Rationalisierung oder Generalisierung: dadurch, daß das Psychodrama die Identifizierungen erleichtert, erlaubt es angesichts des Therapeutenpaares und durch die bloße Notwendigkeit, ein zum Spielen bestimmtes Thema vorzuschlagen, eine Neugestaltung der Abwehrformen. Durch die Themendarlegung wird der Heranwachsende zum Aufbau eines anderen Abwehrsystems gezwungen;

Die Erwachsenen: Bei ihnen verläuft alles so, als ob sich die Palette der Indikationen — angefangen von der materiell bedingten Unmöglichkeit, eine Psychoanalyse zu machen, bis hin zur Unfähigkeit des Patienten, sich der analytischen Behandlung auszusetzen — in ihrer vollen Breite zeigte. Wie wir schon sagten, gibt es hierfür keine bestimmten Gründe. Die Indikation bleibt das Ergebnis einer Konjunktion von Analytiker- und Patientenwunsch. Dies läßt es zum Beispiel geraten sein, das Psychodrama nicht solchen Patienten vorzuschlagen, die das Spiel als etwas empfinden, was unter der Würde eines Erwachsenen ist.

Die Symptome

Betrachten wir die Indikationen des Psychodramas im Hinblick auf die Symptome, so gelangen wir nicht zu befriedigenderen Ergebnissen. Oft fragt man uns nach der Wirksamkeit des Psychodramas bei besonderen Symptomen: Bettnässen, Tics, neurotischen Hemmungen usw. So gestellt, können diese Fragen nicht beantwortet werden. Denn wenn wir ein Psychodrama indizieren, begeben wir uns nie auf die Ebene des Symptoms, ja, es kommt sogar vor, daß wir, wenn wir zwei Patienten mit ähnlichen Symptomen haben, bei dem einen eine Einzeltherapie, bei dem anderen ein Psychodrama anwenden.

Natürlich hat der Patient, der zu uns kommt, seine Symptome, aber wir hören, gleichsam durch diese hindurch, „etwas anderes", etwas, das uns bei der Indikation bestimmt. Aber auch hier läßt sich keine feste Regel aufstellen.

Die Struktur

Fällt die Struktur des Patienten als Kriterium etwa schwerer ins Gewicht? Wir haben beispielsweise lange geglaubt, das Psychodrama bei Hysterikern vermeiden zu müssen, da bei ihnen die Gefahr bestünde, daß es die Formen des *acting out* begünstige. Dies erweist sich jedoch als falsch, denn wir haben viele Hysteriker behandelt, die im Psychodrama niemals ein *acting out* gehabt haben. Andere agieren von Zeit zu Zeit aus, d. h. sie verstoßen gegen die Regel des Spiels, gegen den Diskurs des Spiels, aber sie agierten auch schon in der vorausgehenden klassischen analytischen Situation, als sie, bevor sie zum Psychodrama kamen, in der Analyse waren.

Das *acting out* wird für die Therapeuten erträglicher, wenn sie zu zweit sind. Aus dem gleichen Grund ist es für den Patienten mit weniger Schuldgefühlen verbunden. Wir erinnern uns hier einer jungen Frau, die ihrem Analytiker derartige Szenen gemacht hatte, daß sich dieser eines Tages gezwungen sah, das Überfallkommando anzurufen. Er war völlig erschöpft, doch da er die Analyse nicht abbrechen wollte, ohne seiner Patientin eine andere Lösung anzubieten, bat er uns, sie psychodramatisch zu behandeln. Das war der Beginn einer Behandlung, die sich über mehrere Jahre erstrecken sollte. Während dieser Zeit erfuhr die Patientin eine merkliche Besserung ihres Zustandes. Aber anfangs war es schwer. Wir wurden häufig mit dem *acting out* der Patientin konfrontiert, entweder im Spiel selbst oder danach. Beim *acting out* im Spiel genügte eine kurze Unterbrechung, um die Patientin daran zu erinnern, daß das Psychodrama das „tun als ob" implizierte: sie beruhigte sich daraufhin sofort. Nach dem Spiel jedoch konnte es beispielsweise geschehen, daß sie sich weigerte, den Raum zu verlassen, sich auf den Boden warf, um uns so daran zu hindern, den nächsten Patienten hereinzuholen. Da wir zu zweit waren, ertrugen wir die Situation heiter und gelassen, indem wir anfingen, miteinander zu plaudern. Daraufhin stand die Patientin auf und verließ den Raum, indem sie die Tür hinter sich zuknallte. Während ihr sich immer wiederholendes *acting out* zur Zeit ihrer vorausgegangenen Analyse jedoch von einem für sie äußerst schwer zu ertragenden Schuldgefühl begleitet worden war, war es für sie nun, im Psychodrama, nicht viel mehr als die Laune eines Kindes: in der folgenden Sitzung entschuldigte sie sich — wie eine Tochter bei ihren Eltern —, und „man sprach nicht mehr darüber".

Einige Psychodramatherapeuten zögern, Patienten mit paranoischer Struktur psychodramatisch zu behandeln. Denn sie meinen, daß die Gegenwart des Therapeutenpaars die persekutiven Elemente bestärken könnte, und das ist in gewissen Fällen sicher auch zutreffend. Andere sind hingegen der Meinung, daß das Paar es ermöglicht, solche Patienten eher zu ertragen.

Hinsichtlich der Charakterneurosen (wir verstehen darunter die neurotischen Zustände ohne besondere symptomatische Fixierung) scheint das Psychodrama die Angst dort hervortreten zu lassen, wo die Einzelpsychotherapie sich in einem Diskurs erschöpft, „in dem sich nichts tut".

Bei einigen Formen von Zwangsneurose, soweit sie, was meist der Fall ist, in den Kompetenzbereich der Analyse fallen, bewirkt das Psychodrama anfangs zuweilen, daß die Abwehrhaltungen nicht ganz so starr bleiben und daß die Lust am Diskurs wächst.

Wenn wir weder unter dem Aspekt der Symtome noch unter dem Aspekt der Strukturen die Indikationen erörtern können, dann können wir das Problem vielleicht mit Nutzen vom Standpunkt der *Spezifität* des Psychodramas her betrachten, anders ausgedrückt: das Psychodrama wird bei denjenigen Patienten vorgeschlagen und angewandt, die entweder durch die Gegenwart des Therapeutenpaares oder durch die Spieltechnik Vorteile haben könnten.

Die Zuflucht zu einem Paar kann methodisch dann ein gutes Mittel sein, wenn der Patient schon bei den ersten Gesprächen eine derart heftige — negative wie positive — Übertragung manifestiert, daß man ihn, da man sein Verhalten nicht länger ertragen kann, dazu bringt, seine Behandlung zu unterbrechen, noch ehe sie richtig begonnen hat. In solchen Fällen ist eine trianguläre therapeutische Situation weniger angsterzeugend und leichter zu kontrollieren als die Situation zu zweit, und zwar wegen der Phantasmen des Verschlungenwerdens, die die duale Situation induziert.

Dagegen sollte man das Psychodrama meiden, wenn der Patient aus Gründen, die in der Art seines kulturellen Hintergrundes liegen, das Spiel als devalorisierendes Ausdrucksmittel begreift. Das gleiche gilt, wenn das Wort Psychodrama für ihn den Sinn eines Dramas annimmt und ihm Angst einflößt. Hier gibt es keine absolute Kontraindikation, aber es empfiehlt sich, mit der Behandlung erst dann zu beginnen, wenn derartige Zurückhaltungen analysiert worden sind.

Wenn der Patient in aktuellen Schwierigkeiten steckt, über die er sprechen möchte, ist es besser, mit ihm eine Psychotherapie unter vier

Augen weiterzumachen. In jedem Fall ist dies für den Therapeuten besser, der sich bei dem Gedanken, den Patienten unter solchen Umständen zum Spielen aufzufordern, befangen, d. h. schuldig fühlt, so als wenn er hier seine Gefühllosigkeit gegenüber dem dramatisch Erlebten des Patienten zu verstehen gäbe oder wenn ein solches Spiel auf Grund der Gefühlsintensität, die in der Realität erlebt wurde, lächerlich erscheinen könnte.

Hierzu wollen wir im folgenden ein Beispiel bringen. Wir hatten während mehrerer Monate einen dreizehnjährigen Jungen behandelt. Der Junge war passiv, freundlich und ängstlich. Seine Themen blieben sich stets gleich: es ging dabei immer darum, daß eine Frau (oft eine Mutter) einen Streit zwischen zwei Männern (oft ihren beiden Söhnen) zu schlichten hatte. Als Jean-Claude aus den großen Ferien zurückkam, erzählte er uns, daß er nach England und danach aufs Land gereist war, und daß alles gut gegangen war. Dann schlug er uns ein Thema für das Psychodrama vor, das mit allen vorausgegangenen identisch war.

Wir wußten nicht, daß die Wirklichkeit ganz anders aussah. Die Tante des Jungen war zu dem ärztlichen Berater gegangen und hatte ihm erzählt, daß ihr Neffe während der Ferien einen Autounfall erlitten hatte, einen Unfall, bei dem sein Vater, seine Mutter und eine seiner Schwestern ums Leben gekommen waren. Er war als einziger unversehrt geblieben, seine anderen Geschwister waren schwer verletzt worden.

Es ist so gut wie sicher, daß wir in dieser Sitzung, hätten wir vor der Rückkehr Jean-Claudes von dem Unfall erfahren, etwas anderes gespielt hätten, und wir hätten versucht, die Psychodrama-Indikation in eine Indikation für eine Einzelpsychotherapie umzuwandeln. Da Jean-Claude uns jedoch nichts gesagt hatte, schien es uns, daß er etwas von seinem Wunsch mitteilte, daß das Psychodrama die — zweifellos einzige — Stätte sein möge, wo sich nichts geändert hat, und wo wir uns „wie vorher" mehr mit seinem ödipalen Phantasma als mit seinem Erlebnis als einem „armen, kleinen Waisen" befassen sollten.

Wenn wir das Psychodrama zugunsten einer Einzelpsychotherapie hätten fallen lassen, so hätten wir damit dem Bedürfnis nach Wiedergutmachung Folge geleistet — Ersetzen der verlorenen Eltern —, was den gleichen Wert wie ein *acting out* der Gegenübertragung gehabt hätte, wodurch die Trauerarbeit des Jungen aber nicht wesentlich erleichtert worden wäre.

Dieses Beispiel führt uns zum Problem des *Wechsels der Indikation.*

Wir haben gesehen, daß der Übergang vom Psychodrama zur Analyse unkompliziert ist und daß umgekehrt der Übergang von der Analyse zum Psychodrama viele Schwierigkeiten mit sich bringt, wenngleich viele Patienten nach dem Scheitern einer Analyse oder einer Einzelpsychotherapie an uns Psychodramatherapeuten überwiesen werden. Wenn es für einen Patienten, der bisher psychodramatisch behandelt worden ist, besser ist, in Form einer Analyse oder einer Einzelpsychotherapie weiterzumachen, ist es sinnvoller, wenn sich ein anderer Analytiker als bisher seiner annimmt. Denn eine Zweierbeziehung mit einem der Kotherapeuten kann sehr starke Schuldgefühle wecken, wenn sie als phantasmatische Verwirklichung eines ödipalen Wunsches erlebt wird, dann nämlich, wenn der Analytiker derjenige der Psychodramatherapeuten ist, der das dem Patienten entgegengesetzte Geschlecht besitzt; oder sie wird — im umgekehrten Falle — erlebt als Preis für einen solchen Wunsch.

Wechselt man bei Kindern von einer Einzelpsychotherapie zum Psychodrama über, so geschieht dies ohne Schwierigkeiten, und wir übernehmen oft Kinder ins Psychodrama, die wir zuvor persönlich in der Einzelpsychotherapie behandelt haben. Doch wenn wir nach einigen Monaten psychodramatischer Behandlung den Eindruck haben, daß das Kind oder der Heranwachsende das Bedürfnis hat, Dinge auszudrücken, an die es bzw. er im Psychodrama nicht herankommt, dann ist es — wie beim Erwachsenen und aus den gleichen Gründen — besser, den jungen Patienten einem anderen Therapeuten anzuvertrauen.

Wenn wir aber in der Einzelpsychotherapie auf einen Erwachsenen stoßen, dem es schwer fällt, sich auszudrücken, und der das Gefühl hat, daß er nicht von der Stelle kommt, dann wird unser Vorschlag, ein Psychodrama mit uns selbst und einem Kotherapeuten zu beginnen, im allgemeinen sehr gut aufgenommen, ohne daß dieser Wechsel das Gefühl des Scheiterns oder auch der Preisgabe vermittelt.

Im folgenden Fall hatte sich die Indikation einer psychodramatischen Behandlung als besonders vorteilhaft hinsichtlich einer zurückliegenden Psychoanalyse erwiesen. Es handelte sich um eine Patientin, die wegen einer Angstneurose mehrere Jahre in einer klassischen Psychoanalyse war. Dadurch hatte sie eine ganze Anzahl ihrer Probleme lösen können, und sie war in der Lage, ihre Selbstanalyse fortzusetzen, indem sie durch episodische Kontakte eine Übertragungsbeziehung zu ihrem Therapeuten aufrechterhielt.

Schlagartig wird das erlangte Gleichgewicht dieser Frau durch ein Ereignis in ihrem realen Leben in Frage gestellt. Dieses Ereignis löst psychosomatische Manifestationen aus (Diarrhöe, Erbrechen) und ruft bei der Frau ein sehr beängstigendes Gefühl hervor, die feindseligen Gefühle, die in ihr entfesselt werden und sie zerstören, nicht mehr kontrollieren zu können.

Der Analytiker ist der Meinung, daß dem akuten Zustand durch eine Wiederaufnahme der Analyse nicht beizukommen sei und rät zum Psychodrama. Hier konnte die Patientin die ganze Aggressivität, von der sie erfüllt war, ausdrücken, und sie war gezwungen, sich die im Spiel von den Analytikern gegebenen Deutungen anzuhören. Dies machte es ihr möglich, sich der Bedeutung ihrer Projektionen und des verschlingenden Aspekts ihrer Liebe zum anderen besser bewußt zu werden. Das Erbrechen ließ nach, und sie nahm wieder zu.

Da die Frau Abstand gegenüber dem Konflikt gewann, konnten die phantasmatischen Aspekte desselben in Erscheinung treten. Daraufhin wurden Szenen aus der Vergangenheit gespielt, bei denen die Ambivalenz gegenüber dem Mutterbild und die zerstörerische Feindseligkeit gegenüber der „vor Kummer gestorbenen" Mutter (eine hinter der Identifizierung sich verbergende Feindseligkeit) zum Ausbruch kamen. Die Schwierigkeiten der Gegenwart verloren ihren neurotischen Anstrich, wurden banal und konnten rasch gelöst werden.

Die Qualität des *insight* und das Vertrautsein mit der Technik der freien Assoziation haben es in diesem Fall erlaubt, leichter zu dem neurotischen Kern vorzudringen. Die Aktualität des Konflikts, sein akuter Charakter haben sich mit großer Intensität im Psychodrama ausdrücken können. So hat der Konflikt seinen Sinn zu erkennen gegeben und ist gelöst worden.

Abschließend müssen wir besonders auf die Schwierigkeiten hinweisen, auf die wir immer wieder stoßen: wie soll man eine diagnostische Haltung, die eine beginnende Beziehung erstarren zu machen droht, und ein dynamisches Ziel, das es ohne jene Beziehung nicht gäbe, miteinander in Einklang bringen?

Man darf wohl sagen, daß die Indikation meist aus zwei sehr verschiedenartigen Ordnungsfaktoren resultiert. Die einen ergeben sich aus der Ankündigung eines Patienten und seinem aktuellen sozialen Status; in bestimmten Fällen rühren sie sogar zum großen Teil von den Informationen her, die uns der ärztliche Berater, der den Patienten an uns überweist, mitgeteilt hat — ja, sie rühren sogar von der Vorstellung her, die wir uns von den Absichten dieses Arztes machen. Die anderen Indikationen entstehen im Augenblick des Gesprächs mit dem Patienten und sind nur Ausdruck unserer Subjektivität; sie lassen sich daher nicht systematisieren, und wir würden, wenn wir sie wiedererkennen würden, nur auf das Hervorbrechen unserer Angstgefühle oder unserer erhofften Freude zurückverwiesen werden können.

9.2. Die psychoanalytischen Psychodramagruppen

Gegenwärtig stellen wir praktisch keine Gruppen mit „therapeutischer" Zielsetzung zusammen, und die einzigen bestehenden Gruppen verfolgen das Ziel, Psychodramatherapeuten auszubilden. Sie stehen jedem Bewerber offen, dessen Alter und berufliche Tätigkeit eine relative sozio-kulturelle Homogeneität der Gruppe garantieren. So kommt es, daß Studenten in den meisten Fällen vor Abschluß ihrer Universitätsausbildung gar nicht zugelassen werden.

Während der Vorgespräche wird einerseits eine gewisse Auswahl getroffen im Hinblick auf die Struktur des Individuums, andererseits im Hinblick auf den Grund, der genannt wird, um diese bestimmte Ausbildung machen zu können.

Die Struktur des Individuums wird zum Beispiel dann berücksichtigt, wenn der Patient den Eindruck erweckt, diese Art der Erfahrung wegen zu großer Fragilität oder zu gravierender Rigidität nicht ertragen zu können. Tatsächlich liegt das Hauptproblem meist in der Einschätzung der Natur dessen, was der Patient zu suchen glaubt.

Bei der Zusammenstellung unserer Gruppen, die sich im wesentlichen aus Ärzten, Psychologen und Sozialarbeitern rekrutieren, scheint es — eine gewisse Geschicklichkeit vorausgesetzt — leichter zu sein, an das Problem der therapeutischen „Bitte" heranzukommen, wenn man unterscheidet zwischen Patienten, die eine Psychoanalyse gemacht haben, Patienten, die noch in der Analyse sind und Patienten ohne Psychoanalyse.

Zur ersten Kategorie gehören jene Bewerber, die gerade eine Psychoanalyse abgeschlossen oder selber eine psychoanalytische Praxis haben. Sie kommen zu uns, um unter dem Vorwand einer beruflichen Notwendigkeit, seltener auf Grund eines persönlichen Bedürfnisses, psychodramatisch zu arbeiten. Und wirklich, welches auch das angegebene Ziel, welches auch die unbewußten Motivationen sein mögen: in allen Fällen vermag das Psychodrama zugleich eine Erfahrung der Dynamik einer Gruppe zu vermitteln und auf eine oft karikierende Weise ein mögliches Erkennen der Konflikte, des Entstehens der Abwehrhaltungen, der Bedeutung der Übertragung oder jedes anderen dynamischen Mechanismus begreifbar werden lassen, den der betreffende Patient während seiner eigenen Psychoanalyse an sich erfahren hat.

Ohne daß wir von einer besonderen, natürlichen Veranlagung sprechen wollen, müssen wir hierzu jedoch anmerken, daß die vorausgegangene Psychoanalyse nicht unbedingt einen Gewinn darstellt, durch den die Teilnahme am psychodramatischen Spiel erleichtert wird. Genau wie jedes andere Bezugssystem kann die psychoanalytische Erfahrung einen Abwehrmodus darstellen oder während des Spiels die Widerstandsraster bilden. Was hierbei am meisten ins Auge springt, sind der Umgang mit der Deutung und die Zuflucht in die „neutrale und wohlwollende" psychoanalytische Haltung, um die Angst, die von der Gruppe vermittelt werden kann, nicht empfinden zu müssen.

Wenn die Gruppe zu Ende ist, intervenieren wir auch dann nicht, wenn der Patient darum bittet, um praktische Schlußfolgerungen aus dieser Erfahrung ziehen zu können. Wenn wir auch ein Gespräch nicht verweigern, so ist es, zumindest bevor eine bestimmte Zeit verstrichen ist, doch selten, daß wir dem eventuellen Wunsch eines Teilnehmers nachkommen, das Psychodrama als Therapeut praktizieren zu dürfen. Denn in unseren Augen ist es für diesen Teilnehmer in dieser Phase unerläßlich, die Leitung einer Gruppe oder die Behandlung von Patienten zusammen mit einem in der psychodramatischen Technik erfahrenen Kotherapeuten durchzuführen.

Zur zweiten Kategorie gehören jene Bewerber, deren Psychoanalyse noch andauert. Während des Vorgesprächs geht es uns vor allem darum, uns ein Bild über die möglichen Interferenzen zwischen seiner Psychoanalyse und dem bevorstehenden Psychodrama zu machen, kann es sich bei dem Entschluß des Patienten doch um ein *acting out* gegenüber seinem eigenen Analytiker handeln. Im übrigen bleibt uns meist nichts anderes übrig, als auf diese potentielle Interferenz hinzuweisen und dann dem Patienten in seiner Entscheidung entsprechend der Art seiner Beziehung zu seinem Analytiker freie Hand zu lassen.

Die meisten Wünsche nach einer psychodramatischen Behandlung kommen jedoch von Patienten, die keine Psychoanalyse gemacht haben. Bei dieser zweifachen, sowohl persönlichen wie auch beruflichen Motivation, haben wir nicht nur die Struktur des Patienten zu erfassen, sondern wir müssen zugleich versuchen, den Stellenwert auszumachen, den dieser Wunsch hinsichtlich einer persönlichen Psychotherapie einnimmt.

Sehr oft werden berufliche Gründe angeführt; sowohl die Verpflichtung, in der sich der Patient *nolens volens* befindet, das Psychodrama in einer Institution durchzuführen, als auch der — nicht immer so klare — Wunsch nach technischer Vervollkommnung wird als Grund genannt. Dabei mögen Überlegungen über eine mögliche praktische Nutzanwendung mit hineinspielen oder auch nicht. Es stimmt, daß wir hinter jeder dieser Formulierungen des Patienten einen möglichen Hilferuf vermuten. Tatsächlich überlagert der Wunsch, das Psychodrama zu praktizieren, nicht selten den Wunsch nach einer Psychotherapie oder persönlichen Psychoanalyse. Die Beliebtheit, derer sich gegenwärtig die Gruppen erfreuen, ermöglicht es dem Patienten somit, auf diesem Umweg zu einer Methode zu gelangen, die er doch so sehr fürchtet.

Ebenso kann das Psychodrama so verstanden werden, als könnte man mit seiner Hilfe eine Psychoanalyse gleichsam zu herabgesetztem Preis machen, oder es wird umgekehrt als Verfahren mißdeutet, das geeignet ist, den Wunsch eines Menschen aus der näheren Umgebung, z. B. eines Partners, zu erfüllen, ohne daß der Patient selbst auch nur das geringste Bedürfnis hat, eine Psychotherapie zu machen. Es gibt aber auch Fälle, bei denen die Erfahrung einer Psychodramagruppe wegen schlechter finanzieller Voraussetzungen oder wegen zu großer emotionaler Unreife als wichtiger Schritt zu einer personalen Psychoanalyse gesehen werden kann.

Wir sehen, es gibt hier keine feste Regel, und bestimmte Bewerber werden nach dem Vorgespräch — oder, falls nötig, den Vorgesprächen — direkt einen Psychoanalytiker aufsuchen oder sich einer Aktivität zuwenden, die in ihrer Art ihrem Wunsche mehr entspricht. Doch unabhängig von der Persönlichkeit des Teilnehmers, unabhängig auch von seiner Vorbildung und Berufszugehörigkeit: nach Abschluß einer Gruppe versehen wir niemals jemanden mit irgendeinem Etikett, und es liegt ganz im Ermessen des Patienten, was er mit der Erfahrung, die er im Psychodrama gemacht hat, weiter unternimmt.

10. Psychoanalytisch ausgerichtete Psychodramagruppen

10.1. Einführung

Die Gunst, die gegenwärtig die Gruppentechniken genießen und die auch das psychoanalytische Psychodrama zu spüren bekommt, wirft einige Fragen auf. Zunächst kann man sich fragen, ob der Wunsch, an Ausbildungsgruppen teilzunehmen, die psychoanalytisch geleitet werden, und die Tatsache, ob die fraglichen Personen selbst eine Psychoanalyse gemacht haben oder nicht, möglicherweise ein Hinweis dafür sein können, daß diese Art persönlicher Erfahrung in der Gruppe eine Besonderheit darstellt.

Was sind diese Gruppen? Wodurch verleiht ihnen die Technik des Psychodramas eine besondere Dimension? Das sind viele Fragen, auf die wir unmöglich mit Gewißheit antworten können. Ziel dieses Kapitels ist es, durch einige Überlegungen etwas Licht in die Dunkelheit zu bringen, die noch immer über die Funktionsweise der Psychodramagruppen herrscht.

Nach einem kurzen Exposé der angewandten Technik legen wir das Schwergewicht unserer Überlegungen auf folgende Punkte:
— die Natur der bestehenden Beziehungen zwischen dem Einzelnen und dem Funktionsmechanismus der Gruppe, und zwar sowohl vom Standpunkt der individuellen Struktur der Teilnehmer als auch der Struktur der Leiter der Psychodramagruppe;
— Die Strukturierung dieser Gruppe, die auf ihrer Funktionsebene in erster Linie das Ziel verfolgt, einen Zugang zur Welt der Symbole zu ermöglichen.

Dabei fragt es sich vor allem, ob sich die Gruppe ausschließlich in einer imaginären Welt bewegt, ob ein wirkliches Gruppenphantasma existiert oder ob die Gruppe in Wirklichkeit nicht nur durch eine Funktionsweise des Primär- Sekundärvorgangs (wie beim Tagtraum) bestimmt wird. Der Wunsch der Leiter des Psychodramas ist hier in der dynamischen Organisation der Psychodramagruppen noch bestimmend. Was übrigens bereits im Zusammenhang mit der Übertragung und der Gegenübertragung, insbesondere als Folge der Präsenz eines verschiedengeschlechtlichen Analytikerpaares, gesagt worden ist, findet auf der Ebene der Psychodramagruppen zu einer Modalität, die sich von der des Einzelpsychodramas kaum zu unterscheiden scheint. Doch ist hier das Spiel der Identifizierungen sehr viel offener und muß wichtiger genommen werden, wenn man Klarheit über die dynamische Entwicklung, die hier zu beobachten ist, gewinnen möchte.

10.2. Technik

Die psychoanalytisch ausgerichteten Psychodramagruppen, die wir leiten, bestehen aus etwa zehn Teilnehmern. Die bereits gegebene berufliche Aktivität dieser Teilnehmer zentriert sich im Bereich der zwischenmenschlichen Beziehungen. Die Dauer der Gruppe, die einmal in der Woche jeweils eine Stunde lang zusammenkommt, ist auf ein Jahr begrenzt. Nach einem vorausgehenden Einzelgespräch mit den Gruppenleitern, auf das wir an anderer Stelle noch einmal zurückkommen werden, wird die Gruppe konstituiert.

Die von den Gruppenleitern aufgestellten Regeln sind einfach und beschränken sich darauf, dem Ausdruck durch das Spiel Vorrang zu geben: „Wir sind hier zusammengekommen, um psychodramatisch zu arbeiten. Dabei geht es für Sie darum, einen Einfall, ein Thema zu haben, das darstellbar ist. Das kann eine persönliche Erinnerung sein, ein Traum, ein Buch, das Sie gelesen haben, ganz gleich, welcher Einfall... Es genügt, daß er die Aufmerksamkeit der Gruppe auf sich zu ziehen vermag. Wir müssen darauf die Protagonisten bestimmen. Wer will, übernimmt eine Rolle und spielt, wie es gerade kommt." Die Gruppenleiter spielen, wenn eine bestimmte Rolle die ganze Gruppe interessiert, keiner der Teilnehmer jedoch auftreten möchte.

In den meisten Fällen sind noch unausgesprochen: die Regel des Nicht-Handelns (das Spiel ist ein „so tun als ob"), die Regel der Verschwiegenheit (was hier geschieht, geht ausschließlich die Gruppe an und darf folglich nicht anderswo erzählt werden), die Regel der Restitution (falls sich außerhalb der Sitzungen mehrere Gruppenmitglieder treffen, müssen sie, soweit es die Gruppe betrifft, die übrigen Teilnehmer in der Sitzung von dem, was besprochen worden ist, informieren).

Im Verlauf der Sitzungen hören die Gruppenleiter als Analytiker zu, sie greifen nur bei der Gruppe als ganzes ein. Da sich ihre Funktion als Leiter darauf beschränkt, das Spiel fördernd beginnen, aber auch enden zu lassen, wird vor allem ihre psychoanalytische Funktion begünstigt, die sich in der Hauptsache in der Deutung manifestiert — einer Deutung, die sich sowohl im Spiel, in der Art und Weise, wie sie zu spielen haben, als auch nach dem Spiel, wenn sie gelegentlich erklären, was gerade in diesem Augenblick in der Gruppe vor sich gegangen ist, modulierend ausdrückt. Die Hauptaufgabe der Gruppenleiter ist es, die Phantasmen der Teilnehmer aufzuspüren, und zwar auf Kosten der psychosoziologischen Perspektiven, die sich ausschließlich auf die Rollenbegriffe stützen.

10.3. Einzelpersonen und psychoanalytisches Gruppenpsychodrama

10.3.1. Individuelle Motivationen der Teilnehmer

Vermutlich haben die Motivationen der Einzelpersonen, die eine psychodramatische Erfahrung machen möchten, ihren Grund in der Beziehung, die zwischen dem Wunsch des Einzelnen und seinem Verlangen, an einer Gruppe teilzunehmen, besteht. Von ganz wenigen Ausnahmen abgesehen, vermag die psychodramatische Erfahrung den Wunsch des Individuums nicht zu erhellen. Auch wenn die explizite Frage darauf schließen läßt, daß eine unbewußte Problematik vorliegt, so gibt es in der Entwicklung der Gruppe, wie sie sich nun konstituiert hat, nichts, was ein Phantasma eines bestimmten Individuums in ökonomischer Hinsicht leichter erkennen läßt. Unabhängig davon, ob es Gegenstand einer Deutung ist oder nicht, wird das Phantasma nur dann zur Kenntnis genommen, wenn es sich mit der Aktualproblematik der Gruppe deckt. Bei der dialektischen Organisation der Gruppe wird hier erneut die Bedeutung des Anderen mit seinen eigenen Wünschen hervorgehoben: er ist das Bezugsbild und das Fundament der Gruppendynamik. Was sich im gesamten Verlauf der Entwicklung einer Gruppe immer wieder zeigt, ist, nach *Lacans* Formel, daß „das Subjekt das ist, was ein Signifikant für einen anderen Signifikanten darstellt". Das Zusammentreffen dieser Signifikanten und ihre Interaktion würden zweifellos den Entwurf einer Strukturanalyse dieser Gruppen ermöglichen.

Es sei daran erinnert, daß bereits *Freud* in „Massenpsychologie und Ich-Analyse" (1921) betont: „Im Seelenleben des Einzelnen spielt der Andere immer die Rolle eines Vorbildes, eines Objekts, eines Verbündeten oder eines Gegners, und die Individualpsychologie ist daher gleichzeitig Sozialpsychologie in diesem erweiterten, aber durchaus berechtigten Sinne."

Indessen wird die Persönlichkeitsstruktur des Individuums in den Gruppen insoweit berücksichtigt, als ihre Organisation in bestimmten

Augenblicken der Entwicklung in einem wechselseitigen Identifizierungssystem eine Rolle spielt.

10.3.2. *Persönlichkeit und Gruppe*

Anders als in der Gruppenpsychoanalyse wird die Struktur der Persönlichkeiten nie besonders herausgestellt. Das Individuum, das nie seine Maske abnimmt, trägt durch sein verborgenes Gesicht dazu bei, ohne Unterlaß sich stets erneuernde Möglichkeiten imaginärer Identifizierungen anzubieten. Indessen wäre es irrig zu glauben, daß der Persönlichkeit des Individuums nur eine geringe Bedeutung beigemessen wird, sie wird nur nie besonders betont. So wird beispielsweise keine Deutung bei einer bestimmten Person vorgenommen — was nicht heißt, daß sie nie erwogen wird.

Schon in den vorausgehenden Gesprächen, die die Gruppenleiter führen, zeigt sich die Ambiguität des Problems, eine Verbindung zwischen der individuellen Persönlichkeit und der entstehenden Gruppe herzustellen. Die Gruppe als Wunschobjekt wird von den Gruppenleitern Mitglied für Mitglied imaginiert, und so kann es vorkommen, daß im Verlauf der Vorgespräche das Auftauchen eines als überzählig erscheinenden Bewerbers die Therapeuten dazu verleitet, ihn auf Grund einer höchst hypothetischen Stuktur seiner Persönlichkeit abzuweisen. So hat die Anfrage einer als psychotisch erkannten Person kaum Aussichten, gehört zu werden, wenn die Gruppenleiter den Kandidaten unmittelbar nach einem anderen Bewerber zu Gesicht bekommen, der bereits als stark abweichend erkannt worden ist. Ein Auswahlkriterium gibt es in diesen vorausgehenden Gesprächen also nicht. Die — übrigens nicht große — Zahl derjenigen Bewerber, die abgelehnt werden, geht mehr auf die Konjunktion des Wunsches der Gruppenleiter im Hinblick auf ihre vorwegnehmende Repräsentation der Gruppe zurück als auf die eigentliche Struktur des Individuums.

Auch wird die Persönlichkeit der Individuen während der Entwicklung der Gruppe nur insofern eingebracht, als sie sich, mit dem Leben aller verbunden, zu artikulieren versteht. So kommt es, daß ein besonders abweichender Teilnehmer abwechselnd Kristallisationspunkt der Widerstände oder das dynamischste Element der Gruppe ist. So sieht man in ihm in Bezug auf die Gesamtgruppe einen Negativ- oder aber Positivfaktor.

Ein Beispiel: Eine Frau scheint sich in einer bestimmten Gruppe sehr zurückgenommen zu haben. Sie macht ein verdrießliches Gesicht, nimmt nur wenig teil an dem Geschehen, sie macht keine Themenvorschläge, sie spielt nur jüngere Personen und spricht konventionell. Die anderen geben ihr zu verstehen, daß es schwer sei, an sie heranzukommen, daß sie sich zurückziehe, sobald man sich ihr nähert. Zweifellos erlebt sie wirklich am intensivsten die Primärängste, von einer werdenden Gruppe verschlungen zu werden, aber sie vermag es nicht zu verbalisieren. Diejenigen, deren Abwehrmechanismus der Spott, die Distanzierung oder die Regelüberschreitung ist, können ihr Sichzurücknehmen, ein Zeichen ihrer Angst, nur schwer erfassen. Nachdem es durch die Bearbeitung der Übertragung dieser Teilnehmerin gelingt, daß sie ihre Angst vor dem Verschlungenwerden nicht mehr auf die Gruppe, sondern auf das Bild der Mutter fixieren kann, wird sie während mehrerer Sitzungen zum dynamischen Element der Gruppe, und sie kann es wagen, ihre Gefühle gegenüber den Gruppenleitern zu verbalisieren.

In einer anderen Gruppe ist während der ersten Sitzungen ein Junge tonangebend, der, stets zu Scherzen aufgelegt, alle Sitzungen entdramatisiert und der zu glauben scheint, daß man hier zusammengekommen ist, um sich miteinander zu vergnügen, und daß man im übrigen schon sehen wird, was bei der ganzen Sache herauskommt: Er schlägt zum Beispiel ein Thema vor, das sich um den Zirkus dreht. Anfangs mag man ihn sehr, da er den anderen erlaubt, ihre Unruhe zu verbergen, doch dann kann man ihn nicht mehr ausstehen, da er ein Thema der Trauer oder der Trennung, von der ein Teilnehmer persönlich stark betroffen ist, nicht ernst zu nehmen gewillt ist. Da die Abwehrmechanismen, die in der ersten Phase zur Absicherung dienten, sich (was von allen so empfunden wird) als unwirksam erweisen, wird ein anderer zum Wortführer der Gruppe. Es ist jeweils derjenige, der auf Grund seiner eigenen phantasmatischen Dynamik den Wunsch der Gruppe zu übernehmen vermag.

Das Individuum geht jedoch nicht in der Gruppe unter. Ganz besonders in Phasen der Angst oder in Krisen werden sich die Psychodramaleiter seiner Struktur wieder bewußt. In solchen Situationen löst das Bild des Individuums bei den Psychodramaleitern, die sich des Vorgesprächs mit dem einzelnen Patienten noch erinnern, angesichts der durch die Gruppe entstehenden Ängste einen Rückversicherungsmechanismus aus. Man kann sich im übrigen fragen, inwieweit dieses Vorgespräch, dessen selektiver Wert doch anzuzweifeln ist, nicht ebenfalls eine bestimmte Form der Abwehr gegenüber der sich bildenden Gruppe und den mit ihr verbundenen Schwierigkeiten darstellt.

Auch ist es während der Entwicklung solcher Gruppen nicht ungewöhnlich, daß sich ein besonders ängstlicher Teilnehmer im Rahmen eines *acting out* oder außerhalb der Sitzungen unter irgendeinem Vorwand unmittelbar an einen der beiden Psychodramaleiter wendet, so als könnte er allein schon durch die Tatsache, daß er sich von der übrigen Gruppe zurückzieht, auf diesem Umweg eine allzu bedrohte Identität wiedererlangen.

Wenn die Gruppe erst einmal beendet ist, ist das Individuum wieder uneingeschränkt da. Nicht selten besuchen dann ein oder mehrere Teilnehmer die Psychodramaleiter oder einen der beiden. Der kaum verhohlene Zweck ist ihre Übertragung, da die Gruppe jetzt nur noch für die Vermittlung der Affekte von Bedeutung ist.

10.3.3. Das Gruppenleiterpaar und die Gruppe

In der Gruppe ist das Therapeutenpaar in einer Situation, die sich von der mit einem einzigen Patienten erheblich unterscheidet. Bereits die Terminologie wie „gute" oder „schlechte" Gruppe, die sie aus der Befragung der Teilnehmer übernehmen, kennzeichnet die imaginäre Tendenz, die sie ihrem Leben in der Gruppe geben. Diese Gruppe als „imaginäres" Objekt stellt eine ganz besondere Abwehr dar, die auf archaische Persekutionsphantasmen der Gruppenleiter zurückzuführen ist. Hier stellt sich die Frage nach der Natur bzw. der Existenz der Gegenübertragung in den Gruppen. Das Erwachen intensiv aktivierter archaischer Angst zwingt die Gruppenleiter — wie die Teilnehmer auch —, das Imaginäre irgendwie als Abwehrsystem zu gebrauchen. Sein ökonomischer Wert scheint beträchtlich zu sein, so als ob allein dieses Imaginäre es ermöglichte, das Unerträgliche zu ertragen.

In diesem Zusammenhang von Gegenübertragung zu sprechen, könnte, so scheint uns, auf einen Sprachmißbrauch hinauslaufen, auch wenn das Erkennen dieser Probleme, durch die Paarsituation erleichtert, auf das psychoanalytische Modell zurückzuführen ist. Die unbewußten Gefühle der Gruppenleiter sind in den Gruppen auch außerhalb dieser archaischen prägenitalen Ebene in Frage gestellt. Bei den Gruppenleitern werden die Phänomene der Gegenübertragung nicht in bezug auf die einzelnen Individuen verstanden, vielmehr sieht man in ihnen Träger des momentanen Gruppenwunsches. Die Art der Verflechtung von Struktur des Individuums (als des Trägers) und Gruppenproblematik ruft bei den Gruppenleitern unbewußte Phantasmen wach, deren Analyse für das Verstehen des Gruppenphänomens unumgänglich ist.

Die eigentliche Absicht der Gruppenleiter, ihre Motivation, ist sicherlich von unbewußten Wünschen bestimmt. Dabei ist jener Wunsch, „Gruppen zu machen", nur ein entstellter Ausdruck, der ihnen aber allen gemeinsam ist. Wenn an dieser Stelle der Anteil der Skoptophilie und der Epistemophilie bzw. des Inzests nur kurz erwähnt werden kann, so ist es doch relativ einfacher zu versuchen, sich über die bewußten Motivationen, die für jene stehen, Klarheit zu verschaffen.

Hier geht es in der Tat nicht um eine gruppentherapeutische Absicht oder um ein Ausbildungsziel, sondern vielmehr um den Wunsch, ein Gefühl zu erleben und erleben zu lassen, um den Wunsch, etwas zu erleben, das Gelegenheit bietet zu einer Infragestellung. Zeitweise erblickt man in der Gruppe nur ein notwendiges Instrument. Die Teilnehmer brauchen über die Gruppe überhaupt nichts zu wissen. Andererseits hat alles ganz den Anschein, als ob dieses Ziel — irgend etwas zu entdecken an der Gruppe — eine Sublimierung wäre, gleichsam das Jagdgehege der Gruppenleiter. Die Psychodramatherapeuten möchten sich in den Gruppen ausschließlich als Psychoanalytiker verstanden wissen, und sie sehen sich in der Nachfolge *Freuds*, der in „Massenpsychologie und Ich-Analyse" schreibt: „Wenn die Individuen in der Masse zu einer Einheit verbunden sind, so muß es wohl etwas geben, was sie aneinander bindet, und dies Bindemittel könnte gerade das sein, was für die Masse charakteristisch ist." Wenn man das Wort „Masse" durch „Gruppe" ersetzt, scheint der Sinn, den *Freud* diesem Begriff gibt, auf den ersten Blick nicht entstellt zu werden. Was es zu entdecken gilt, ist das „Bindeglied" der Gruppe. Allerdings muß man sich hüten, dieses „Bindeglied" mit dem Imaginären der Gruppe zu verwechseln, das sein notwendiges Ausdrucksmittel und zugleich die bevorzugte Form seiner Widerstände ist.

Dies läßt sich folgendermaßen deutlich machen. Alle Mitglieder einer Psychodrama- oder auch Diagnostik-Gruppe stellen sich zu Beginn einer Sitzung die gleichen Fragen: „Was sollen wir miteinander machen? Gibt es etwas, was uns gemeinsam ist und, wenn ja, was?" Ein Mindestmaß an Fähigkeit, mit dem anderen eine Objektbeziehung herzustellen, ist erforderlich, damit überhaupt etwas geschehen kann und damit die Gruppe nicht nur eine bloße Versammlung von Individuen bleibt. Erst mit diesen Fragen kommt Bewegung in das Imaginäre der Gruppe. Wir befinden uns in einer neuen, angsterzeugenden Situation: „Wie stehen die anderen zu mir, mit denen ich arbeiten soll? Werde ich meine Identität verlieren und in ihnen aufgehen? Was wollen die Gruppenleiter von mir?" usw.

Die Phantasmen jedoch, die dieses Imaginäre in Bewegung setzen, sind bei jedem anders. Man kann verschiedene Themen aufzählen, in denen die Phantasmen des einen oder anderen ihren Ausdruck finden können:

— „Eine einsame Insel, auf der man nach erlittenem Schiffbruch strandet; man muß sich zusammentun, um zu überleben": diese Insel kann

indessen für den einen das Paradies auf Erden bedeuten, für den anderen aber eine Welt, die von feindseligen Bestien bevölkert ist, die die unglücklichen Schiffbrüchigen zu verschlingen drohen;
— „Ein Eisenbahnwagen": als Ort von Transporten und Transfers*, wo sich Menschen, die einander fremd sind, zu einer mehr oder weniger gefahrvollen Reise zusammenfinden, kann dieser Eisenbahnwagen ein anonymer, trostloser Raum sein oder aber ein warmer, anheimelnder Ort, an dem es zu glücklichen Begegnungen kommen kann; dabei kann der Schaffner umsichtig und wohlwollend sein — oder aber stupide und borniert;
— „Bei geschlossenen Türen": *Sartres* Bühnenstück ist ebenfalls zum Gruppenthema wie geschaffen, „doch wenn die Hölle die anderen sind, durch welche Verirrung konnten wir dann freiwillig hier zusammenfinden?"

In anderen Phasen der Geschichte der Gruppe zeigt sich das Imaginäre folgendermaßen: „Man müßte der alltäglichen Realität entfliehen, deren Gefangene wir sogar im Spiel sind; wir müssen uns unserer Rollen als Erwachsene entziehen; wenn wir zusammen regredieren, werden wir etwas von der Wahrheit der Kindheit wiederfinden" (dies alles mit dem Unterton: „Da unsere Gruppenleiter doch Analytiker sind und die Kindheit für sie von solcher Wichtigkeit ist und sie all dies doch interessieren muß"). Jeder wählt nun für seinen eigenen Familienroman ein Alter und ein Geschlecht, und das Thema „vor dem Schulausgang spricht man miteinander" wird zum Treffpunkt aller möglichen Phantasmen, die sich entsprechend der Art eines jeden um den realen Vater und um den imaginären Vater, um den allmächtigen und dennoch stets enttäuschenden Vater bilden.

Im Augenblick des Entstehens der Gruppe ist es das noch nicht ausgesprochene Thema, das es ihr gestattet, sich zum Ziel zu setzen, sich in ein Bild ihrer selbst zu projizieren und sich somit zusammenzuschließen, während das Thema zu einem späteren Zeitpunkt Unterschiede und Gegensätze gelten lassen kann. Der Gegensatz läßt sich schematisch folgendermaßen darstellen:
— Sie (die Teilnehmer) sind dazu da, um etwas individuell (in der Gruppe) zu erleben;
— wir (das Gruppenleiterpaar) sind dazu da, um die Entwicklung der Gruppe zu erleben.

Diese Gegenüberstellung scheint in geradezu karikierender Weise unsere Unsicherheiten und Fragestellungen im theoretischen Bereich herauszukristallisieren.

---

*) *„Transfer"* ist zugleich der Terminus für „Übertragung" (Anm. d. Übers.)

Wie funktioniert eine Spielgruppe, die in sich ein Paar, das sie leitet, und mehrere Teilnehmer umfaßt, die sich zusammengefunden haben, um ein Psychodrama zu machen? Eine Metapsychologie solcher Gruppen steht noch aus, und wir vermögen gegenwärtig nur einen schwachen Lichtstrahl auf sie zu werfen, ohne indessen die beobachteten Phänomene — sowohl hinsichtlich ihrer Dynamik als auch ihrer Topik und Ökonomie — immer erklären zu können. Wir haben den Eindruck, daß es zur Zeit tatsächlich nicht möglich ist, eine Gruppe als einen einzigen psychischen Apparat zu betrachten.

10.4. Die Strukturierung der Gruppen beim psychoanalytischen Psychodrama

10.4.1. Bereich des Imaginären — Bereich des Phantasmas

Gibt es ein Gruppenphantasma? Zu Beginn unseres Werdegangs hatten wir zeitweise geglaubt, auf eben dieses gestoßen zu sein. Heute ist diese Vermutung in Frage gestellt, ja sogar äußerst umstritten.

Während einer bestimmten Periode hätten wir tatsächlich das auf die Psychodramagruppen anwenden können, was *Ezriel* (1950) schreibt: „Der Analytiker schenkt der Gruppe als Ganzer seine Aufmerksamkeit, und nur in bezug auf sie nimmt er ‚Hier-und-Jetzt-Deutungen' vor, d. h. Deutungen, die ausschließlich auf die aktuelle Lage der Gruppe Bezug nehmen. Die ‚mutativen' Deutungen tendieren dazu, das Gemeinsame der unbewußten Phantasmen der Gruppe mit Blick auf den Analytiker, nicht aber im Hinblick auf die Nebenübertragungen zu enthüllen." Zur Zeit neigen wir mehr dazu, die Beziehungen zwischen den individuellen Phantasmen einerseits und den gemeinsamen imaginären Vorstellungen andererseits hervorzuheben.

Unter individuellen Phantasmen sind unbewußte Phantasmen zu verstehen, Urphantasmen, die von einem oder mehreren Teilnehmern in einer bestimmten Phase der sich entwickelnden Gruppe ausgehen und daraufhin im Spiel dargestellt und im Wunsch aktualisiert werden. Diejenigen Gruppenmitglieder, die nicht aktiv beim Spiel mitwirken — jene also, die in diesem Augenblick nicht zur szenischen Darstellung beitragen —, nehmen an dem Phantasma nur durch einen Identifizierungsmechanismus teil, indem sie sich mit dem gerade offenbarten Wunsch oder mit der Abwehr dieses Wunsches identifizieren.

Die imaginären Vorstellungen der Gruppe, die sich oft dialektisch artikulieren — Idee der „guten" oder der „schlechten" Gruppe —, stellen einen allen gemeinsamen Abwehrmechanismus dar gegenüber den archaischen Ängsten, die die Gruppe weckt. Die an die archaischen

Phantasmen gebundene und durch die Gruppe erneut aktualisierte Angst ist eine Folge der Intensität der Regression. Möglicherweise handelt es sich hier um eine Abwehrbildung gegenüber einer Kastrationsangst.

Genau genommen kann man also nicht von einem kollektiven Phantasma sprechen. Gleichwohl bildet sich die Gruppe um ein solches Phantasma. Es scheint, daß die Einheit der Gruppe durch das Hervorbrechen individueller archaischer Phantasmen und durch die Abwehrmechanismen der Identifikation, die sie bei allen im Bereich des Imaginären auslösen, gewährleistet wird. Sobald jedoch zwischen dem Phantasma eines Individuums und dem anderer Teilnehmer eine Resonanz entsteht — und nur dann —, werden diese Positionen überschritten. Denn obwohl sich der ursprüngliche Sinn des Phantasmas auf das Subjekt selbst bezieht, hat es doch nur dann einen dynamischen Wert, wenn durch seinen Ausdruck eine Triebmobilisierung bei den anderen Teilnehmern ermöglicht wird.

Man kann sich fragen, ob das Phantasma nicht wesentlich in Beziehung zu dem Unbewußten der Gruppenleiter steht — als wenn der Wunsch der Therapeuten vor allem ihre Energetisierung ermöglichte.

Wir glauben, daß es bei den Psychodramagruppen mehr Möglichkeiten zur Identifizierung gibt als bei anderen Gruppenarten. Für uns bedeutet die Übernahme einer Rolle im Spiel in erster Linie einen Mechanismus, der die Möglichkeiten zur Identifizierung aktiviert. Das Abreagieren, die schöpferische Spontaneität, d. h. die Aktions-Katharsis *Morenos,* stellen eine Abwehrmodalität für das Individuum dar, zugleich aber eine Strukturierungsmodalität für die Gruppe.

In unseren Gruppen spielt sich, so will uns scheinen, bei der Übertragung alles auf der Ebene der Identifizierungen unterschiedlicher Art ab. Die individuelle Problematik der Teilnehmer und der Gruppenleiter läßt sich in einem signifikanten Identifikationsnetz darstellen. In der Gruppe werden archaische Phantasmen freigesetzt, deren spezifische Abwehr eine imaginäre Identifizierung sein dürfte und deren Modus zeitlich der Spiegelstufe zu entsprechen scheint. Diese spiegelbildliche Identifizierung erlaubt es den Teilnehmern, die Gruppe als Objekt zu erleben und trägt damit dazu bei, sie zu begründen und ihre Existenz zu sichern.

10.4.2. Die Rolle des Wunsches der Gruppenleiter und seine imaginären Darstellungen

Als Funktion seiner eigenen Phantasmen — insbesondere jener Phantasmen, die sich in dem gemeinsamen Wunsch ausdrücken, eine Psychodramagruppe zu zweit, als Mann und Frau, zu leiten —, setzt das Therapeutenpaar bei den Teilnehmern unbewußte Phantasmen frei, zweifellos also verdrängte Phantasien. Die Abwehr würde sich also durch eine Identifizierung mit dem Wunsch des anderen begründen, einer hysterisch geprägten Identifizierung ödipaler Ausrichtung also.

Die hysterisch geprägte Identifizierung der Gruppe mit dem vermeintlichen Wunsch der Psychodramaleiter kann sich auf verschiedene Weise manifestieren. So kann z. B. jeder der Teilnehmer versuchen, wenn es feststeht, daß von den Analytikern nur Deutungen zu erwarten sind, sie im eigenen Namen zu verführen, indem er ihnen individuelle Symptome anbietet. Der Patient versucht also, eine privilegierte Beziehung zu den Analytikern herzustellen. Aber die gesamte Gruppe kann sich in diesem vermuteten Wunsch wiederfinden: in dem dem Therapeutenpaar gewidmeten Kapitel haben wir bereits von jenen Kindern berichtet, die, im Einklang mit den Themen des Psychotherapeuten, Kastrationsthemen lieferten. Die Gruppe kann wie ein einzelner Patient reagieren und — zu einem bestimmten Zeitpunkt ihrer Geschichte — erstaunt sein über die Häufigkeit der Themen, die eine Trennung, eine Kastrationsangst oder Mutter-Kind-Konflikte zum Inhalt haben. Die Häufigkeit dieser Themen erstaunt sie um so mehr, als sie zwar ihre Wichtigkeit erkennt, andererseits aber sehen muß, daß andere Themen nicht weniger wichtig sind. Im allgemeinen merken die Gruppenleiter in solchen Augenblicken, daß außerhalb der Gruppensitzungen diese Themen diskutiert worden sind, da sie den einen oder anderen besonders beschäftigten.

Welches auch immer das Phantasma oder die Phantasmen eines jeden einzelnen Gruppenmitglieds sein mögen: das Therapeutenpaar, das das Psychodrama leitet, drückt wirklich einen Wunsch aus — und dies, noch ehe sich die Gruppe als solche konstituiert hat. Die notwendigerweise paarbedingte Darstellung dieses Wunsches kann nur ein ödipales Bild entstehen lassen. Diese Ödipalisierung der Wünsche der Therapeuten kann somit im Verlauf der sich entwickelnden Gruppe ein Identifizierungssystem bilden, das dazu geeignet ist, aus der Situation der Gruppe heraus entstandene Ängste abzuwenden.

Die Themen der Rivalität, deren tieferer Ursprung die Angst vor der Zerstörung durch jene anderen sein kann, die den gleichen Raum einnehmen, nämlich den mütterlichen Leib, werden oft ödipal gespielt — aber es kommt vor, daß sie eine Spur der prägenitalen Ängste bewahren. Hier ein Beispiel: Man macht den Vorschlag, die Liebe zwischen einer Philosophiedozentin und einem Rennfahrer zu spielen. Sie sagt zu ihm: „An Ihnen ist nichts, was mir gefallen könnte, ich bin einsfünfundsiebzig groß, Sie einsfünfundsechzig, Sie sind genau das, was ich nicht mag. Ich werde Sie heiraten, wenn es ihnen gelingt, meine Eltern, die seit zwei Jahren geschieden sind, wieder miteinander zu versöhnen". Was man nun spielt, ist, trotz bewußter Wünsche, genau das, was die Liebe unmöglich macht, es ist das Bestreben eines jeden, den anderen zu zerstören, das zu haben, was er hat. Der Vater ist vollkommen, intelligent, er muß auf die Mutter fixiert sein (ödipales und Übertragungsthema), die seiner nicht wert ist und die ihn seiner Kraft berauben will. Der Rennfahrer versöhnt die Eltern wieder miteinander, heiratet die Frau, die er liebt — und alles endet mit einer doppelten Scheidung. Die Wiedergutmachung der einst gewünschten Zerstörung ist nicht möglich gewesen.

10.4.3. Spezifische Probleme

Die Technik des analytischen Gruppenpsychodramas scheint eine bestimmte Zahl von Mechanismen zu begünstigen. Wie in allen Aktivitätsformen tritt hier die *Regression* massiv in Erscheinung. Sie spielt sich im wesentlichen im Bereich des Imaginären ab, im Bereich der ersten Beziehung zur Mutter, jener Vorbedingung zur Selbsterkenntnis, die durch ein anderes Selbst hindurch führt. Dadurch wird der Zugang zur Symbolisierung möglich.

Die Urphantasmen wie beispielsweise die Phantasmen der Zerstückelung und des Verschlingens werden in spezifischer Weise freigesetzt, und die gegen sie gerichtete Abwehr baut sich aus der Prävalenz der Identifizierungen auf der Ebene des „Ichs" auf. Diese Introjektion der anderen, die in der klassischen psychoanalytischen Therapie unmöglich ist, in der die Ebene der Identifizierung eher mit der des Über-Ichs zusammenfällt und als solche Schuldgefühle erzeugt, gibt vielleicht Aufschluß über die narzißtischen Abwehrformen in der Gruppe einerseits und über den Widerstand gegenüber der Regression andererseits. Die Ich-Identifizierungen liegen zweifellos auf der Grundlage dessen, was man als Nebenübertragungen bezeichnet. Wenn sie in unserer Technik auch nie gedeutet worden sind, bilden sie nichtsdestoweniger den Zement für den Zusammenhalt der Gruppe. Und als solche bilden diese Identifizierungen des Ichs ein Grundsystem für das dynamische Verständnis des Lebens der Gruppe. Nicht selten sagt ein Teilnehmer zum anderen: „Ich möchte diese Szene mit dir spielen" (oder seine Bitte wird sogar, noch ehe daß sie ausgesprochen worden wäre, als Appell verstanden), oder ein Teilnehmer spielt, wie es der Gruppenleiter tun könnte, eine Erwiderung auf das, was er aus dem Wunsch des anderen herauszuspüren glaubt. So spielte man während einer Sitzung eine Mutterrolle ausgesprochen warmherzig, als das Thema ausdrücklich lautete: „Ein heranwachsendes Mädchen will von zu Hause weggehen". Der Kommentar hierzu: „Dein Liebesbedürfnis war so groß, daß ich gar nicht anders spielen konnte".

Hier kann es zu Identifizierungen mit einem Ich-Ideal kommen, das als dasjenige der Gruppe vermutet wird. Besonders überrascht hat uns das Verhalten der Psychologen, die sich allzu oft „verständnisvoll" und „nondirektiv" geben. Fast alle tun sich schwer dabei, den „Schurken" zu spielen. Keiner will solche Rollen übernehmen, in denen er Autorität zeigen muß, z. B. die Rolle eines reaktionären Managers oder eines Polizisten: es gibt Gefühle, gegen die man sich verwahrt, und die zu übernehmen man sich weigert, als könnte man am Ende Wünsche und Freuden in sich entdecken, derer man sich schämen muß.

Die Art, wie das folgende Thema angepackt wird, ist hierfür ein Beispiel. Hier das Thema: Ein junges Mädchen erwartet ein Kind und sagt ihrem Freund, daß sie schwanger ist. Mehrere aufeinanderfolgende Sitzungen lang wird die Rolle des jungen Mädchens im Sinne einer Treue zum Ich-Ideal gespielt: sie steht über ihrem Schicksal, sie weint nicht, sie fleht niemanden um Hilfe an, sie verlangt nichts. Sie begnügt sich damit, den Jungen von allem zu informieren. Bei dem geringsten Zögern seinerseits ist ihre Entscheidung getroffen: das Kind nicht zu behalten oder es allein aufzuziehen. Trotz des bewußten Wunsches, die Situation psychodramatisch genau zu erkunden, konnte man bei jeder der Teilnehmerinnen in den nun folgenden Kommentaren die Unfähigkeit erkennen, anders als konform zu ihrem Ideal-Ich zu sein. Dieses Bedachtsein darauf, nur ja konform zu sein, läßt das Unbewußte nicht an die Oberfläche empordringen.

In den Gruppen ist die Problematik nicht auf das Individuum ausgerichtet. Das hat zur Folge, daß die Überschreitungen des Gesetzes, das von den Gruppenleitern verkörpert wird, anders erfolgen und erlebt werden als jene, die man bei der psychoanalytischen Therapie beobachten kann.

Sicherlich können die *acting-out-Situationen* hierbei zuweilen den gleichen Sinn haben, zum Beispiel dann, wenn ein Teilnehmer das Bedürfnis hat, zu sehen, was die Gruppenleiter in der Zeit zwischen den Sitzungen machen, so als fände hier verkappt die Urszene statt. Die Frage nach dem, was sich zwischen den beiden Psychodramaleitern abspielt, kann mehr oder weniger explizit Themen dieser Art zeitigen. Wenn es gilt, einen Autounfall zu spielen, bei dem ein Mann und eine Frau, nachdem sie aufeinander aufgefahren sind, aneinandergeraten oder sich versöhnen, dann wird unterschwellig die Beziehung der Eltern zueinander dargestellt.

Hier ein noch unmittelbareres Thema: „Kinder beim Fernsehen. Hinter ihrem Rücken schläft ihre Mutter mit einem Schwarzen". Das

Spiel nimmt seinen Lauf, die Zuschauer sind fasziniert von dem, was sie nicht sehen — das imaginäre Fernsehen —, und sie drehen sich kein einziges Mal um, um zu sehen, was hinter ihnen geschieht. Nach dem Spiel werden in den Assoziationen Schuldgefühle darüber erkennbar, daß man dieses Thema vorgeschlagen hat. Darüberhinaus zeigen die Assoziationen, daß es für die Darsteller unmöglich war, auch nur die geringste Bewegung auf das Paar hin anzudeuten.

Es ist in der Tat bemerkenswert, daß die *acting-out-Situationen* selten sind und daß danach häufig ein Teilnehmer einer oder zwei Sitzungen fernbleibt. Dieses Übertreten einer impliziten Regel — der des regelmäßigen Erscheinens — ist sicher im Hinblick auf das Paar der Psychodramaleiter zu verstehen, aber auch bezüglich der Gruppe — der übrigen Teilnehmer also —, und zwar als eine andere Form des Nicht-Untersagens und des Nicht-Selbstbezichtigens. Nicht zuletzt deshalb scheint das — im übrigen bei den Psychodramagruppen öfter als beim Einzelpsychodrama vorkommende — Fernbleiben eines Teilnehmers von den anderen recht gut geduldet zu werden und stellt nur in Ausnahmefällen ein Hindernis für den Fortgang der Gruppenarbeit dar.

An dieser Stelle sei darauf hingewiesen, daß es für einen Teilnehmer an einem Psychodrama, der gefehlt hat und über das, was inzwischen während seiner Abwesenheit in der Gruppe gesagt und erlebt worden ist, nicht informiert worden ist, nicht schwierig ist, sich wieder in die Problematik der Gruppe hineinzufinden, d. h. einem Phantasma Ausdruck zu verleihen, das in der ganzen Gruppe ankommt.

Wenn ein Teilnehmer den Grund seines Fernbleibens beispielsweise damit erklärt, daß er sagt: „Ich bin nicht gekommen, da mich das alles hier langweilt" oder: „Ich bin nicht gekommen, um den Gruppenleiter zu ärgern", so kommt es oft vor, daß es ihm eine Sitzung später ein anderer gleichtut: „Ich habe mir erlaubt, es so zu tun wie der andere beim letzten Mal". Das Fernbleiben wird von jedem einzelnen, aber auch von der gesamten Gruppe unterschiedlich erlebt. Im nachhinein gewinnt man allerdings den Eindruck, daß das Fernbleiben des einen oder anderen von der Sitzung es den anderen leichter macht, sich auszudrücken. Sitzungen, bei denen zuweilen — bedingt durch äußere Umstände (Schnee, Streik) — nur wenige Teilnehmer anwesend sind, sind oft sehr ergiebig und stellen einen Wendepunkt dar, eine Unterbrechung im Diskurs, der sich im Verlauf der Sitzungen entwickelt. Durch das Fernbleiben von der Sitzung kann auch eine Nebenübertragung ausgedrückt werden: man signalisiert damit einem anderen Teilnehmer etwas, nicht aber den Gruppenleitern.

Die *acting-in-Situationen* sind theoretisch durch die angewandte Technik nicht zuletzt deshalb nicht so schwierig, weil viele verbale wie auch gestische Ausdrucksformen hier Bürgerrecht genießen. Die *acting-in-Situationen* stellen Verstöße gegenüber der bestehenden Regel dar. Es sind agierte Manifestationen der agierenden Widerstände, und zwar sowohl auf der Stufe der Individuen als auch in dem Bereich, der zwischen den Individuen liegt. Dabei treten sie bei den Gruppen qualitativ und quantitativ nur selten in Erscheinung.

Eine ganz besondere Art des *acting out* in der Gruppe ist die kollektive Übertragung der aufgestellten Regel. Es ist für eine Gruppe sicher nicht selten, daß alle Teilnehmer oder doch einige von ihnen in einem bestimmten Augenblick das Bedürfnis haben, eine Sitzung vorwegzunehmen oder, öfter noch, sie fortzusetzen, und zwar ohne von den Gruppenleitern beobachtet zu werden. Was sie in solchen Situationen miteinander erleben, wird nur selten in die Sitzung eingebracht, so als wäre diese verbotene Aktion im wesentlichen dazu bestimmt, die Gruppenleiter in ihrem Wunsch bezüglich der Gruppe zu frustrieren.

Wenn bei unserer Technik die individuellen *acting-out-Situationen* ziemlich selten sind, so kann man den Grund hierfür zumindest in dem Wunsch der Psychotherapeuten, wenn nicht gar in den Anweisungen (der Regel) suchen. Tatsächlich erweist es sich, daß durch die Haltung der Psychotherapeuten in unseren Gruppen implizite die Durcharbeitung begünstigt wird.

Die Durcharbeitung. Im Verlauf jeder Sitzung und insbesondere nach jedem Spiel, d. h. nachdem sich das Imaginäre den Weg zum Symbolischen gebahnt hat, verläuft beim Psychodrama alles so, als ob die gemeinsamen Fragen der Teilnehmer, oft unterstrichen durch die Gruppenleiter, nach dem, was gerade gespielt worden ist, den Übergang des Symbolischen zum Realen möglich machten. Dabei spielt es keine Rolle, in welcher äußeren Form sich die Frage stellt — die Art des Spielens wird einfach kommentiert. Man konstatiert einen Unterschied zwischen angekündigtem Thema und seinem Ausdruck. Der Sinn der Übertragung beim Spiel wird erneut erkannt: im allgemeinen hat die Gruppendiskussion vor dem Ende der Sitzung eine Bewußtwerdung, eine, um mit *Moreno* zu sprechen, „Interpretations-Katharsis" zur Folge. Die Kraft dieser, von der Formulierung gleichsam unabhängigen Bewußtwerdung liegt darin, daß sie, indem sie sich regressiven Faktoren widersetzt, den Zugang zu einer bestimmten Realität erlaubt — einer Realität der Gruppe, die als solche die Rückkehr zur äußeren Realität einleitet. Ohne diese Realität wäre die Gruppe nicht funktionsfähig.

Es hat also den Anschein, daß unsere Technik die Möglichkeiten in sich vereint, die Regression zu induzieren und sie zu begrenzen, indem sie die Durcharbeitung begünstigt.

10.5. Überblick über die Entwicklung der Gruppen

Die von uns geleiteten Psychodramagruppen sind auf ein Jahr begrenzt. Diese zeitliche Begrenzung, verbunden mit einem Wochenrhythmus, spielt sicher eine Rolle dabei, daß uns die jeweilige Gruppenentwicklung bei allen Unterschieden in der Zusammensetzung ziemlich ähnlich zu sein scheint.

Das atmosphärische Moment einer Gruppe, wie es von den Gruppenleitern im nachhinein beschrieben werden kann, stellt sicher nur die synkretistische Erinnerung ihrer Gegenübertragung dar, wie sie sich im Imaginären ausdrückt. Hingegen drücken die jedesmal sich anders artikulierenden Peripetien der Gruppe, angefangen mit ihrer Entstehung, ihrer Reifung bis hin zu ihrem Ende, vielleicht nur die Permanenz des Wunsches der Gruppenleiter aus, eine Erfahrung als Paar zu machen. Wir sind nur dadurch ein Paar, weil es Gruppen gibt, und wenn keine Kindergruppen mehr da sind, bilden wir neue: liegt nicht gerade hierin eine Möglichkeit, den Tod zu negieren, indem man der *Libido* einen Weg ohne Unterbrechung sichert? So scheinen die Gruppen, deren Funktion es unter anderem ist, daß wir uns unseren Wunsch erfüllen können, in gewisser Weise von einer Freude durchdrungen zu sein, die verhältnismäßig wenig schuldbesetzt ist. Hierin liegt vielleicht die Er-

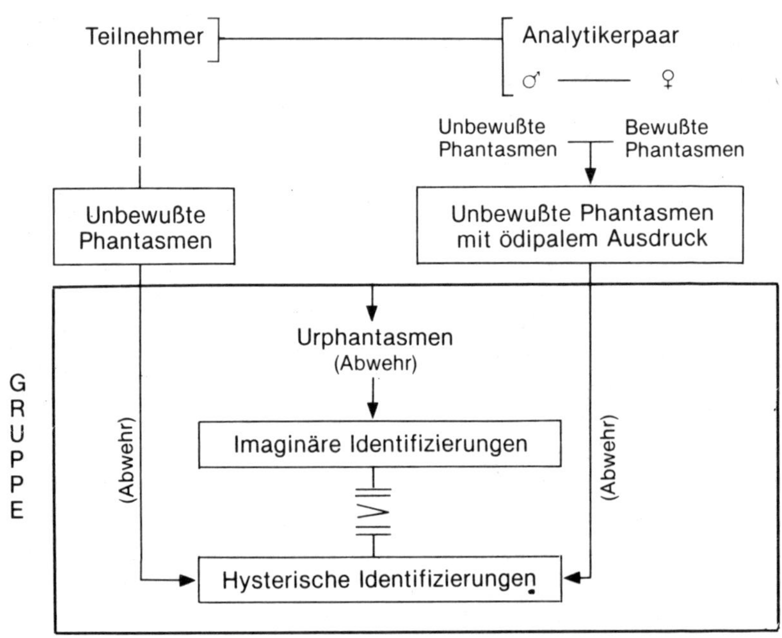

klärung dafür, warum wir ihre Struktur nur schwer erarbeiten können. Die Gruppen, deren Artikulierung zwischen der Permanenz unserer Wünsche und dem sich wandelnden Ausdruck des Wunsches der Teilnehmer liegt, bieten uns kaum die Möglichkeit, eine Konfiguration freizusetzen, die über die Interaktionen der Persönlichkeiten der verschiedenen Teilnehmer Auskunft geben könnte.

Entgegen unseren Erfahrungen mit Diskussionsgruppen, z. B. den Diagnostikgruppen, steht bei den Psychodramagruppen nie ein Mechanismus — wie beispielsweise die Übertretung — im Vordergrund, die den Versuch einer Pervertierung des Funktionsmechanismus bewirkt oder eine Ablehnung der Gruppenleiter und ihrer Gegenwart bedeutet, wodurch die Gruppe in einem Verschmelzungszustand belassen wird, der dem des Psychotikers ähnlich ist. Während der Entwicklung einer Gruppe überwiegen abwechselnd verschiedene Abwehrmechanismen neurotischer Prägung, Perioden der Zwangsvorstellungen, in denen man sich bald zurücknimmt, bald rationalisiert, Perioden der Hysterie, in denen der Zustrom des Imaginären zuweilen den ganzen Weg des Symbolischen verschließt. Früher oder später aber werden die Gruppenleiter in ein Netz von Bedeutungen eingebaut, dessen Deutung einen Registerwechsel im Funktionsmechanimus der Gruppe nach sich zieht.

Abschließende Betrachtungen

Ohne daß wir auf die von manchen vorgebrachten Schwierigkeiten gestoßen wären, haben wir dennoch bei der Niederschrift dieses Buches oft über die Definition dieses oder jenes psychoanalytischen Terminus oder über dessen Anwendbarkeit im Rahmen des Psychodramas diskutiert. Trotzdem dominierte das Gefühl, daß wir, von ähnlichen Erfahrungen ausgehend, völlig übereinstimmten.

Bei der Ausarbeitung dieser abschließenden Betrachtung wurden wir nicht von dem Gedanken geleitet, ein letztes, abschließendes Kapitel zu verfassen — gleichsam als Resümee, das dem eiligen Leser die Lektüre des ganzen Buches ersparen und ihm die Illusion geben könnte, die wesentlichen Fragen hier vorzufinden. Vielmehr schien es uns wünschenswert, daß wir nach den Kapiteln, die der Technik des Psychodramas gewidmet sind, die Frage nach dessen Zukunft, ja sogar nach der Zukunft der Psychoanalyse stellten, und zwar dadurch, daß wir im Licht unserer Praxis zu entdecken versuchten, welches die grundlegenden Ideen waren und welche Ideen mehr durch Werte bestimmt schienen, die in gegenwärtigen Strömungen unserer Kultur zu suchen sind.

Die Diskussion dieser Themen förderten Divergenzen zutage, die bisher undeutlich geblieben waren: es schien, daß uns unsere ethischen und politischen Optionen bei aller offensichtlichen Nähe doch sehr unterschiedliche Positionen einnehmen ließen. (Möglicherweise handelte es sich dabei nur um Rationalisierungen, um Ausdrucksformen von Abwehrmechanismen gegen die Angst vor der Zukunft.)

Nachdem wir ursprünglich vier Schlußbetrachtungen liefern wollten, haben wir uns dann entschlossen, daß letztlich jeder, der dieses Buch gelesen hat, diesem Gedanken über die Zukunft nachgehen kann, und so beschlossen wir, nur eine einzige der verfaßten Versionen zu veröffentlichen — zweifellos die kritischste und damit die anregendste.

Das vorliegende Werk geht der Frage nach, was das Psychodrama im Licht der Gegebenheiten der Psychoanlyse ist. Es handelt sich somit um einen Versuch, die Psychoanalyse anzuwenden, und zwar einerseits mit Hilfe eines nicht strikt verbalen Ausdrucksmittels: durch das spontane dramatische Spiel also, andererseits in „kleinen Gruppen". Die dabei aufgeworfenen theoretischen und auch praktischen Fragen zwingen uns, über die Entwicklung der psychoanalytischen Ideen und über ihre Wechselbeziehung mit der Kultur nachzudenken.

Das spontane dramatische Spiel

Der Vorteil, den die Anwendung des spontanen dramatischen Spiels gegenüber den Modalitäten der psychoanalytischen Behandlung bietet, liegt darin, daß es den Körper als Ausdrucksmittel berücksichtigt.

Gewiß, auch in der psychoanalytischen Theorie ist der Körper nicht abwesend, das Konzept der Konversion und das der Erotisierung stehen u. a. am Ursprung der Entwicklung der „psychosomatischen" Medizin, die den Bereich der Psychoanalyse erweitert hat. Oft jedoch empfinden die Psychoanalytiker ein Unbehagen, wenn der Körper ins Spiel kommen soll. In der psychoanalytischen Behandlung wird der Körper des Patienten in die Bewegungslosigkeit verbannt, und der Körper des Analytikers bleibt den Blicken des Analysanden verborgen. Dagegen wird im Psychodrama — und dies ist vielleicht ein grundlegender Unterschied — der Analytiker gesehen, und er macht von seinem Körper ebenso Gebrauch wie seine Patienten. Hinzu kommt, daß beim Psychodrama auch die Dimension des Raumes mit einbezogen wird. Tatsächlich grenzen wir den Bereich, in dem gespielt wird, vom übrigen Raum ab.

Obgleich wir der Meinung sind, daß der Körper ein Ausdrucksmittel ist und daß folglich der Raum bei den Modalitäten dieses Ausdrucks eine Rolle spielt, scheint seine Einbeziehung bei uns gegenwärtig doch sehr begrenzt zu sein. Auch wenn im Spielbereich des Raumes, hinter der Grenze zwischen Spielenden und Zuschauenden also, der Körper „da ist", so wird der Körper doch in dem Augenblick „vergessen", in dem die Ausarbeitung des Themas oder die dem Spiel folgenden Diskussionen beginnen: alles spielt sich von nun an durch das Wort ab. Im Psychodrama wird der Körper also ins Spiel eingebracht, doch muß man dazu bemerken, daß er nur in Ausnahmefällen zum Gegenstand von Deutungen wird. Als Bekräftigung des Wortes kommt ihm, gewissermaßen als Lückenbüßer, letztlich meist nur eine Hilfsrolle zu. Alles verläuft so, als wenn ein Bann auf ihm lastete und als wenn er im Spielverlauf nur in der Zone des *acting out* zur Diskussion stünde, d. h. im Bereich des Verstoßes gegen die Regel. Genau genommen ist es kaum übertrieben, wenn man sagt: Indem wir dem Körper den Körper proskribieren, spielen wir mit aller Gewalt und nicht mit der Gestalt!* In der Theorie tauchen die gleichen Schwierigkeiten auf. Nur um es zu unterstreichen, sei daran erinnert, daß das einzige, was sich uns in voller Klarheit bot, in der Feststellung gipfelte, daß die Anwendung des Spiels — des Körpers — für die erotische Besetzung des Wortes ein Hindernis darstellt, eine Tatsache, die insbesondere bei Heranwachsenden zur Errichtung eines Abwehrsystems führen kann. Im übrigen aber bleibt festzuhalten, daß wir in unserem theoretischen Entwurf nicht einmal in der Lage gewesen sind, die fundamentalen psychoanalytischen Konzepte, soweit sie Bezug auf den Körper haben, zu übernehmen.

Die kleinen Gruppen

Wenn wir versucht haben, die psychoanalytischen Konzepte anzuwenden, um etwas Licht in die verschiedenen Arten der Funktionsmechanismen kleiner Gruppen zu werfen, dann im wesentlichen deshalb, weil diese Gruppen uns gegenwärtig, ungeachtet unserer Ausbildung, mehr zu bieten scheinen als rein psychosoziologische Konzepte, von denen wir ursprünglich ausgegangen sind. Aber die psychoanalytische Theorie ist keine Erklärung für den gesamten dynamischen Funktionsmechanismus kleiner Gruppen, und uns scheint, daß sie auch nicht über alles, was deren Struktur ausmacht, Rechenschaft geben kann.

Indessen hat uns der Begriffsapparat der Psychoanalyse bei unserer Art, das Psychodrama zu praktizieren, die Möglichkeit an die Hand gegeben, verschiedene Gruppenphänomene zu erklären. So schienen uns die Begriffe der Übertragung und der Gegenübertragung, der Identifizierung oder Regression unter anderem wesentlich, um die dynamischen Dimensionen des Lebens kleiner Gruppen ausmachen zu können. Ein Blick auf die Kapitelüberschriften dieses Buches läßt im übrigen erkennen, welchen Gebrauch wir vom psychoanalytischen Begriffsapparat gemacht haben. Zum gegenwärtigen Zeitpunkt ist es uns jedoch nicht möglich, eine psychoanalytische Metapsychologie kleiner Gruppen auszuarbeiten.

Die Entwicklung psychoanalytischer Ideen

Die Tatsache, daß die Psychoanalytiker sich in ihrer Praxis des dramatischen Spiels bedienen können, muß mit der Entwicklung der Psychoanalyse selbst in Beziehung gebracht werden. Das Psychodrama,

---

*) Klangmalerische Formulierung im Original: „Proscrivant le corps à corps, nous jouons à cor et à cri et non à corps et à cri!" (Anm. d. Übers.)

das eine Technik psychosoziologischen Ursprungs ist und in hohem Maße aus einer anti-psychoanalytischen Haltung heraus entwickelt worden ist, ermöglicht es zur Zeit tatsächlich einigen Psychoanalytikern, „als Psychoanalytiker" zu arbeiten. Der Schlüssel dieses scheinbaren Paradoxons liegt vielleicht in der Tatsache, daß die Psychoanalyse, obwohl sie in verschiedener Hinsicht eine hermeneutische Dimension betont hat, im übrigen eine kulturelle Änderung herbeigeführt hat. Die Verbreitung psychoanalytischen Gedankenguts ist weit davon entfernt, immer nur ein Abwehrsystem darzustellen, wie man vielleicht behaupten könnte, und hat zweifelsohne einen Wandel in der Lebensweise jener Individuen bewirkt, die selbst keine Psychoanalyse gemacht haben. Dies kann besonders auf dem Gebiet der Erziehung überzeugend nachgewiesen werden.

Außerdem ist die Psychoanalyse auf sehr unterschiedlichen Gebieten herangezogen worden. So wird sie heute, nachdem sie sich ursprünglich einzig und allein auf verbale Assoziationen gründete, sowohl in der Anthropologie angewendet wie auch in Techniken, die dem Körperausdruck, z. B. der Entspannung, dienen. Als eine richtige Umkehrung der Dinge bleibt diese Weiterverbreitung der Psychoanalyse nicht ohne Rückwirkung auf die Theorie selbst: duale Beziehung und individuelles Modell. Tatsächlich tendiert die Psychoanalyse dazu, ihren Bereich auszubreiten, und zwar
— auf kollektiver Ebene: die Gruppe;
— auf Ausdruckstechniken, die nicht streng verbal sind: das Zeichnen und die Gestik lassen sich hier anführen.

Auch auf dem Gebiet der Psychopathologie zeigt das Übergreifen der Interessen der Psychoanalytiker auf die Psychosen und Charakterneurosen die Notwendigkeit, vor die sich die Psychoanalyse gegenwärtig gestellt sieht: in Dimensionen vorzudringen, die sie bisher so entschieden abgelehnt hatte, daß sie einige ihrer Adepten „exkommunizierte", da deren Hauptinteresse, bezogen auf die Norm der Arbeitsweise der meisten von ihnen, seinerzeit als abweichlerisch erschien.

Die Ausweitung der Interessensphären der Psychoanalytiker und der Widerhall, den die psychoanalytischen Ideen im Kulturleben finden, sind eng miteinander verknüpft und stehen am Ursprung von Versuchen, die mit denen des Psychodramas vergleichbar sind.

Psychodramatisches Spiel und Kultur

Die bescheidene Reintegrierung des Körpers in die Psychoanalyse, wie sie im Psychodrama geschieht, ist zweifellos eingebettet in einer breiten kulturellen Strömung. Man muß sich dabei in Erinnerung rufen, daß die Tabus des Körpers, die mit einer im wesentlichen sexuellen Repression einhergingen, erst seit kurzem ins Wanken geraten sind. Viele Zeichen weisen darauf hin, und zwar sowohl auf der Ebene des künstlerischen Ausdrucks wie beispielsweise beim Jazz oder Tanz als auch auf der Ebene unserer Moralvorstellungen wie z. B. beim Yoga oder, banaler, in der Freikörperkultur. Ob wir wollen oder nicht, das Psychodrama ist ein Kind jener Techniken, die auf die Rehabilitierung des Körpers hinarbeiten.

Es kann sein, daß sich der wankelmütige Signifikant unserer Kultur, vorwärtsgetrieben durch die Strömung der Geschichte, um die Dimension des menschlichen Körpers erweitert — und dabei seine Götter verliert!

Trotz beachtlicher technischer Unterschiede kann das Psychodrama, jenseits redhibitorischer Widersprüche in der Theorie, nicht unabhängig von anderen Formen der Psychotherapie, von der Entspannungsübung bis hin zum geleiteten szenischen Ausdruck, erlernt werden. Wenn wir das spontane dramatische Spiel anwenden, folgen wir nur einer Methode, die sich seit einiger Zeit in den Vereinigten Staaten immer mehr durchsetzt, und die etwas einseitige Vorliebe, die man dort dem „bodily contact" entgegenbringt, läßt Spekulationen über die wahrscheinliche Entwicklung in Frankreich zu. Es ist nicht unsere Absicht, das *acting out* zu rechtfertigen, doch möchten wir betonen, daß bestimmte Anschauungen, die in die praktische Arbeit der Psychotherapeuten einsickern, so lange nicht verschwinden können, wie die Ausdrucksformen des Körpers im psychoanalytischen Milieu die unmittelbare Angst vor dem *acting out* nach sich ziehen, Anschauungen, die sich entsprechend der Entwicklung unserer Kultur ändern werden.

Gruppe und Kultur

Wir möchten hier keinen historischen Abriß der kleinen Gruppen liefern, um genau bestimmen zu können, um welche Schichten es sich bei den verschiedenen Konzeptionen, die die Menschen gehabt haben mögen, handelt. Indessen lassen die angestiegene Zahl der Techniken und das beim Publikum durch „die Gruppen" geweckte Interesse den Gedanken zu, daß dieses Phänomen eine kulturelle Wende markiert. Die gegenwärtige Faszination durch die kleinen Gruppen kann zweifellos durch zahlreiche Faktoren erklärt werden. Eine der Hypothesen stützt sich vielleicht auf unseren Techniken selbst. Ein Analytikerpaar, das mit einem Patienten arbeitet, oder mit einer zahlenmäßig begrenzten Gruppe: man könnte auf den Gedanken kommen, daß unser kulturelles Modell der kleinen Gruppe in der Familie begründet ist, in der jeder seinen ihm zugewiesenen Platz hat, in der also Rollen und jeweiliger Status festliegen. Das Psychodrama, wie wir es verstehen und praktizieren, würde demnach durch die Gegenwart eines Paares — als eines Elternersatzes — zum Pfeiler der familialen Organisation, wobei es zugleich eine dynamische Öffnung in die Gruppe bringt, indem es jegliche Festlegung der Rollen ablehnt.

Die Erfahrung einer Psychodramagruppe stellt mithin eine Möglichkeit dar, sich in der Struktur eines Familientypus, der gegenwärtig ernsthaft in Frage gestellt ist, zu erproben, ohne daß derselbe damit den gefährlichen Abenteuern geopfert wird, die jenen auflauern, die sich allzu weit von den sozialen Normen entfernen.

Will man den Ort genau betrachten, den das Psychodrama gegenwärtig in unserer Kultur einnimmt, läßt sich ein Vergleich mit der Entwicklung des Theaters nicht umgehen. Das klassische Theater stirbt, man sucht nach neuen Formen, das Psychodrama entwickelt sich, und wir haben den Eindruck, daß es trotz der Entfernungen, die zwischen diesen beiden Phänomenen liegen, etwas gibt, was sie verbindet.

Es ist möglich, in dem einen wie in dem anderen Fall schematisch zu zeigen, daß es nicht darum geht — bzw. daß es im Falle des Theaters nicht mehr darum geht —, mittels des Affekts eine Information an den anderen weiterzugeben. Doch eben diese Perspektive ist problematisch. Uns scheint, daß die vom Theater ausgehende Emotion — d. h. die Energetisierung eines Phantasmas beim Zuschauer und die Darstellung eben dieses Phantasmas — parallel mit der beim Psychodrama *Morenos* so sehr gerühmten Abreaktion gesehen werden muß. Denn die eine wie die andere dieser Erscheinungsformen des Affekts können als hinfällig betrachtet werden.

Da sich gegenwärtig Wandlungen im semantischen Wert der Wörter vollziehen, kann man versuchen, herauszufinden, worin die Darstellung des Affekts eine neue Seinsform zu finden sucht. Vor einigen Jahren wären Redewendungen wie „sie macht Theater" — um den übertriebenen Ausdruck einer Problematik eines Menschen zu umschreiben — oder „das war ein echtes Psychodrama" — um ein Phänomen kollektiver Natur zu bezeichnen — unmöglich gewesen.

Das Theater scheint, trotz der modernen Versuche des „Living Theater" oder von *Irène Mnouchkine*, nach wie vor der Ort der individuellen Emotion in der Gruppe zu sein, d. h. der Ort der emotionalen Interrelationen, wogegen das Psychodrama danach strebt, den Platz einzunehmen, wo sich das Kollektivgefühl entwickeln kann, d. h. wo es zu emotionalen Interaktionen kommt. Das Theater ist noch immer der Ort einer Ausdrucksform, der einer fest umrissenen kulturellen Gruppierung vorbehalten ist. Da es seinen allgemeinen Informationswert verloren hat, ist es nur noch eine Stätte der interrelationalen Emotion, es ist ohne jeden universalen Wert und bestimmt für eine Untergruppe. Ist es nicht das ausgemachte Ziel gewisser Bühnen-Experimente, das stillschweigende Einverständnis mit einer Gruppe hinter sich zu lassen, um zu etwas Allgemeinerem zu gelangen, zu einer universal verstandenen individuellen Interaktion? Ungeachtet des Unterschieds in ihren offenkundigen Zielen gibt es also beim Psychodrama wie bei einigen neuen Formen des Theaters eine gemeinsame Dimension: Es gilt, eine Gruppe neu zu schaffen, die über die kulturellen Untergruppen hinausgeht und die an das zu gelangen versucht, was es bei beiden an Allgemeinerem, Transzendentalem gibt. Dabei bietet die Gruppe sowohl den Akteuren als auch den Zuschauern — solange diese Unterscheidung noch gegeben ist — die Möglichkeit, die Art und Weise zu entdecken, auf die jeder dorthin gelangen kann.

Indem das Psychodrama einen Kollektivbegriff hervorhebt, der sowohl auf therapeutischer Ebene als auch im Bereich der Lebenserfahrung Geltung besitzt, stellt es das Subjekt wieder in den Zusammenhang seiner Kultur und demonstriert damit machtvoll, daß es nicht nur isolierte Individuen gibt. Die vom Psychodrama ausgehende Gefahr, vergleichbar etwa mit der, die uns von anderen psychoanalytischen Modalitäten wie beispielsweise von der Gruppenanalyse her auflauern, zeigt sich zweifellos in der Ausrichtung der „kulturalistischen" Psychoanalyse, deren Abweichung im wesentlichen darin bestanden hat, daß sie neue, für die Gruppenbildung charakteristische Stereotype geschaffen hat, die ebenso zwingend sind wie die alten Stereotype.

Man darf wohl ohne Übertreibung sagen, daß das Psychodrama, ungeachtet seiner künftigen Form und der Theorie, die man dazu entwickeln wird, den gleichen Weg gehen wird wie das moderne Theater, indem es sich jenseits aller Wertsysteme, die einzelnen Gruppen eigen sind, auf die Suche nach dem Allgemeinmenschlichen macht.

Literatur

1. In diesem Band zitierte Literatur

Anzieu, D., Le psychodrame analytique chez l'enfant, Presses Universitaires de France, Paris 1956; dt. (revidierte Fassung): Analytisches Psychodrama mit Kindern und Jugendlichen, Junfermann, Paderborn 1981.

Bour, P., Le psychodrame et la vie, Desclée de Brouwer, Paris 1969.

Caillois, R., Des jeux et des hommes, Gallimard, Paris 1958.

Erikson, E. H., Enfance et société, Delachaux et Niestlé, Neuchâtel 1959.

Ezriel, H., A psycho-analytic approach to group treatment. *British Journal of medical Psychology*, 1950, 23, S. 59-75.

Freud, S., Totem und Tabu (1912-1913), G. W. IX, Imago, London; franz.: Payot, Paris 1923/1968.

Freud, S., „Ein Kind wird geschlagen". Beitrag zur Kenntnis der Entstehung sexueller Perversionen (1919), G. W. XII, Imago, London; franz.: *Revue française de Psychanalyse* 1933, 3-4, S. 274-297.

Freud, S., Massenpsychologie und Ich-Analyse (1921), G. W. XIII, Imago, London; franz. in: *Freud, S.*, Essais de Psychanalyse, Payot, Paris 1927/1970.

Gravel, P., Contribution à l'étude des méthodes de psychothérapie collective chez l'enfant: le psychodrame ou psychanalyse dramatique de groupe, (thèse de médecine), Paris 1950, S. 58.

Laplanche, J., Pontalis, J. B., Fantasme originaire, fantasmes des origines, origine du fantasme, *Les Temps Modernes*, avril 1964, n° 215, S. 1833-1868.

Lebovici, S., Diatkine, R., Kestemberg, E., Bilan de dix ans de pratique du psychodrame analytique chez l'enfant et l'adolescent, *Psychiatrie de l'enfant*, 1958, 1, n° 1, S. 63-179.

Missenard, A., Dépression et petit groupe, dépression en petit groupe, groupe déprimé? *Perspectives psychiatriques*, 1971, n° 33, S. 59-68.

Moreau-Dreyfus, J., Lebovici, S., La psychothérapie collective de l'efant, *sauvegarde*, nov.-déc. 1947, n° 15-16, S. 17-34.

Monod, M., Première expérience française sur le psychodrame, *Sauvegarde*, Nov.-Dez. 1947, n° 1516, S. 50-55.

Safouan, M., Réflexions sur le psychodrame analytique, *Bulletin de Psychologie*, 30. Nov. 1963, 17, n° 225, Heft 2-7, S. 316-369.

Sandler, J., Holder, A., Dare, C., Basic psychoanalytic concepts: IV Counter-transference, *British Journal of Psychiatry*, 1970, 117, S. 83-88.

Schneider, P. B., Pratique de la psychothérapie de groupe, II. Les Techniques, P. U. F.-Giunti, Paris-Florence, 1968.

Simatos, C., Contribution à l'étude de la notion du rôle à propos du psychodrame d'enfants (thèse de médecine), Paris 1962.

Souriau, E., Les deux cent mille situations dramatiques, Flammarion, Paris 1950.

Valabrega, J. P., Le problème anthropologique du fantasme, in: Le désir et la perversion, Seuil, Paris 1967, S. 165-182.

Widlöcher, D., Le psychodrame chez l'enfant, Presses Universitaires de France, Paris 1962; dt.: Das Psychodrama bei Jugendlichen, Walter, Olten 1974.

2. Weitere Literaturhinweise

Ancelin-Schützenberger, A., Précis de Psychodrame, Ed. Univ., Paris 1966, S. 261; dt.: *Ancelin-Schützenberger*, Psychodrama. Ein Abriß — Erläuterung der Methoden, Hippokrates, Stuttgart 1979.

Ancelin-Schützenberger, A., Psychothérapies brèves et psychodrame, *Inform. psychiatr.*, 1968, 43, 8.

Anzieu, D., L'implication de la personnalité dans le jeu de rôle, *Travail humain*, 1958, 21, 1-2, S. 141-146.

Anzieu, D., Le psychodrame analytique collectif et la formation clinique des étudiants en psychologie, *Bulletin Psychologique*, Juni 1970, 23, n° 285, S. 908-914.

Anzieu, D., Testemale-Monod, G., Le psychodrame, in: L'inadaptation scolaire et sociale et ses remèdes, Bourrelier, Paris 1959, S. 76-84.

Bion, W. R., Experience in groups, and other papers, Tavistock, London 1961, S. 198; franz.: Recherche sur les petits groupes, Paris 1965, P. U. F.

Foulkes, S. H., Anthony, E. J., Group psychotherapy, The psycho-analytic approach, Penguin Books, London 1957 (2. Auflage 1965), S. 281; franz.: Psychothérapie de groupe — Approche psychanalytique, Editions Universitaires, Paris 1969-70.

Kestemberg, E., Decobert, S., Le psychodrame analytique, *Inform. psychiatrie*, 1964, S. 40, 4, S. 231-252.

Kestemberg, E., Decobert, S., Approche psychanalytique pour la compréhension dynamique des groupes thérapeutiques, *Rev. fr. Psychanal.*, 1964, XXVIII, 3, Mai-Juni, S. 393-419.

Lai, G. u. P., Rôle du sexe des cothérapeutes dans la structuration dynamique des groupes, *Annales Médico-Psychologiques*, 1968 II (1), 1-24.

Lajeunesse, B. S., Missenard, A., Le psychodrame analytique en groupe, *Perspectives psychiatr.*, 1971, n° 33, S. 69-78.

Lebovici, S., Diatkine, R., Kestemberg, E., Applications de la psychanalyse à la psychothérapie de groupe et à la psychothérapie dramatique en France, *Evol. Psychiatr.*, 1952, n° 3, S. 397-412.

Lebovici, S., Diatkine, R., Danon Boileau, R., Psychodrame et traitement des psychotiques, *Evol. Psychiatr.*, 1958, XXIII, 2, S. 499-521.

Lemoine, G. u. P., Le psychodrame, Laffont, Paris 1972.

Missenard, A.-R., Dubuisson, P., Psychodrame thérapeutique, *Encyclopédie médico-chirurgicale, Psychiatrie*, 1973, 37817, C[10], S. 1-6.

Moreno, J. L., Psychodrama, Vol. 1 (3. Aufl. 1964), Beacon House, Beacon, N. Y. 1946; dt.: Junfermann, Paderborn 1981.

Moreno, J. L., Le psychodrame et la psychothérapie des groupes, *Temps modernes*, 59, S. 445-450, 1950.

Moreno, J. L., Fondements de la sociométrie (franz. Übersetzung) P. U. F., Paris 1954.

Racamier P. C., Indication du psychodrame analytique et des actions psychothérapiques dans les psychoses, in: *Schneider, P. B.*: Pratique de la psychothérapie de groupe, P. U. F., Paris 1965, S. 71-92.

Slavson, S. R., Psychothérapie analytique de groupe, enfants, adolescents, adultes, P. U. F., Paris 1953, VIII + 282 S.

Ausbildungsmöglichkeiten für Psychodrama und Verfahren dramatischer Therapie

Moreno-Institut, Stuttgart
(Leitung: Prof. Heike Straub)
Hauptmannsreute 23, 7000 Stuttgart

Moreno-Institut, Überlingen
(Leitung: Dr. med. G.A. Leutz)
Uhlandstraße 8, 7770 Überlingen

Fritz Perls Institut für Integrative Therapie, Düsseldorf
(Leitung: Prof. Dr. H. G. Petzold)
Brehmstraße 9, 4000 Düsseldorf

Analytisches Psychodrama

Hrsg. von Hilarion Petzold

Es wird in drei Bänden ein umfassender Überblick über Theorie, Praxis und Anwendungsgebiete des analytischen Psychodramas gegeben, das in den romanischen Ländern als die bedeutendste Form der Gruppenpsychotherapie angesehen werden kann. Es wird eine Verbindung der therapeutischen Ansätze von **S. Freud** und **J. L. Moreno** vorgestellt, die für die moderne Gruppenpsychotherapie neue, fruchtbare Perspektiven eröffnet.

Band I

M. Basquin, P. Dubuisson, B. Samuel-Lajeunesse, G. Testemale-Monod

Das Psychodrama als Methode in der Psychoanalyse

Band II

Didier Anzieu

Analytisches Psychodrama mit Kindern

Band III

Hilarion Petzold
(unter Mitarbeit zahlreicher führender analytischer Psychodramatherapeuten)

Theorie und Praxis psychoanalytischer Dramatherapie

unter Mitarbeit von D. Anzieu, S. Lebovici, P. u. G. Lemoine, M. Lemay, A. Henne u. a.